JN242447

サンスクリット版縮訳

法華経

現代語訳

植木雅俊＝訳・解説

角川文庫
21086

サンスクリット版縮訳

法華経

＝現代語訳＝

सद्धर्मपुण्डरीकसूत्र

saddharma-puṇḍarīka-sūtra

白蓮華のように最も勝れた正しい教え

目次

凡例

一、翻訳の底本には、一八三七年にネパールで発見されたサンスクリット写本（英国・アイルランド王立アジア協会本）を基にオランダの仏教学者J・H・C・ケルンと南条文雄《ぶんゆう》によって校訂された「ケルン・南条本」（一九〇八〜一九一二年）を用いた。

一、章の名前は、よく知られた漢訳名を用い、漢訳の品の番号を（　）内に記した。

　例：第十五章　如来寿量品（第十六）

一、繰り返しの箇所、過剰な修飾語、過剰な術語動詞などは、極力簡略化した。

一、サンスクリット語では、代名詞をあまり用いることなく同じ名詞を何度も繰り返すことが多いが、本書では代名詞で代用できるところは、極力、代名詞に替えた。

一、韻文の偈《げ》は、散文と重複する箇所は、割愛した。

一、韻文は、散文の箇所より二文字文頭を下げた。

一、韻文は、一偈ごとに改行されているが、頁数の制約があり、前の文章に追い込んで改行をより少なくした。それに伴い、詩の番号も割愛した。

一、略号は以下の通り。

　√：動詞の語根（root）であることを示す。

　#：この記号の上部に仏教混交梵語、下部に正規のサンスクリットの対応語を示す。

<：語の変化・由来・派生などを表す（gadgada<√gad + gada は、動詞の語根 gad と gada の結合したものが gadgada であることを意味する）。

（ ）：言葉の言い換え。

〔 〕：筆者による言葉の補足。または、掛詞に込められた第二、第三、第四の意味。

＊：章末に注を付していることを示す。

尊敬する中村元先生と
三枝充悳先生、そして
ケネス・K・イナダ先生に捧ぐ

はじめに

インド仏教史の中の『法華経』

『法華経《ほけきょう》』が編纂されたのは、釈尊《しゃくそん》が入滅《にゅうめつ》して五百年ほどが経過した紀元一世紀末から三世紀初頭の、ガンダーラを含む西北インドだと考えられる。その当時の仏教界の在り方を間接的であれ批判し、原始仏教の原点に還ることを主張する所がたくさんある。場面設定の仕方そのものが当時の仏教界に対する主張となっていて、間接的であるがゆえに素通りしてしまいがちで、江戸時代の町人学者・富永仲基《とみながなかもと》*のように「法華経は誉める言葉ばかりで、経典としての中身が何もない」といった誤った評価を下してしまいかねない。その五百年間の仏教教団の変遷を知っておくことが、『法華経』理解につながるので、インド仏教史の概略を見ておこう。

①釈尊在世（前四六三～前三八三年）の頃、および直弟子《じきでし》たちによる原始仏教（初期仏教）の時代。

②前三世紀、アショーカ王*の命で息子（あるいは弟）のマヒンダによってセイロ

ン（現スリランカ）に仏教が伝えられる（パーリ語*による原始仏教の保存）。

③仏滅後百年たったころ（前三世紀）に行なわれた第二回仏典結集《けつじゅう》*の会議で、保守的な上座部《じょうざぶ》と進歩的な大衆部《だいしゅぶ》に分裂した（根本分裂）。その後も二十部にまで分裂を繰り返す（枝末《しまつ》分裂）。最有力は説一切有部《せついっさいうぶ》*。

④前三世紀末ごろに部派仏教（後に小乗《しょうじょう》仏教と貶称《へんしょう》される）の時代に入る。

⑤前二世紀ごろ、釈尊の神格化として「覚り（bodhi）が確定した人（sattva）」、すなわち成道《じょうどう》前の釈尊を意味する小乗仏教の菩薩《ぼさつ》（bodhi-sattva）の概念が現れる。

⑥紀元前後ごろ、菩薩の意味を「覚り（bodhi）を求める人（sattva）」と読み替え、覚りを求める人はだれでも菩薩であるとする大乗《だいじょう》仏教が興《おこ》る（大小併存の時代）。『般若経《はんにゃきょう》』*の成立。

⑦紀元一～二世紀ごろ保守・権威主義化した小乗仏教を弾呵《だんか》する『維摩経《ゆいまきょう》』*、紀元一～三世紀ごろ小乗と大乗の対立を止揚《しよう》して誰でも成仏《じょうぶつ》できることを主張する『法華経』が成立。

⑧七世紀以降、呪術《じゅじゅつ》的世界観やヒンドゥー教と融合して密教《みっきょう》が興る。

⑨一二〇三年のイスラム教徒によるヴィクラマシーラ寺院襲撃をもってインド仏教は壊滅。

原始仏教において釈尊は、「私は人間である」「目覚めた人間」「皆さんの善知識《ぜんちしき》（善き友）である」と語り、弟子たちも「ゴータマさん」「君よ」「真の人間である目覚めた人」と呼びかけていた。釈尊は、〝人間ブッダ〟であったのだ。ところが、小乗仏教の論書では、「私は人間ではない。ブッダである」「私を長老やゴータマなどと呼ぶ輩《やから》は激しい苦しみを受けるであろう」という表現が用いられるようになった。

　このように、小乗仏教では権威主義化と併行して釈尊の神格化が促進され、修行の困難さを強調して、人間とは程遠い存在にされた。「歴劫修行《りゃっこうしゅぎょう》」といって三阿僧祇劫《あそうぎこう》*（$3\times10^{59}\times10^{24}$年$=3\times10^{83}$年）もの長きにわたって修行してはじめて釈尊はブッダとなったとされた。その過去世において釈尊はディーパンカラ（燃燈《ねんとう》）仏*から未来成仏の予言（授記《じゅき》）がなされたとする物語（紀元前二世紀ごろ）など種々の仏伝が考え出される。それに伴い「覚り（bodhi）が確定した人（sattva）」を意味する菩提薩埵《ぼだいさった》（bodhi-sattva）という複合語が用いられるようになった。それは釈尊に限定されていた。

　ところが、原始仏教においては、「まのあたり即時に実現され、時を要しない法」（『スッタニパータ』）として、即身成仏《そくしんじょうぶつ》、一生成仏《いっしょうじょうぶつ》が強調されていた。釈尊在世中の尼僧たちの手記詩集、拙訳『テーリー・ガーター――尼僧たちのいのちの讃歌』（一〇八頁）には出家して七日目に覚った女性の話が出てくる。

　原始仏典によると、出家・在家、男女の別なく覚りを得ていた。釈尊が、五人の弟子を相手に初めて説法した時のことが、「その時、実に世に五人の尊敬されるべき人(阿羅漢《あらかん》)*あり、世尊を第六とする」と記録されている。その覚りの内容の表現は、釈尊と五人で変わりはなかった。また、「〔王は〕〈聖者の最高の境地〉に到達した。王には森林中に住んで精励する必要はなかったのである」(『ジャータカ』*序)とあり、在家のままでの覚りを認めていたことが分かる。

「女性は阿羅漢に到ることはできないのですか?」という問いに対して釈尊は、「いや、できます」と答えたことが原始仏典に記されている。先の『テーリー・ガーター』には、「私は覚りました」「ブッダの教えをなし遂げました」「私は解脱《げだつ》しました」と女性たちが異口同音《いくどうおん》に語っている。

それにもかかわらず、小乗仏教では、ブッダに到れるのは釈尊独りだけ。出家者も阿羅漢までしか到れない。在家者は、阿羅漢にも到れない。女性は穢《けが》れていて成仏もできないとされた。これは小乗仏教の差別思想である。

原始仏教では、出家・在家、男女の別なく仏弟子(声聞《しょうもん》)と称され、「智慧《ちえ》を具《そな》えた聖なる仏弟子である在家者」(『スッタニパータ』)という言葉が用いられ、智慧第一の女性出家者ケーマーや、説法第一の女性出家者ダンマディンナー、在家の女性で慈《じ》心《しん》第一のシャマヴァティー、多聞《たもん》第一のウッタラーや、在家の男性で説法第一のチッタなどが挙げられていたが、小乗仏教では女性と在家はすべて仏弟子(声聞)から排除され、代表的仏弟子も出家の男性のみの十大弟子に限定されてしまった。

このように、小乗仏教と貶称《へんしょう》された説一切有部《せついっさいうぶ》では都合《つごう》の悪い所を削除し、都合のいいことを付加するという改ざんが行なわれていた。

原始仏典の『大パリニッバーナ経』*によると、釈尊の入滅《にゅうめつ》を間近にして不安になっているアーナンダ（阿難《あなん》）*に、釈尊は、「今でも」「私の死後にでも」「誰でも」と前置きして、「自らをたよりとして、他人をたよりとせず、〔中略〕法をよりどころとし、他のものをよりどころとしない〔中略〕ならば〔中略〕最高の境地にあるであろう」（中村元訳『ブッダ最後の旅』）と語っていた。ところが、滅後にはストゥーパ（卒塔《そと》婆《ば》*）信仰（＝仏舎利《ぶっしゃり》信仰）、聖地信仰が奨励されるようになった。「自己」と「法」からの逸脱である。また、莫大《ばくだい》な布施《ふせ》を煽《あお》る傾向が出てくる。説一切有部では、在家の財産管理人を雇って利子をとって貸付も行なうようになる。「僧伽《そうぎゃ》（教団）のためには利潤を求むべし」（『根本説一切有部毘奈耶《こんぽんせついっさいうぶびなや》』）といったことを釈尊が語ったかのようにして加筆された。

このような当時の教団のようすを中村元《はじめ》*博士は次のように要約している。

> 伝統的保守的仏教諸派は確固たる社会的勢力をもち、莫大な財産に依拠し、ひとりみずから身を高く持《じ》し、みずから身をきよしとしていたために、その態度はいきおい独善的高踏的であった。彼らは人里離れた地域にある巨大な僧院の内部に

居住し、静かに瞑想《めいそう》し、坐禅を修し、煩瑣《はんさ》な教理研究に従事していた。自分自身だけの解脱、すなわち完全な修行者（阿羅漢）の状態に達してニルヴァーナ（涅《ね》槃《はん》）にはいることをめざし、そうして彼岸《ひがん》の世界に最高の福祉を求め、生前においては完全な状態には到達しえないという。こういう理想を追求する生活は、ただ選ばれた少数者だけが修行僧（ビク）としての生活を送ることによってのみ可能である。

（中村元著『古代インド』）

このような情況に対して、大乗仏教は bodhi（覚り）と sattva（人）の複合語を、「覚りが確定した人」から「覚りを求める人」に読み替え、あらゆる人に菩薩（菩提薩埵）を開放し、あらゆる人が成仏できると主張した。これは画期的な平等思想の復権である。ところが、師の教えを聞いて修行する声聞《しょうもん》と、師なくして独りで修行する独覚《どっかく》の二乗《にじょう》（小乗仏教の出家者）を除くという例外規定を設けていた。二乗は「炒《い》れる種子《たね》」であり永久に成仏の芽は出ないと主張した（二乗不作仏《にじょうふさぶつ》）。これは、大乗仏教の差別思想だといえよう。

小乗と大乗の対立と、それぞれの差別思想をいかに乗り越えて普遍的平等思想を打ち立てるか、それが『法華経』に課された課題であった。

大乗仏教では、イランなど外来の神格を仏・菩薩として取り入れたり、種々の仏・菩薩を考え出したりした。また、如来《にょらい》が巨大化し、宇宙大の如来も考え出された。歴史上の人物であった釈尊と違い、いずれも架空の人物であり、西洋の一神教的絶対者のような如来も持ち込まれた。

『法華経』が編纂された当時の仏教界は、こうした情況にあり、『法華経』には、その一つひとつに対して反省を迫る主張が、場面設定の仕方や、登場人物の選び方など間接的な表現で、騙《だま》し絵のように織り込まれている。そこには、「原始仏教の原点に還れ！」という主張が一貫している。

こうした時代背景を理解しておくことが、『法華経』理解の大きな手助けとなろう。

『法華経』現代語訳の三段階

『法華経』の正式名称はサッダルマ・プンダリーカ・スートラである。岩本裕《ゆたか》*氏が「正しい教えの白蓮《びゃくれん》」（岩波文庫『法華経』、一九六二年）と訳したことで、この訳が長年、何の疑問も持たれずに採用されてきた。それは、サンスクリット*文法、欧米語の訳し方、国文法から見てもトリプルの誤りであり、「白蓮華《びゃくれんげ》（プンダリーカ）のように最も勝れた正しい教え（サッダルマ）の経（スートラ）」と訳すべきである（詳細は、拙著『思想としての法華経』第二章参照）。

岩本氏は、その間違いに気づかれたのか、十年後の一九七二年に出版した『日常佛教語』（中公新書）の「妙法蓮華経」の項で、「白蓮（プンダリーカ）に喩えられる正しい教え（サッダルマ）」という訳に転じておられる。その後の出版物でも同様の訳し方に転じておられるにもかかわらず、岩波文庫の訳だけはそのまま通されている。

岩本訳『法華経』には、『法華経』の思想を誤解させる問題訳や、意味不明な箇所が多数あって、筑波大学名誉教授の三枝充悳《さいぐさみつよし》＊先生に相談すると、「自分で納得のいく訳を出しなさい」と激励された。

そこで筆者は、一八三七年にネパールで発見され、H・ケルンと南条文雄《なんじょうぶんゆう》＊の校訂を経て出版されたサンスクリット写本、いわゆる「ケルン・南条本」（一九〇八～一九一二年）をもとに翻訳した。

「ケルン・南条本」自体のさらなる校訂作業もやりながら八年がかりで訳し終え、二〇〇八年に『梵漢和対照・現代語訳　法華経』上下巻（岩波書店）を出版し、毎日出版文化賞を受賞した。

漢文に伴う曖昧さから漢訳からの現代語訳だけでは、ズレが生じかねない。「是法住法位」は、長年「是の法、法位に住して……」と書き下されてきたが、サンスクリット原典に照らし合わせると「是れ、法住、法位にして……」（拙訳『梵漢和対照・現代語訳　法華経』上巻、一二〇頁）と書き下すべきであったことが分かる。「住」という漢字が、動詞にも名詞にも取れる曖昧さに伴う違いだ。このような漢字の多義性に伴う曖昧さからの誤りを犯さないために、梵漢和を対照させることにした。また、サンスクリット文学は、掛詞《かけことば》などの修辞法が多用される。『法華経』もその例に漏れないが、これまでの現代語訳では掛詞まで訳されていない。筆者は、掛詞に込められた複数の意味をすべて訳すことにした。

漢訳、およびサンスクリット語（梵語《ぼんご》）と対照訳にしたことで、日本語として理解できるぎりぎりの範囲内でサンスクリット語のニュアンスを残すという訳し方をした。これまでの現代語訳の問題点を分析し、なぜ私の訳になったのかを詳細に注釈で論じた。注釈だけで全頁数の三分の一を占めた。

それに対して、「サンスクリット語と漢訳と現代語訳の三つの対照訳であることが、便利である」と評価された半面、「持ち歩いて気軽に読むには不便」という声が寄せられ、それに応えて二〇一五年に現代語訳だけを取り出した『サンスクリット原典現代語訳　法華経』上下巻（岩波書店）を上梓《じょうし》した。これは、対照訳ではないので、日本語らしい文章にすることに努めた。特にインド的な言い回しは、日本語らしい表現に改めた。例えば、第一章と第十三章の如来が亡くなられる場面の描写は、サンスクリットの表現を生かして「〔燃焼のための〕必須条件〔である油〕が尽き果てた燈明《とうみょう》のように」としていたが、「油がなくなって燈明が燃え尽きるように」と改めた。

そして、インドの書物によく見られるしつこいほどの繰り返しや、呼びかけの言葉も、くどさを感じない程度に簡略化した。その訳が、二〇一八年四月にＮＨＫ－Ｅテレの名物番組「100分de名著」で〝今月の名著〟として取り上げられ、女優の余貴《よき》美子《みこ》さんが朗読してくださり、心地よく聞くことができたことを喜んでいる。「ビギナーズ」（初心者）向けの本書をまとめるに当たり、さらに重複した箇所をバッサリと割愛し、過剰な修飾語や形容詞、過剰な術語動詞の羅列は簡略化した。主語や目的語に固有名詞が毎回用いられる文章が頻出《ひんしゅつ》するが、煩雑《はんざつ》さ解消のためにその多くを代名詞に替えた。それによって『サンスクリット原典現代語訳　法華経』上下巻に比べて五〇％ほどの文字数に減らすことができた。

以上の作業も、ストーリーには全く影響しないように配慮してある。むしろ、三段階にわたって手を入れたことで、ぜい肉がそぎ落とされ、筋肉質の文章に変身して、スムーズに読みやすい文章になったことは間違いない。『法華経』の全体像を正確に知るには、最も読みやすくなっていると思う。二〇一二年に「思想の科学」元編集代表であった室謙二《むろけんじ》*さんから、拙訳を評価してくださるとともに、「耳で聞いただけで分かる現代語訳を！」という課題を与えられ、それを目指して努力してきたが、テレビの画面に映し出された拙訳の字幕を見ながら余貴美子さんの朗読を聞いていると、多少はそれに応えることができたかなという気がしている。本書ではそれをさらにブラッシュアップすることができた。

ただ、文献的な確認や、詳細についての検討を要する人のためには、時に応じて上記の二種の拙訳も参照してもらったほうがいいと思う。

二〇一八年四月三十日

「100分de名著」法華経の最終回の放送日に脱稿して

植木雅俊

《富永仲基》一七一五～一七四六年。大坂の商人が設立した学問所・懐徳堂《かいとくどう》に学んだ町人学者。『出定《しゅつじょう》後語《こうご》』を著わし、大乗非仏説論を展開した。《アショーカ王》在位前二六八～前二三二年。インドのマウリア朝第三代の王。インド亜大陸を大統一し、仏教に帰依し、法に基づく政治を行なった。《パーリ語》古代インドの中西部で用いられていたアーリア系言語の俗語。この地域の仏教がセイロンに伝えられたことで、原始仏典がパーリ語で今日に伝えられた。《仏典結集》仏教の経・律・論の三蔵をまとめる編集会議。《**説一切有部**》「過去・未来・現在の三世において実有《じつう》である諸法の自体が常恒《じょうごう》に存在する」と主張する部派。大乗仏教徒から「小乗」と呼ばれた。《**『般若経』**》初期大乗仏典の先駆けとして紀元前後に編纂された、『八千頌般若経《はっせんじゅはんにゃきょう》』をはじめとする『大般若経』など般若波羅蜜《はんにゃはらみつ》（完成された智慧）について説く経典群の総称。《**『維摩経』**》在家の菩薩であるヴィマラキールティ（維摩詰）が病気にことよせて仏弟子たちを病床に招き、小乗仏教の立場を排して空《くう》の思想に基づく大乗仏教の教理を説教する戯曲的な経典。《**阿僧祇劫**》「阿僧祇」は十の五十九乗のことで、「劫」は古代インドの時間の単位。一ヨージャナ（由旬＝約十五キロメートル）の立方体に詰めた芥子の種子を百年に一個ずつ取り出してなくなるまでの時間で表わされる。筆者の計算では、十の二十四乗年（拙著『ほんとうの法華経』三二〇頁参照）。《**ディーパンカラ仏（燃燈仏）**》紀元前二世紀ごろ考え出された仏で、過去世において修行中の釈尊に「将来、覚りを得てブッダになるであろう」と予言（授《じゅ》記《き》）したとされる。《**阿羅漢**》arhat（尊敬に値する人）の音写。応供《おうぐ》と漢訳。本来は、如来、天人師などとともにブッダの十種の別称（仏十号）であったが、小乗仏教においてブッダよりも格下げされ、小乗仏教の最高の覚りに達した聖者を意味する。《**『ジャータカ』**》インド古来の業報輪廻思想をもとに釈尊の前世物語としてつくられた説話。「本生話《ほんしょうわ》」「本生譚《ほんしょうたん》」とも訳される。《**『大パリニッバーナ経』**》八十歳で故郷を目指して最後の旅に出たブッダの言行録。《**アーナンダ（阿難）**》釈尊のいとこで釈尊の晩年に二十五年間随行し、その教えを最も多く聞いていたことから多聞第一と評された。《**ストゥーパ（卒塔婆）**》釈尊の遺骨（仏舎利《ぶっしゃり》）を納めた塔。初めは土を盛っただけだったが、レンガ造りとなり、日本では五重塔となり、五輪の塔の形をした板切れとなった。《中村元》一九一二〜一九九九年。東京大学卒。インド哲学・仏教学者。東京大学名誉教授、日本学士院会員。文化勲章受章。『中村元選集』全四十巻、『佛教語大辞典』など。《岩本裕》一九一〇〜一九八八年。京都大学卒。仏教学者。『日常佛教語』『佛教説話研究』全五巻など。《サンスクリット》「完成された言語」を意味する古代インド・アーリア語に属する言語。インド・ヨーロッパ語族に属し、欧米語とルーツを同じくする。ヒンドゥー教、仏教、シーク教、ジャイナ教の聖典に用いられる。《三枝充悳》一九二三〜二〇一〇年。東京大学卒。仏教学者。筑波大学名誉教授。『初期仏教の思想』『仏教入門』など。《H・ケルンと南条文雄》ケルン（一八三三〜一九一七）は、オランダのインド学・仏教学者。サンスクリットの『法華経』写本を英訳した（一八八四）。南条文雄（一八四九〜一九二七）は、日本の仏教学者。サンスクリット研究のため渡英、オックスフォード大学のマックス・ミューラーのもとで近代的な仏教研究を学び、漢訳仏典の英訳、梵語仏典と漢訳仏典の対校等に従事した。《室謙二》一九四六年〜。大学在籍中からベトナム戦争反対運動に参加。「思想の科学」編集代表を務める。現在、アメリカ在住。『アメリカで仏教を学ぶ』（平凡社新書）では拙訳『梵漢和対照・現代語訳　法華経』上・下巻と『梵漢和対照・現代語訳　維摩経』を評価し、さらに「耳で聞いて分かる訳を」と期待を寄せていた。

第一章　序品（第一）　＝じょぼん

霊鷲山での説法開始

このように私は聞いた。ある時、世尊《せそん》は、千二百人の男性出家者の大集団とともに、王舎城《おうしゃじょう》（ラージャグリハ）*の霊鷲山《りょうじゅせん》（グリドラクータ山）*で過ごしておられた。すべては阿羅漢《あらかん》で、煩悩《ぼんのう》を断ち、心がよく解脱《げだつ》し、すっかり解脱した智慧《ちえ》を持っており、なすべき仕事を成し遂げ、自己の目的に到達し、生存との結びつきを滅ぼし尽くし、心が正しい智慧によってよく解脱していて、すべての心の自在という最高の完成に達しており、神通《じんづう》でよく知られた偉大なる声聞《しょうもん》たちであった。

それは、次の通りである。尊者アージュニャータ・カウンディヌヤ（阿若憍陳如《あにゃきょうじんにょ》）*、尊者マハー・カーシャパ（摩訶迦葉《まかかしょう》）*、尊者ウルヴィルヴァー・カーシャパ（優楼頻螺《うるびんら》迦葉《かしょう》）、尊者ナディー・カーシャパ（那提迦葉《なだいかしょう》）、尊者ガヤー・カーシャパ（伽耶迦葉《がやかしょう》）*、尊者シャーリプトラ（舎利弗《しゃりほつ》）*、尊者マハー・マウドガリヤーヤナ（大目犍連《だいもっけんれん》）*、尊者マハー・カーティヤーヤナ（摩訶迦旃延《まかかせんねん》）*、尊者アニルッダ（阿㝹楼駄《あぬるだ》）*、尊者プールナ・マイトラーヤニープトラ（富楼那弥多羅尼子《ふるなみたらにし》）*、尊者スブーティ（須菩提《しゅぼだい》）*、尊者ラーフラ（羅睺羅《らごら》）＊——これらの偉大なる声聞たちと、その他の偉大なる声聞たちであった。

そのほか、学ぶべきことの残っている有学《うがく》と、もはや学ぶべきことのない無学《むがく》の男性出家者たち二千人、そしてマハー・プラジャーパティー（摩訶波闍波提《まかはじゃはだい》）尼《に》＊や、ヤショーダラー（耶輸陀羅《やしゅだら》）尼＊をはじめとする一万人の女性出家者や、八万人の菩薩《ぼさつ》たちがすべて伴っていた。

また、多くの天子を従えたシャクラ神（帝釈天《たいしゃくてん》）＊、四天王＊、イーシュヴァラ神（自在天）＊、マヘーシュヴァラ神（大自在天）、ブラフマー神（梵天《ぼんてん》）＊などの神々、そして、龍王や、キンナラ（緊那羅《きんなら》）＊、ガンダルヴァ（乾闥婆《けんだつば》）＊、アスラ（阿修羅《あしゅら》）＊、ガルダ（迦《か》楼羅《るら》）＊たち、さらにはマガダ国の王、アジャータシャトル（阿闍世《あじゃせ》）＊も伴っていた。

その時、世尊は、男性出家者・女性出家者・男性在家信者・女性在家信者からなる四衆《ししゅ》たちに囲まれて、広大なる菩薩のための教えであり、すべてのブッダが把握している〝大いなる教説〟（無量義《むりょうぎ》）という経を説かれた。その後、世尊は〝無限の教説の基礎〟（無量義処《むりょうぎしょ》）という三昧《さんまい》（瞑想）に入られ、身も心も不動でいらっしゃった。

マイトレーヤ菩薩の問い

すると、天上のマーンダーラヴァ（曼荼羅華《まんだらけ》）の花の雨が降り、すべてのブッダの国土が六種に震動し、世尊の眉間《みけん》にある巻毛の塊（白毫《びゃくごう》）から一条の光が放たれた。その光は、東の方向にある一万八千ものブッダの国土に至り、ブッダの国土が遍《あまね》く観察された。

そこには〔地獄界《じごくかい》、餓鬼界《がきかい》、畜生界《ちくしょうかい》、修羅界《しゅらかい》、人界《にんかい》、天界《てんかい》という〕六種の生存領域（六道《ろくどう》）*に存在している衆生《しゅじょう》のすべてが観察され、現在、そこでブッダたちが説かれている法のすべても完全に聞こえた。また、四衆も、菩薩たちが巧みなる方便《ほうべん》によって菩薩としての修行を実践しているのも、ブッダたちの遺骨を安置したストゥーパ（塔）もすべて観察された。

菩薩たちは、精進《しょうじん》・布施《ふせ》・持戒《じかい》・忍辱《にんにく》・禅定《ぜんじょう》・智慧《ちえ》の六波羅蜜《ろくはらみつ》*によって最高の覚りへと出で立っている。ある菩薩たちは、自分の息子や娘たちを施し、手や足を乞《こ》われた人たちは、最高の覚りを求めて自分の手や足を施す。菩薩たちは、林に住んだり、人けのない荒野（阿練若《あれんにゃ》）に住んで、講説や、読誦《どくじゅ》することを楽しんでいたり、岩の洞穴の中で思索したりしている。〔金、銀、瑠璃《るり》、水晶、赤色真珠、瑪瑙《めのう》、車磲《しゃこ》の〕七宝《しっぽう》でできたストゥーパは、上部に日傘（傘蓋《さんがい》）や旗が立てられ、花や香、楽器の演奏によって供養《くよう》がなされている。

それを目の当たりにして、その場にいたものたちは驚くべき思いにとらわれた。マイトレーヤ（弥勒《みろく》）菩薩*は、彼らの思いを察し、自分も疑問を抱いて、如来がこのような瑞相《ずいそう》（前兆）＊を現された理由をマンジュシリー（文殊師利《もんじゅしり》）菩薩＊に尋ねた。

マンジュシリー菩薩の回想

マンジュシリー菩薩は、マイトレーヤと菩薩の群衆に語りかけた。
「私は思い出す。過去の如来たちがこのような光明《こうみょう》の放出という瑞相を示されたことがある。このような瑞相を示されたからには、如来は、衆生にとって信じ難い法門を説くことを望んでおられるのだ」と。

それは、遠い過去の世における時のことであった。その時、〝月と太陽からなる燈明〟（日月燈明《にちがっとうみょう》）という名前の世尊がこの世に出現された。その如来は、声聞のために生《しょう》・老《ろう》・病《びょう》・死《し》の悩みと苦しみを超越するための四聖諦《ししょうたい》＊や、十二因縁《じゅうにいんねん》＊を説かれた。菩薩のためには六波羅蜜《ろくはらみつ》と結びついた一切知者の智慧（一切種智《いっさいしゅち》）を究極とする法を説かれた。さらにまた、その〝月と太陽からなる燈明〟という如来に続いて、同じ名前で二万人の如来が順次に出現された。

その時、その〝月と太陽からなる燈明〟という如来は、今、釈尊《しゃくそん》が現されたのと同じ瑞相を現された。その集会にいた人たちは、その瑞相を見て、大いに歓喜した。

その時、その世尊の教えのもとに〝最も勝れた輝きを持つもの〟（妙光《みょうこう》）という名前の菩薩がいた。その菩薩には、八百人の弟子たちがいた。その世尊は、三昧から出て、その菩薩に対して広大な菩薩のための教えであり、すべてのブッダたちが把握している〝白蓮華《びゃくれんげ》のように最も勝れた正しい教え〟（法華経）という名前の法門を説かれた。その〝月と太陽からなる燈明〟という如来が、完全なる滅度に入られると、その〝最も勝れた輝きを持つもの〟という菩薩は、八十中劫*の間、〝白蓮華のように最も勝れた正しい教え〟という法門を受持し、説き示した。

〝月と太陽からなる燈明〟という如来には、在家の時の王子が八人いて、その末子が〝最も勝れた輝きを持つもの〟という菩薩の弟子となり、ディーパンカラ（燃燈仏《ねんとうぶつ》）という如来となった。

マイトレーヤ菩薩の過去の姿

そして、それらの八百人の弟子の中に怠けもので、利得を貪《むさぼ》り、名声が知れわたることを求める一人の菩薩がいた。その菩薩は、自分のために繰り返して教えられたことも忘れてばかりいた。その菩薩に〝名声を求めるもの〟（求名《ぐみょう》）と命名された。その〝最も勝れた輝きを持つもの〟が、現在のマンジュシリー菩薩であり、〝名声を求めるもの〟がマイトレーヤ菩薩であった。

以上のような過去のことを回想して、「今、世尊が現されたこの瑞相は、〝月と太陽からなる燈明〟という如来のもとで私が見たのと同じものである。今、完了したこの瑞相こそが、ブッダたちの用いられる巧みなる方便であり、シャーキャ（釈迦）族の人は、それによって、衆生の求道心《ぐどうしん》の確立をなして、広大なる菩薩のための教えであり、すべてのブッダが把握しているその〝白蓮華のように最も勝れた正しい教え〟という法門を説くことを望まれているのだ」と、マンジュシリー菩薩は語った。

《王舎城（ラージャグリハ）》古代インドのマガダ国の首都。霊鷲山や竹林精舎《ちくりんしょうじゃ》などがあり、釈尊が最も長く滞在したところ。《霊鷲山（グリドラクータ山）》王舎城にある小高い山。山頂が鷲（グリドラ）に似ていることで名づけられたという。《アージュニャータ・カウンディヌヤ（阿若憍陳如）》「覚ったカウンディヌヤ」という意味。カウンディヌヤは、釈尊の初転法輪《しょてんぽうりん》で最初に覚った人で、その時、釈尊は「カウンディヌヤが覚ったぞ（アージュニャータ）！」と感嘆の声を発したとされ、その言葉を複合語にして、カウンディヌヤの固有名詞のようになった。《マハー・カーシャパ（摩訶迦葉）》衣食住において少欲知足に徹する頭陀《ずだ》行第一の弟子で、教団の長老として、釈尊滅後の仏典結集において中心的役割を果たした。《ウルヴィルヴァー・カーシャパ（優楼頻螺迦葉）、ナディー・カーシャパ（那提迦葉）、ガヤー・カーシャパ（伽耶迦葉）》この三人を「カーシャパ（迦葉）三兄弟」という。釈尊は、鹿野苑《ろくやおん》における初転法輪で五人の弟子を覚らせた後、ブッダ・ガヤーへ舞い戻り、そこで教化《きょうけ》したのがバラモン教の火の行者として知られたこの三人の兄弟であった。これによって、それぞれの弟子五百人、三百人、二百人、計千人も弟子となった。これにサンジャヤの弟子であったシャーリプトラら二百五十人を加えて、「千二百五十人」となった。本章冒頭に「千二百人の男性出家者」とあるのは、その数にちなんでいる。《シャーリプトラ（舎利弗）》智慧第一の弟子で、釈尊に代わって説法するほど信任が厚く高潔な人物であったが、大乗仏典では小乗仏教を代表する役回りで描かれている。《マハー・マウドガリヤーヤナ（大目犍連）》神通第一の弟子で、神通によって釈尊の身辺の護衛を行なっていたという。初めはシャーリプトラとともに懐疑論者サンジャヤの弟子であったが、そろって釈尊の弟子となった。《マハー・カーティヤーヤナ（摩訶迦旃延）》論議第一の弟子で、哲学的論議をなすことに長《た》けていた。《アニルッダ（阿㝹楼駄）》天眼第一の弟子。釈迦族の生まれで、障礙《しょうげ》を超えて見通す不思議な精神力を持っていたとされる。《プールナ・マイトラーヤニープトラ（富楼那弥多羅尼子）》説法第一の弟子。マイトラーヤニーは母で、ベナレス郊外の鹿野苑《ろくやおん》での初転法輪で最初に覚ったカウンディンヤの妹で、プールナはその息子（プトラ）である。《スブーティ（須菩提）》解空《げくう》第一の弟子。『増一阿含経《ぞういつあごんきょう》』第六で「恒《つね》に空《くう》の定《じょう》を楽しみ、空の義を分別するは、所謂《いわゆる》、須菩提比丘《びく》是なり」と評されている。小乗仏教で注目されることはなかったが、大乗仏教で重視された。《ラーフラ（羅睺羅）》釈尊の実子。出家後はシャーリプトラのもとで修行し、不言実行の人で、密行第一と言われた。《マハー・プラジャーパティー（摩訶波闍波提）尼》釈尊を養育した叔母。最初の女性出家者だとされる。《ヤショーダラー（耶輸陀羅）尼》釈尊が出家する前の妃。ラーフラの母。《シャクラ神（帝釈天）》インドラ神ともいう。インド最古の神々への讃歌集『リグ・ヴェーダ』

で最大の神とされる。仏教に取り入れられてブラフマー神（梵天）とともに護法の神とされた。「帝釈天」「天帝釈」は、「神々の帝王であるシャクラ神」を意味する。**《四天王》**須弥《しゅみ》山《せん》の中腹にあって仏法を守護する東の持国天《じこくてん》、南の増長天《ぞうちょうてん》、西の広目天《こうもくてん》、北の多聞天《たもんてん》たち。**《イーシュヴァラ神（自在天）》**ヒンドゥー教におけるシヴァ神のこと。**《ブラフマー神（梵天）》**宇宙の創造者とされるが、仏教において帝釈天とともに護法神とされた。**《キンナラ（緊那羅）》**美しい歌声を持つ天界の楽師で、仏教では天龍八部衆に組み込まれて護法の神とされた。**《ガンダルヴァ（乾闥婆）》**天上の音楽師。仏教では天龍八部衆に数えられる。**《アスラ（阿修羅）》**インドの神話ではインドラ神と闘う悪神とされていたが、仏教では、仏法を守護する天龍八部衆の一つとされた。**《ガルダ（迦楼羅）》**龍一族の奴隷となった母を神々と闘って救出した伝説上の巨鳥。龍を憎んで食べる。仏教では天龍八部衆の一つとされた。金翅鳥《こんじちょう》と漢訳される。**《アジャータシャトル（阿闍世）》**古代インドのマガダ国王ビンビサーラ（頻婆《びんば》娑羅《しゃら》）の王子。伝説では、デーヴァダッタ（提婆《だいば》達多《だった》）にそそのかされて父王を殺害したとされる。**《六種の生存領域（六道）》**衆生が自らのなした行ないの結果として輪廻転生する地獄・餓鬼・畜生・修羅・人・天からなる六種類の生存領域／境涯のこと。**《六波羅蜜》**布施・持戒・忍辱・精進・禅定・智慧からなる大乗仏教の求道者が実践すべき六種の徳目。**《マイトレーヤ（弥勒）菩薩》**釈尊に次いで五十六億七千万年後に現れるとされる未来仏のことで、現在は菩薩として兜《と》率天《そってん》に住しているという。ゾロアスター教のミトラ神との関係も議論されている。**《瑞相（前兆）》**目出たいことが起こる前兆。**《マンジュシリー（文殊師利）菩薩》**『般若経《はんにゃきょう》』をはじめとする初期大乗仏典に頻出《ひんしゅつ》する菩薩。空を覚り、智慧（般若）を具《そな》え、説法も巧みである。イランの神の影響で生み出された観世《かんぜ》音《おん》やマイトレーヤと違い、マンジュシリーは仏教の内部で生み出された菩薩である。《四聖諦》生きる上での苦を乗り越えるための四つの真理。①苦諦《くたい》（この世は苦であるという真理）、②集諦《じったい》（煩悩と妄執が苦の因であるという真理）、③滅諦《めったい》（苦の因を滅するという真理）、④道諦《どうたい》（覚りを得るための実践という真理）――の四つ。《十二因縁》人の苦悩の成立原因を、①無明《むみょう》（無知）、②行《ぎょう》（潜在的形成力）、③識《しき》（識別作用）、④名色《みょうじき》（名称と形態）、⑤六処《ろくしょ》（六つの感官）、⑥触《そく》（接触）、⑦受《じゅ》（感受作用）、⑧愛《あい》（妄執）、⑨取《しゅ》（執着）、⑩有《う》（生存）、⑪生《しょう》（生まれること）、⑫老死《ろうし》（老いて死ぬこと）――の十二段階に分けて説いたもの。《劫》カルパを音写した「劫波《こうぱ》」の略。天文学的時間の長さをいう。筆者の計算では十の二十四乗年。

【解説】

経典は、釈尊に随行して最も教えを聞く機会の多かった多聞《たもん》第一のアーナンダ（阿難）が「私はこのように聞きました」と前置きして口述するという形式で編纂《へんさん》された。『法華経』もその形式にならっている。それに続けて、説かれた場所が示される。その舞台は、インドの北東部ビハール州（古代インドのマガダ国）に実在する標高五、六百メートルほどの霊鷲山（グリドラクータ山）である。それは、『法華経』だけでなく、『無量寿経《むりょうじゅきょう》』などの経典が説かれた場所とされている。鷲（グリドラ）という文字が入っているのは、鷲が住んでいたとか、頂上が鷲の形に似ているからだとか言われている。

参列者の冒頭の「千二百人」というのは、釈尊が説法を開始したころに弟子となったカーシャパ（迦葉《かしよう》）三兄弟それぞれの弟子たち計千人、さらにはシャーリプトラ（舎利弗）をはじめとするサンジャヤの弟子たち二百五十人を合計した概数である。続いて、膨大《ぼうだい》な参列者の数を挙げ、代表者の名前が列挙されるが、本書ではその大半を省略した。

名前の列挙の後、釈尊は「〝大いなる教説〟（無量義《むりようぎ》）という経」を説くが、すぐに三昧に入ってしまう。これを、中国では『無量義経』だと考えて、『無量義経』が創作された。ところが、「〝大いなる教説〟という経」の前には、「広大なる菩薩のための教えであり、すべてのブッダが把握している」という修飾語がある。これは、他の箇所では「〝白蓮華のように最も勝れた正しい教え〟（法華経）」の修飾語となっている。これから判断するに、「〝大いなる教説〟（無量義）という経」は、『法華経』のことだと考えるべきであろう。

冒頭で釈尊は『法華経』を説いた。しかし、だれも理解しなかった。弟子たちに聞く耳ができるのを待つためであろう。すぐ三昧に入ってしまった。

そこで、釈尊の眉間《みけん》の白毫《びやくごう》から光明が放たれ、東方の一万八千の仏国土が現しだされる。そこに展開されていることとは、『法華経』が編纂されている釈尊滅後五百年後ごろの仏教界の現状を描写したものであろう。「東方」も、『法華経』が編纂された西北インドからブッダガヤーなどの釈尊ゆかりの地を臨んだ方向であろう。

このほか、天から花の雨が降ったり、大地が震動したりと、今まで見たこともない瑞相が相次ぐ。それを見て、大衆は歓喜するとともに、何ごとかと疑問を抱き、代表してマイトレーヤ（弥勒《みろく》）菩薩が質問する。それに対して、マンジュシリー（文殊師利《もんじゅしり》）菩薩が、同様のことを過去に見たと語る。過去の二万人の〝月と太陽からなる燈明〟（日月燈明《にちがつとうみょう》）という名の如来のもとで見たと言うのだ。その後、如来は必ず『法華経』を説かれたと告げた。二万人もの如来が、最後に『法華経』を説いたということは、人間の平等とあらゆる人が成仏できることを明かした『法華経』の普遍性を示したものだと理解できよう。逆に言えば、人間の平等とあらゆる人が成仏できるということを明かした教えが『法華経』ということであろう。

マンジュシリー菩薩は話の中で、「五十六億七千万年後に釈尊に代わってブッダとなる」と待望されていたマイトレーヤ菩薩についての過去を明かす。名声ばかりを追い求めて、怠けものであったというのだ。これは、歴史上の人物である釈尊を差し置いて、イランのミトラ神を仏教に取り入れて考え出されたマイトレーヤ菩薩を待望する当時の風潮に対する痛烈な皮肉と言えよう。

こうした話を踏まえて、「釈尊も、まさに今、『法華経』を説かれようとしているに違いない」と語り、釈尊から『法華経』を聞く心構えを弟子たちに作り上げたところで、次の方便品へと続く。

第二章　方便品（第二）＝ほうべんぼん

ブッダの智慧は声聞・独覚・菩薩も理解し難い

その時、世尊《せそん》はしっかりとした意識をもって三昧《さんまい》（瞑想）から立ち上がると、シャーリプトラ（舎利弗《しゃりほつ》）に話しかけられた。

「シャーリプトラよ、ブッダの智慧《ちえ》は、深遠で、見難く、知り難いもので、一切の声《しょう》聞《もん》や、独覚《どっかく》によっても理解し難いものである。如来《にょらい》たちが深い意味を込めて語られたことは、理解し難いのである。如来たちは、種々の巧みなる方便《ほうべん》＊によって、ものごとに執着する衆生《しゅじょう》を解放するために、自らの確信する諸々《もろもろ》の法を説き示すからだ。

如来たちは、卓越した巧みなる方便と知見の最高の完成に達しているのだ。如来たちは、執着がなく、妨げられることのない知見などの驚くべき特質を具《そな》えておられ、種々の教えを説かれる方なのである。

シャーリプトラよ、如来の知っている諸々の法について、如来こそが説き示すであろう。それらの諸々の法は、何であり、どのようにあり、どのようなものであり、どのような特徴を持ち、どのような固有の性質を持つのか――ということを、如来だけが明瞭で明らかに見ているのである」

そこで、世尊は以上の意味を重ねて示しつつ、次の詩（偈《げ》）*を述べられた。

「汚れを滅し、現在の身体が〔輪廻《りんね》における〕最後の身体となっている*声聞や独覚たちだけでなく、新たに菩薩のための乗り物によって出で立った新発意《しんぼっち》の菩薩たちはもちろんのこと、不退転の菩薩たちも、如来が自分の眼で観察された法の中には理解できる対象は存在しないのだ。私も、十方の世界にいるブッダたちも、それらの法がどのような性質のものであるかを確かに知っているのだ。

シャーリプトラよ、あなたは人格を完成された人が話される教えに対して信順の志を持っているがよい。偉大なる聖仙である勝利者は、誤謬《ごびゅう》を語る人ではなく、長い時間が経過した後に、最高の道理を説かれるのだ。『これが私の最高の巧みなる方便であり、それによって私は多くの法を説き、あれこれと執着した人たちを解放する。だから、私は三つの乗り物（三乗《さんじょう》）を説くのだ』と」

三度にわたるシャーリプトラの説法要請

その時、千二百人の阿羅漢《あらかん》たち、また声聞のための乗り物（声聞乗《しょうもんじょう》）に属する人たち、そして独覚果に到る乗り物（独覚乗《どっかくじょう》）によって出で立った人たちのすべてに、次の思いが生じた。

「世尊が、如来の巧みなる方便について過剰に説明される理由は何であるのか？　また、『私が覚ったこの法は深遠である』『すべての声聞や独覚たちに、それは、理解し難い』と説明されたが、われわれも、ブッダの法の獲得者であり、安らぎ（涅槃《ねはん》*）に達したものであるはずだ。ところが、世尊が説かれたことの意味を理解できない」

そこで、シャーリプトラは、四衆《ししゅ》たちの思いを察し、自分も疑問を抱いて、世尊に本当のことを示すようにお願いした。それに対して世尊は、「シャーリプトラよ、やめなさい。その意味が語られて、何の役に立とうか。この意味が説明されれば、人々は驚き畏《おそ》れ、高慢な男性出家者たちは大きな落とし穴に陥るであろう」と退けた。

シャーリプトラは、世尊から三度断られても、その度に本当の意味を説くように世尊に要請した。すると世尊は、シャーリプトラの願いを三度もお知りになって、シャーリプトラに法を説くことを告げられた。

ところが、世尊がその言葉を告げるやいなや、未だ到達していないのに到達したと思っている増上慢《ぞうじょうまん》の男性出家者・女性出家者・男性在家信者・女性在家信者からなる五千人が立ち上がり、その集会から立ち去った。世尊は、それを黙って了承された。

如来が出現する理由と目的を明かす

「シャーリプトラよ、増上慢のものたちが退出したのはよいことである。私の集会は、浄信の真髄に立った。従って、私はこの意味を説くことにしよう」と言って、世尊は次のようにおっしゃられた。

「〔三千年に一度しか咲かないとされる〕ウドゥンバラの花（優曇華《うどんげ》＊）が出現するように、如来もまたいつか、このように法の教授を告げるのである。シャーリプトラよ、あなたたちは私を信じなさい。私は真実を説くものである。如来の深い意味が込められた言葉は理解し難いのである。私は、種々の巧みなる方便によって法を説き明かしたのだ。正しい教えは思議を超えたもので、如来によってのみ知られるのだ。

シャーリプトラよ、如来は、ただ一つの仕事のため、ただ一つのなすべきことのため、大きな仕事のため、大きななすべきことのために世間《せけん》に出現するのである。如来は、衆生を如来の知見《ちけん》によって教化《きょうけ》すること、すなわち衆生に如来の知見を開示し、衆生を如来の知見に入らせ、衆生に如来の知見を覚らせ、衆生を如来の知見の道《どう》に入らせるという理由と目的で世間に出現するのだ。私はただ一つの乗り物（一乗《いちじょう》）、すなわちブッダに到る乗り物（仏乗《ぶつじょう》）について衆生に法を説くのだ。そのほかに何か第二、あるいは第三の乗り物が存在するのではない。すべてのブッダにとって〔諸々の〕法の本質はこれなのだ。

シャーリプトラよ、過去の世に十方の数え切れない世界にいた如来たちも、人々の安寧《あんねい》のため、幸福のため、人々に対する憐れみのため、神々と人間といった衆生の大集団の利益と安寧、幸福のために出現したのだ。種々の信順の傾向を持ち、種々の素質と考えを持った衆生の意向を理解して、如来たちは、種々の教化方法を遂行することによる教説、すなわち多種多様な因縁《いんねん》、譬喩《ひゆ》、拠《よ》り所、語源的説明などの巧みなる方便によって法を説いた。その如来たちのすべても、衆生にただ一つの乗り物、すなわち、一切知者の智慧（一切種智《いっさいしゅち》）を終着点とするブッダに到る乗り物について法を説いたのである。言い換えれば、如来の知見によって衆生を教化することであり、衆生に如来の知見を開示し、如来の知見に入らせ、如来の知見を覚らせ、如来の知見の道に入らせる法を衆生に説いたのである。

それらの過去の如来たちのそばで、その正しい法を聞いた衆生もすべてこの上ない正しく完全な覚り（阿《あ》耨《のく》多《た》羅《ら》三《さん》藐《みゃく》三《さん》菩《ぼ》提《だい》）の獲得者となった。未来の世においても、今、現在の世においても、十方の無量の数え切れない世界にいる如来たちも同様に正しい法を説いて、その衆生もまたすべてが、この上ない正しく完全な覚りの獲得者となるであろう。

三乗の方便によって一仏乗を明かす

私もまた今、同様に正しい法を説いて、今、私のこの法を聞くこれらの衆生もまた、すべてがこの上ない正しく完全な覚りの獲得者となるであろう。十方の世界のどこにおいても、第二の乗り物を設定することはなく、第三の乗り物についてはなおさらのことであると知られるべきである。シャーリプトラよ、正しく完全に覚った尊敬されるべき如来たちが、時代・衆生・煩悩《ぼんのう》・見解・寿命といった五つの濁り*のある時代に出現する時、多くの衆生は貪欲で、善い果報をもたらす立派な行ないが乏しいので、如来たちは、巧みなる方便である三つの乗り物（三乗）を教示することによって、ただ一つのブッダに到る乗り物（一仏乗《いちぶつじょう》）を説かれるのである。

ところで、シャーリプトラよ、男性出家者であれ、女性出家者であれ、阿羅漢の位であると自任し、この上ない正しく完全な覚りへ向けての誓願を抱くことなく、『私はブッダに到る乗り物から捨てられている』と言うならば、また『私の身体の最終的な涅槃は、これ程のものである』と言うならば、あなたはその人を高慢（増上慢）なものと知るがよい。

シャーリプトラよ、あなたたちは、これらのブッダの法を信じ、私を信頼すべきである。如来に妄語《もうご》は存在しないのだ。乗り物はこの一つだけ、すなわちブッダに到る乗り物だけなのだ」

そこで、世尊はその時、この意味を重ねて示しつつ次の詩を述べられた。

「私には、多くのブッダたちのもとで努力をなしたブッダの息子（菩薩）たちがここにいる。私は、それらの常に清らかで、明晰《めいせき》で、高潔で、大変に満足したブッダの息子たちに諸々の広大な経を説くのである。それらの菩薩たちは、意向を達成するためにも、清められた身体となるためにも、準備が調ったものとなった。私は、それらの菩薩たちに『あなたたちは、未来の世において人々の安寧のために慈愛を有するブッダとなるであろう』と告げるのだ。するとそれを聞いて、それらの菩薩たちのすべては、『私たちはすべて、あらゆる衆生の中で最高の人であるブッダとなるでありましょう』と言って、喜びに満ちあふれるであろう。さらに私は、それらの菩薩たちの行ないを知って諸々の広大な経を説き示すのである。

世間の保護者は、ブッダの知を顕示するために世間に出現されるのだ。なすべきことは、ただ一つであって、第二のものは存在しない。ブッダたちが、貧弱な乗り物（小乗《しょうじょう》）によって衆生を導かれることはないのだ。私が、このように三つの乗り物を説くということは、私の巧みなる方便である。しかし、乗り物はただ一つであり、真実もまたただ一つであって、指導者たちのこの教えもまたただ一つなのだ。過去の世の数え切れないほどの劫《こう》の間に出現された如来たちは、譬喩と、因縁、そして幾百もの多くの巧みなる方便によって、多くの浄らかな法を説かれた。それらのブッダたちは、すべて一つの乗り物を説いたのであり、考えることもできない多くの衆生を一つの乗り物に到らしめ、一つの乗り物の中において成熟させるのだ。勝利者たちには、そのほか種々の方便があり、如来たちは衆生の信順の志や、考え方を如実に知ってから、それらの方便によって世間において私のこの最高の法を示すのである」

種々の方便によって衆生を喜ばせる

その方便の内容として、布施《ふせ》・持戒《じかい》・忍辱《にんにく》・精進《しょうじん》・禅定《ぜんじょう》・智慧《ちえ》からなる六波羅蜜《ろくはらみつ》の修行、如来たちの遺骨への供養《くよう》、ストゥーパの建造、仏像*の製作、如来の遺骨や、ストゥーパ、あるいは仏像、また如来の描かれている壁画に花や香を供えたり、楽器を演奏したり、甘く魅力的な歌を歌って供養すること、さらには子どもが爪や木切れで壁に如来の像を描いたり、心が悩乱している人たちがストゥーパに向かって『ブッダに敬礼いたします』と一度でも言うこと、如来の入滅後であれ、存命中であれ、如来の説かれた法の名前だけでも聞くこと——そのいずれの場合も覚りを獲得することになった。

「未来のブッダたちは、以上の方便を説かれるであろう。その方便によって、多くの衆生をブッダの知へと導かれるであろう。それらのブッダたちの法を聞いて、一人でさえもブッダにならないということは決してないのだ。これこそが、如来たちの誓願である。未来の世において、如来たちは多くの法への入口を説き示されるであろうが、この一つの乗り物を説き明かしつつ、まさに法について語られるであろう。十方におられる多くのブッダたちは、最高の境地を覚っておられ、巧みなる方便を説き、多種多様な乗り物を示して、ただ一つの乗り物を説き明かすのである。私もまた今、このブッダの覚りを、幾千・コーティ*もの種々の教化方法を遂行することによって説き示すのである。衆生の信順の志や傾向を知って、種々の方便によって衆生を喜ばせるのだ」

成道後の初転法輪の回想

ここで釈尊《しやくそん》は、菩提樹《ぼだいじゅ》の下で覚りを得て真理の車輪を転ずること（転法輪《てんぽうりん》）*を決断するまでの二十一日間にわたる熟慮の内容を回想された。

六種の生存領域（六道）に心が閉じ込められた心の貧困な衆生に同情しながらも、「これは、卓越した希有なる知である。しかしながら、これらの衆生は迷いによって盲目で無知で、諸々の苦によって征服されている。それらの愚かなものたちは、私が法を説いたとしても、罵《ののし》りの言葉を発し、悪しき境遇（悪趣《あくしゅ》）*に陥るであろう。従って、私にとって何も説かないほうがいいのだ。まさに今、私は安らかに入滅すべきである」と。その時、梵天《ぼんてん》が説法を懇請（梵天勧請《ぼんてんかんじょう》）した。

そこで、世尊は、過去のブッダたちを思い浮かべつつ、「それらのブッダたちの示された巧みなる方便のように、今、私もまたこのブッダの覚りを三つの種類に分類して説いてから、ここに示すことにしよう」と決断した。

すると、十方におられるブッダたちが姿を現し、「素晴らしいことです」という声を発して、「私たちもまた最高の位を覚った時、教えとしての乗り物を三つに分類して、〈あなたたちは、ブッダになるであろう〉と説くのだ。心の卑しい傾向を持つ無知な人間たちは、それを信じようとしない。それ故に私たちは、その原因を把握して巧みなる方便を用いつつ、それらの無知な人間たちが、ブッダになるという結果を願うようになることを広く称讃しながら、多くの菩薩たちを教化するのである」と語りかけた。その言葉を聞いて、釈尊は心を高揚させ、「賢明な世間の指導者たちが語られるように、そのように私も実行いたしましょう」と答えた。

そこで、世尊はヴァーラーナシー（波羅奈《はらない》）近郊の鹿の園（鹿野苑《ろくやおん》）に赴き、五人の男性出家者（五比丘《ごびく》）たちに法を説き始めた。それ以来、長い間、教えを説き、方便によって安らぎ（涅槃）の境地を説き示した。その時、ブッダたちの多くの息子（菩薩）たちが、最高の覚りへ向けて出で立ったのだ。そして、如来たちの法を多種多様な巧みなる方便によって聞いた人たちは今、すべて世尊のそばに近づき、合掌して立った。

「私にとって声聞は存在しない」

その時、世尊に次の思いが生じた。「私の最上の法を語る時が来た。私は、そのためにこの世に生まれてきたのだ。その最上の覚りを今、私は説き示そう」と。〔釈尊の詩が続く。〕

「私は、臆病な心を捨て去って畏れる心がなく、歓喜して、ブッダの息子（菩薩）たちの中で法を説き、それらの菩薩たちを覚りの達成へと教化するのである。汚れのないこれらの千二百人の阿羅漢たちは、すべて世間においてブッダとなるであろう。このような最上の法は、幾コーティ・ナユタ劫《こう》*のうちにも極めて得難いであろう。また、最上の法を聞いて、その法を信ずる衆生も、極めて得難いであろう。あなた（シャーリプトラ）は、ここにおいて疑念と疑惑を取り除くがよい。法の王である私は告げる。『私は最高の覚りに向けて教化するのであり、私にとって、この世に声聞〔と言われる人〕は誰一人として存在しないのだ』と。シャーリプトラよ、このことはあなたにとって秘要の教えであるべきである。また、私に属するこれらのすべての声聞たちも、また最も重要な人たちであるこれらの菩薩たちも、私のこの秘要の教えを受持するべきである。

指導者たちの教えはこのようであり、これが最も勝れた巧みなる方便である。まさにこれは、多くの深い意味が込められた言葉によって語られていて、習学の未熟なものには、理解し難いのである。だからこそ、世間の人々の教師であり、保護者であるブッダたちの深い意味が込められた言葉を知って、疑惑を捨て、疑念を取り除くならば、あなたがたは、ブッダとなるであろう。だから、あなたがたは歓喜を生じなさい」

《方便》 ウパーヤの漢訳。ウパは「近くに」、アヤは「行くこと」で「接近」、英語のアクセスを意味する。最短距離で目的地に近づけることであり、衆生を覚りへと近づけるための最善の方策。**《詩(偈)》** 仏典に用いられる詩(韻文)は、ガーターと言い、「偈陀《げた》」「伽陀《かだ》」と音写され、「偈頌《げじゅ》」と漢訳され、略して「偈《げ》」と呼ばれる。『法華経』では、八音節を一つの「句」として四つの句(三十二音節)で一偈とするシュローカという形式が一般的である。**《最後の身体》** 生死の輪廻を繰り返すことがなくなった最後の生存のこと。究極の境地についてのバラモン教などで用いられていた表現を仏教でも取り入れたもので聖者や、阿羅漢を意味する。それは、戦国時代の武将たちが究極の目標としていた「天下を取る」という言葉をスポーツ選手が用いる時、譬喩的な意味になっていて、文字通りの意味とは異なっているのと似た用法である。**《安らぎ(涅槃)》** パーリ語のニッバーン、サンスクリット語のニルヴァーナが「涅槃《ねはん》」「泥洹《ないおん》」と音写された。古くは煩悩の火が吹き消された状態のことで「安らぎ」「覚りの境地」を意味した。後に生命の火が吹き消されたという意味で「入滅」「逝去」

も意味するようになった。**《ウドゥンバラの花（優曇華）》**無花果《いちじく》の一種で花が咲いても外から見えないので、三千年に一度咲くといわれ、遭遇し難い稀有なことを譬えるのに用いられた。**《五つの濁り》**①劫濁《こうじょく》（戦乱や疫病などによる時代の濁り）、②見濁《けんじょく》（誤った思想・見解をもつこと）、③煩悩濁《ぼんのうじょく》（貪欲・憎悪・愚かさなどの煩悩がさかんになること）、④衆生濁《しゅじょうじょく》（衆生の心身が弱まり、苦しみが増大すること）、⑤命濁《みょうじょく》（衆生の寿命が短くなること）。**《仏像》**『法華経』において、ストゥーパ信仰について頻繁に言及しているのに対して、仏像についての記述は少ない。それに対して『法華経』以後に成立した『大無量寿経』『阿弥陀経』は、ストゥーパ崇拝にはほとんど触れず、仏像製作に言及している。浄土教系の経典がストゥーパ信仰の機運が衰えたころに成立したことを思わせる。**《コーティ》**三つあとの注を参照。**《真理の車輪を転ずること（転法輪）》**ブッダによる説法のこと。**《悪しき境遇（悪趣）》**悪しき行ないの結果、陥る苦しい生存領域のこと。六道のうちの地獄、餓鬼、畜生の三つを三悪趣（三悪道）、これに修羅を加えて四悪趣という。**《コーティ・ナユタ》**基数詞は、ダシャン（十）、シャタ（百）、サハスラ（千）など日常的によく使われる数の場合と違い、非日常的な巨大数の場合は、インドの各学派で意味する数が異なっている。コーティは、学派により「億」「兆」「京」、ナユタは「万」「十万」「千億」と異なっている。従って、この二つは、「コーティ」「ナユタ」とカタカナで表記する。

【解説】

序品で弟子たちに『法華経』を聞く心の準備ができたところで、方便品へと移行した。釈尊は瞑想から出て立ち上がると、口を開いた。その第一声は、「ブッダの智慧は、深遠で、見難く、知り難いもので、一切の声聞や、独覚によっても理解し難いものである」だった。この言葉をとらえて、研究者の中に「『法華経』は声聞・独覚の二乗を否定している」と論じる人がいた。もしも、それを否定していると言うならば、その後のところで、新たに発心した菩薩も、不退転の菩薩も理解できないとしているのだから、二乗だけでなく菩薩も加えた三乗を否定していると言い直すべきだ。

果たして『法華経』は、その三つを否定しているのだろうか？「あなたは無知で、理解できない」と言われたら、否定されていると思う。しかし、理解できないとする内容が、「あなたがいかに優秀で才能があるか」ということであれば、これは否定ではない。パラドクシカルに肯定していることになる。ここは、その論理が用いられているのだ。

方便品の最後で、釈尊は「私にとって、この世に声聞〔と言われる人〕は誰一人として存在しないのだ」と語る。なぜかと言えば、菩薩であるからだ。この「秘要の教え」をすべての声聞も、菩薩も受持するべきだと諭した。小乗仏教の出家者である声聞は、菩薩とブッダになれるのは釈尊のみであり、自分たちはそれより低い阿羅漢止まりだと思っていた。大乗仏教の菩薩は、声聞と独覚の二乗は「炒《い》れる種子《たね》」であり、永遠に成仏《じょうぶつ》できないもの（永不成仏《ようふじょうぶつ》）と断定していた。その三乗が考え、主張していたことは、釈尊の「秘要の教え」とは真逆のことである。だから、理解できないと冒頭で言っていたのである。

ここは、二乗を菩薩の自覚に立たせ、菩薩には二乗を排除することなく二乗も菩薩であると認めさせるところである。菩薩は、差別思想を払拭《ふっしょく》してこそ〝真の菩薩〟といえよう。こうして、〈二乗から菩薩へ〉、〈菩薩から〝真の菩薩〟へ〉と二段階の止《し》揚《よう》がなされ、小乗仏教と大乗仏教の対立を乗り越え、あらゆる人の平等を説く本来の仏教の原点に還ろうとしたのである。

以上のことを説くに当たって、釈尊は、如来がこの世に出現する理由を「ただ一つの大きな仕事」をなすためだと語る。それは、「衆生を如来の知見によって教化する」ということだ。すなわち、衆生に①如来の知見を開示し、②如来の知見に入らせ、③如来の知見を覚らせ、④如来の知見の道《どう》に入らせるためだという。すなわち、一切衆生を成仏させることが究極の目的だというのだ。

声聞のための教え（声聞乗）、独覚果に到る教え（独覚乗）、菩薩のための教え（菩薩乗）といった諸々の教えを説いたのは、衆生の好みや関心に応じて説いたことによるもので、一仏乗に導くための方便だと明かす。ブッダから見れば人間は平等なのだ。

方便とは、相手を覚りへと導くための最善の方策という意味である。

仏の真意は声聞も独覚も菩薩も差別なく成仏することを明かすことであった。そのために「一切知者の智慧（一切種智）を終着点とするブッダに到る唯一の乗り物（一仏乗）」を説く。「そのほかに何か第二、あるいは第三の乗り物が存在するのではない」と続くが、これが「無二亦無三《むにやくむさん》」と漢訳され、天台大師智顗《てんだいだいしちぎ》などは「一仏乗のみで二乗も三乗もない」と読み、法相宗《ほっそうしゅう》の慈恩大師基《じおんだいしき》は、サンスクリット原典を見て「一仏乗のみで第二の独覚も第三の声聞もない」と読んで、中国だけでなく日本においても伝教大師最澄《でんぎょうだいしさいちょう》と法相宗の得一《とくいつ》との間で大論争が展開された。

それは、結論としては、一仏乗は方便で三乗の区別を説く教えこそが真実だとする慈恩大師基の考えが誤りで、天台大師智顗らの「三乗方便一乗真実」という理解が正しかった（詳細は、拙著『思想としての法華経』第三章を参照）。

インドにおいて『法華経』が評価されたのは、二乗も成仏可能だと説いていることであった。ナーガールジュナ（龍樹《りゅうじゅ》、二～三世紀）の著とされる『大智度論《だいちどろん》』は、『般《はん》若経《にゃきょう》』の注釈書でありながら、『法華経』を何度も引用して「二乗作仏《さぶつ》を説く『法華経』のほうが『般若経』よりも勝《すぐ》れている」と書き、ヴァスバンドゥ（世親《せしん》、五世紀）も、『法華論《ほっけろん》』において『法華経』の平等思想を高く評価した。

本章で気になることは、五千人の増上慢の退席であろう。『大宝積経《だいほうしゃくきょう》』迦葉品《かしょうぼん》にも五百人の愚かな比丘が退席する場面が出てくる。それを考え合わせると、大乗仏教を信奉する人が集会で発表している時、小乗教団の人たちが退席するという実際にあった出来事をモチーフとしているのであろう。

また、鳩摩羅什《くまらじゅう》訳の『妙法蓮華経《みょうほうれんげきょう》』を読んでこられた方には、「諸法実相十如是《しょほうじっそうじゅうにょぜ》」はどうなっているの？　と疑問を持たれるかもしれない。サンスクリット原典では十如是に相当する箇所は、「それらの諸々の法は、①何であり、②どのようにあり、③どのようなものであり、④どのような特徴を持ち、⑤どのような固有の性質を持つのか」という五つの疑問節になっている。これまで説いてきた諸々の教え（諸々の法）については、「如来だけが明瞭で明らかに見ているのである」と述べ、三乗の教えの本質を知っているのは如来であり、「三乗の教えは、一仏乗に導くための方便として説かれたものである」ことを明かすための前段階の言葉になっている。

鳩摩羅什は、「諸々の法」（諸法）を「教え」から「あらゆるものごと」に広げて一般論化して、相《そう》（外面に現れた姿・形）、性《しょう》（内在的性質）、体《たい》（本質・本体）、力《りき》（内在的能力）、作《さ》（力の具体的顕現）、因《いん》（内在的な直接原因）、縁《えん》（補助的間接原因）、果《か》（因・縁の和合による内在的結果）、報《ほう》（果の具体的顕現）、本末究竟等《ほんまつくきょうとう》（相から報までのすべてが融合していること）――という存在の在り方、因果の理法などの十如是として展開していたといえよう。

第三章　譬喩品（第三）＝ひゆぼん

シャーリプトラの反省と決意

その時、尊者シャーリプトラ（舎利弗《しゃりほつ》）は、満足して心が高揚し、世尊に向かって合掌《がっしょう》し、敬礼して申し上げた。

「世尊よ、世尊の間近で今、このような言葉を聞いて、私は不思議で驚くべき思いに満たされ、大いなる歓喜を得ました。私は、これまでこのような教え（法）を聞くことがなかったので、ほかの菩薩《ぼさつ》たちが未来におけるブッダとしての名前を得るのを聞いて、私は如来《にょらい》の知見から落伍《らくご》しているのだと思って、悲しみ悩んでいたからです。これまで、『真理の世界（法界《ほうかい》）に入ることは同じであっても世尊は、私たちに貧弱な乗り物（小乗《しょうじょう》）を与えられたのだ』と思っていました。

けれども、世尊よ、私は今日《きょう》、安らぎ（涅槃《ねはん》）を得ました。完全に解脱《げだつ》しました。阿羅漢《あらかん》の位に達しました。世尊の最年長の息子としてブッダの胸から生まれ、口から生まれ、法から生まれ、法から化作《けさ》され、法の相続人であり、法によって完成されました。私は今日、今まで聞いたこともない驚くべきこの法を世尊から聞いて、苦悩が取り除かれました。私は今、最上の乗り物（一仏乗《いちぶつじょう》）において成熟させられました」

そこで、尊者シャーリプトラは、次の詩を世尊に申し上げた。

「私は、かつて誤った見解に固執していたし、仏教以外の外道に尊敬された遊行者《ゆぎょうしゃ》でありました。そこで、世尊は私の意向をお知りになって、誤った見解から解放するために安らぎ（涅槃《ねはん》）について話されました。私は、その邪見を完全に脱却して、あらゆるものごとが空《くう》*であることを覚知したので、『私は安らぎを得たのだ』と思ってしまいました。しかし、これは真の安らぎではありません。完全な安らぎ（般涅槃《はつねはん》）は、最高の人であるブッダになった時、生ずるのであります。人々の前で、あなたが私に最上の覚りへと到るであろうと予言をされた時、その声を聞いて、私のすべての疑惑は除かれ、今、安らぎに到りました。

しかしながら、最初に世尊の語られたことを聞いた時、激しい恐怖心が私に起こりました。『ああ、恐ろしいことだ。悪魔がブッダの姿をして、悩乱しているのではないことを願いたい』と。けれども、諸々《もろもろ》の原因や因縁《いんねん》、そして幾コーティ・ナユタもの譬喩《ひゆ》によってその最も勝れたブッダの覚りが示された時、私は疑いがなくなりました。過去のブッダや、未来のブッダ、そして現在、最高の真理を見ておられるブッダたちが、幾百もの巧みなる方便《ほうべん》によって法を説かれるということを、あなたが称讃し、あなたが出家して後、あなたがどのように修行し、あなたが覚られた真理の車輪はどのようなもので、あなたの説法はどのようであったのか——ということを称讃された時、私は『これは悪魔ではない。世尊が真実の行ないを示されたのだ』と知りました。甘く深遠で美しいブッダの声によって喜ばせられた時、私のあらゆる疑心は打ち破られ、私はブッダの智慧《ちえ》の中に立っています。私は確実に如来となって尊敬されるでありましょう。そして、多くの菩薩たちを鼓舞《こぶ》しつつ、深い意味を込めてこのブッダの覚りを説くでありましょう」

シャーリプトラへの未来成仏の予言

それを聞いて、世尊は、尊者シャーリプトラにおっしゃられた。

「シャーリプトラよ、あなたは長い歳月にわたって私から学んだのであり、あなたが菩薩であるという教誡に沿って、あなたが菩薩であるという秘密によって今、私の教えの中に生まれてきたのだ。あなたは、私がかつて菩薩であった時に加えた不思議な力（加持《かじ》）によって、あなたがなしたその過去の修行と誓願、あなたが菩薩であるという教誡、あなたが菩薩であるという秘密を思い出すことがないのだ。それなのにあなたは、『私は、安らぎ（涅槃《ねはん》）を得ている』と思っていた。

私は、あなたが過去において修行したこと、誓願したこと、知を覚知したことをあなたに思い出させることを欲していて、私は、この広大なる菩薩のための教えであり、すべてのブッダが把握している〝白蓮華《びやくれんげ》のように最も勝れた正しい教え〟（妙法蓮華《みようほうれんげ》）という経を声聞《しようもん》たちに説き明かすのである。

シャーリプトラよ、あなたは、未来の世において、無量の劫《こう》にわたって幾百・千・コーティ・ナユタもの多くの如来の正しい教えを受持《じゆじ》し、菩薩としての修行を完成して、〝紅蓮華《ぐれんげ》の輝きを持つもの〟（華光《けこう》）という如来となるであろう。その如来の〝塵《ちり》垢《あくた》のない〟（離垢《りく》）という名前のブッダの国土は、平坦《へいたん》で、喜びにあふれ、美しく、清らかで、繁栄し、安穏で、多くの人々と女性の群衆が充満しているであろう。シャーリプトラよ、その如来もまた、まさに三つの乗り物（三乗《さんじよう》）について法を説くであろう。その劫の時代は〝貴重なる宝石で飾られたもの〟（大宝荘厳《だいほうしようごん》）という名前で、その如来の寿命の長さは、十二中劫《ちゆうこう》であるだろう」

その時、神々の帝王であるシャクラ神や、サハー世界の主であるブラフマー神、神々の子たちが、天上の衣で世尊を覆い、天上のマーンダーラヴァの花（曼陀羅華《まんだらけ》）を世尊にふりかけた。天上の楽器や、太鼓を上空で打ち鳴らし、次のように告げた。

「以前、世尊はヴァーラーナシーの鹿の園（鹿野苑《ろくやおん》）において、この真理の車輪を転じられましたが、今再びマガダ国の霊鷲山《りようじゆせん》（グリドラクータ山）においてこの上ない第二の真理の車輪を転じられました」と。

「三車火宅の譬え」を説く

その時、尊者シャーリプトラは、釈尊《しゃくそん》の教えを納得することができたが、他の男性出家者たちは、聞いたこともない法を聞いて、疑惑に陥っていた。そこで、シャーリプトラは「これらの男性出家者たちの疑惑を取り除くために、本当のことをお話しください」と要請した。

シャーリプトラからこのように言われて、世尊は、譬喩を語った。

「ある資産家*の邸宅は、広大だが門は一つしかなかった。建物は古くて柱の根元が腐り、壁や、障壁、漆喰《しっくい》は崩壊している。家の中では二十人もの子どもたちが遊んでいたが、突然火事が発生した。その資産家は、自分の邸宅があらゆる方向から燃え上がっているのを見て、恐れおののき、次のように考えた。

『私は、燃え上がる家からこのように速やかに脱出することもできる。けれども、私の息子たちは、燃え上がる邸宅の中で遊び楽しんでいる。家が燃えていることを知らないし、理解してもいないし、心の動揺に陥ってもいない。子どもたちは、脱出しようという考えさえも起こさない』と。

その資産家は、子どもたちに語りかけた。

『子どもたちよ、逃げ出してこちらへ来なさい。この家は、大きな火の塊によって燃え上がっている。君たちが、この大きな火の塊によって焼かれたり、不幸な災厄に遭わないように』

子どもたちは、資産家の言葉を聞いても、理解せず、驚くことも、恐怖に陥ることも、逃げ出すこともなく、この家が燃え上がっていることが、どういうことなのか理解することもない。

そこで、その資産家は、『私は今、巧みなる方便によって、子どもたちを家から脱出させることにしよう』と考え、子どもたちの好みを知りつつ、次のように言った。

『子どもたちよ、ここに君たちにあげるおもちゃがある。愉快で、珍しく、色とりどりの牛の車、羊の車、鹿の車のおもちゃである。それらを門の外に置いている。君たちは、この邸宅から逃げ出してこちらへ来なさい。おもちゃの車を与えよう』

願い求めていたおもちゃの名前を聞き、子どもたちは、我先にその家から飛び出してきた。

資産家は、子どもたちが安全になったことを知り、心配しなくてもよくなった。そこで、子どもたちは、父に近づいて言った。

『お父さん、僕たちに牛の車、羊の車、鹿の車のおもちゃをください』

そこでシャーリプトラよ、その資産家は、自分の息子たちに七宝で造られ、手すり（欄楯《らんじゅん》）がめぐらされ、鈴のついた網の垂れ下がった、高くて、広く、素晴らしい希有なる宝石で飾られ、花環《はなわ》（華蔓《けまん》）で飾られ、綿布と毛布が敷かれ、天幕とヴェール で覆われ、両側に赤いクッションを備え、純白の牡牛《おうし》がつながれ、多くの侍者《じしゃ》たちに従われ、風の速さを持つ一様で同一の種類の牛の車だけを、一人ひとりの子どもに与えた。

『私は、子どもたちに他の乗り物を与えることはやめよう。理由は何か？　これらの子どもたちは、すべて私の息子であり、私にとって愛おしいものであるからだ。また、私にはこのように大いなる乗り物（大乗《だいじょう》）がいくらでもある。私は、子どもたちをすべて平等に考えるべきである。私は、あらゆる衆生《しゅじょう》にもまたこのように大いなる乗り物を与えるであろう』

そして、子どもたちは、その大いなる乗り物に乗って、不思議で驚くべき思いにとらわれるであろう。

如来は、生まれること（生《しょう》）・老いること（老《ろう》）・病になること（病《びょう》）・死ぬこと（死《し》）・憂い（憂《う》）・悲しみ（悲《ひ》）・苦しみ（苦《く》）・悩み（悩《のう》）・悲哀（哀《あい》）によって無知という暗黒や、迷妄という暗黒のヴェールの覆いの中に留まっている衆生を貪愛《とんあい》、憎悪《ぞうお》、迷妄《めいもう》［の三毒《さんどく》］から解放し、この上ない正しく完全な覚りへと教化《きょうけ》するために、三界《さんがい》*に生まれてくるのである。その三界は、大きな苦しみと悩みという火の塊りによって、屋根と覆いが燃え上がっている老朽化した邸宅のようなものである。

玩具の三車は声聞乗・独覚乗・菩薩乗のこと

シャーリプトラよ、その資産家は、腕力が強いのに腕力を差し置いて、巧みなる方便によってそれらの子どもたちを、その燃え上がる家から脱出させ、その後に、子どもたちに大いなる乗り物を与えた。まさにそのように、如来もまた、如来の智慧の力と、四つの畏《おそ》れなきことを具《そな》えているのに、それを差し置いて、巧みなる方便という智慧によって、この三界から衆生を脱出させるために、三つの乗り物、すなわち声聞のための乗り物（声聞乗《しょうもんじょう》）、独覚果《どっかくか》に到る乗り物（独覚乗《どっかくじょう》）、菩薩のための乗り物（菩《ぼ》薩乗《さつじょう》）を示されるのである。そして、三つの乗り物によって衆生の関心をひきつけ、衆生に次のように語るのである。

『あなたたちはこの燃え上がった家のような三界において、低劣な色《しき》・声《しょう》・香《こう》・味《み》・触《そく》〔という五つの世俗的欲望（五欲）の対象〕に熱中してはならない。この三界において〔色・声・香・味・触に〕熱中しているあなたたちは、五つの世俗的欲望の対象にともなっている渇愛《かつあい》によって焼かれ、苦痛を与えられているのだ。あなたたちは、この三界から逃げ出しなさい。あなたたちは、三つの乗り物、すなわち声聞のための乗り物、独覚果に到る乗り物、菩薩のための乗り物を見いだすだろう。私は、あなたたちにこれらの三つの乗り物を与えるであろう。あなたたちは、三界から脱出するために専念するがよい』

また、私は、次のようにして衆生の関心をひきつけるのである。

『これらの乗り物は、聖なるもので、聖者たちによって称讃され、大いなる喜びを具えている。あなたたちは、これらの乗り物によって愉快に遊び楽しむであろう。五つの働き（五根《ごこん》*）と、五つの能力（五力《ごりき》*）、七つの覚りへの要件（七覚支《しちかくし》*）、禅定《ぜんじょう》、解脱《げだつ》、三昧《さんまい》、等至《とうじ》*によって、あなたたちは大きな喜びを得るであろう』と。

シャーリプトラよ、賢い衆生は、世間の人々の父である如来を信ずるのだ。賢い人は、信じて如来の教えに専念し、努力に傾倒する。その場合、他者の声（教え）を聞いてそれに従うことを求めている声聞たちは、自分自身の完全なる安らぎ（涅槃）を得るために、四つの聖なる真理（四聖諦《ししょうたい》）を覚知するための如来の教えに専念するのだ。それらの衆生は、声聞のための乗り物を求めて三界から脱出したと言われるのだ。それは、子どもたちが鹿の車を求めて燃え上がった家から脱出したようなものである。

他の衆生は、師匠なしで得る智慧（無師智《むしち》）や、自己抑制と禅定による心の静止を求めつつ、自分自身の完全な安らぎ（涅槃）のために、因縁を覚知するための如来の教えに専念するのだ。それらの衆生は、独覚果に到る乗り物を求めて三界から脱出したと言われるのだ。それは、子どもたちが羊の車を求めて燃え上がった家から脱出したようなものである。

さらに、一切知者の智慧（一切種智《いっさいしゅち》）や、ブッダの智慧、独立自存するものの智慧（自然智《じねんち》）、師匠なしで得る智慧（無師智）を求めている他の衆生は、多くの人々の安寧と幸福のため、世間の人々に対する憐れみのため、神々と人間といった衆生の大集団の利益と安寧、幸福のため、あらゆる衆生の完全なる安らぎ（涅槃）のために、如来の智慧の力と四つの畏れなきことを覚知するために如来の教えに専念するのである。それらの衆生は、大いなる乗り物を求めて三界から脱出したのであり、偉大な人である菩薩と言われるのだ。それは、子どもたちが牛の車を求めて燃え上がった家から脱出したようなものである。

如来は巧みなる方便によって一仏乗を説く

その資産家は、子どもたちが家から脱出したのを見て、安全になったことを知り、子どもたちにただ一つの勝れた乗り物を与える。そのように如来もまた、ただブッダに到る乗り物（一仏乗）によってのみ衆生を完全なる安らぎ（涅槃）に到らせるのである。しかも、如来の〔覚りと全く同じ〕完全なる安らぎ、卓越した完全な安らぎにすべての衆生を到らせるのである。

これによって、シャーリプトラよ、次のように知るべきである。

『如来は、巧みなる方便の智慧を遂行することによって、ただ一つの大いなる乗り物のみを説くのである』と」

そこで、世尊は以上の話と同趣旨の詩を述べられた。〔ただし、散文では邸宅が古くて腐り崩落しているといった描写のみであったが、詩では、種々の動物や、虫、死霊などの住み家になっていて、恐ろしい所という意味が次のように強調されている。〕

「その邸宅には、ハゲワシや、鳩、梟《ふくろう》、その他の鳥たちが住んでいる。猛毒を持つ恐ろしい毒蛇や、サソリ、ネズミの住み家となっている。百足《むかで》や、ウジ虫、昆虫、ホタルが充満し、蛇や、猛獣も住んでいる。恐ろしい狼《おおかみ》が人間の死体を貪り食っている。犬やジャッカルたちは、飢餓にさいなまれていて、喧嘩《けんか》して互いにかみつき合って、吠える声が満ちている。獰猛《どうもう》な心を持つヤクシャ（夜叉《やしゃ》）たちは、人間の死体を引き裂いている。それらのヤクシャたちは、他の生き物を食べて満足すると、そこで激しい争いをする。恐ろしくて獰猛な心を持〔ち、瓶《かめ》のような陰嚢《いんのう》を持〕つクンバーンダ（鳩槃荼《くはんだ》）鬼《き》たちが徘徊し、犬の足をつかみ地面に仰向けにして、首を絞め付けて威嚇《いかく》し苦しめて楽しんでいる。

裸で、色黒で、力弱く、背が高い、大きな死霊の餓鬼《がき》たちが住んでいる。その餓鬼たちは、貪り食うことを欲していて、食べ物を求めながら、あちこちで悲痛な叫び声を上げている。餓鬼たちのあるものは、針のように細い口をした牡牛《おうし》の顔を持つものであり、髪を振り乱し、食べ物に対する貪欲さによって身を焼かれなながら、悲痛な声を発している。また、ここでは、それらのヤクシャや、餓鬼、〔屍肉《しにく》を食らう〕ピシャーチャカ鬼、ハゲワシたちが、食べ物を探し求めながら、窓や、のぞき窓から四方を常に観察している。

ハゲワシたちは炎によって焼かれ、クンバーンダ鬼たちは顔が焼けただれておろおろと歩き回り、幾百もの猛獣たちが火で焼かれながら、泣き叫んでいる。狼《おおかみ》たちは死に至り、それらの生き物たちは互いに他を食い合っている。糞便は焼かれて、不快な臭いが四方に漂っている。百足たちが逃げ出すと、クンバーンダ鬼たちがそれらを完全に食い尽くす。また、髪の毛が燃えている餓鬼たちは、飢餓と大火で身を焼かれながら動揺して歩き回っている」

父親はその邸宅から、子どもたちに三つの車をあげると言って脱出させ、三つのおもちゃの車ではなく、大きくて力があり、見るも美しい白い牡牛に牽《ひ》かれた一種類の卓越した牛の車だけを与えた。

ブッダに到る乗り物は全世界で最勝

世尊は、以上の譬喩に続けて、詩を語った。

「私は衆生の保護者であり、父である。三界において欲望に執着している愚かな衆生は、私の息子たちである。三界は、燃え上がった邸宅のように多くの生・

老・病〔・死の苦しみの火〕によって、余すところなく焼かれている。私は、三界から解脱していて、林の中の人里離れた所に住んでいる。この三界は私の所有するものであり、私は、三界の諸々の苦悩を説き示したが、子どもたちは、私の言うことに耳を傾けようとはしなかった。私は巧みなる方便を用いて、子どもたちに三つの乗り物を説くのだ。それらの息子たちとは、私を頼って教えを聞いて、大いなる力を得た声聞たちであり、ここにいる独覚たちであり、今、不退転の菩薩でいるものたちである。

私は、それらの平等な息子たちのために直ちに、この最も勝れた譬喩によって、ブッダに到るただ一つの乗り物（一仏乗《いちぶつじょう》）を説くのだ。すべての人が、勝利者となるであろう。そのブッダに到る乗り物は、全世界において最も勝れた卓越したものであり、最も勝れた人であるブッダの智慧なのだ。十方をすべて探しても、人間の中で最上の人の方便を除いて、第二の乗り物はどこにも存在しないのだ。私は、あなたたちを三界の苦難から救い出したのだ。しかしながら、あなたたちは、六道輪廻《ろくどうりんね》*の苦しみから解放されただけなのだ。だから、ブッダに属する乗り物（仏乗）を探し求めるべきである。

衆生が、卑しく嫌悪すべき愛欲に耽《ふけ》っている時、世間の人々の指導者は、この世における〝苦しみについての聖なる真理〟（苦諦《くたい》）を説くのである。苦しみの本源を理解できず、見ることもない愚かな人たちには、渇愛《かつあい》を生じることが〝苦しみの起源〟（集諦《じつたい》）であると道《みち》を示すのだ。渇愛を制止するために無執着であること、これが、私の〔説く四聖諦《ししようたい》のうちの〕第三の〝苦しみの消滅についての真理〟（滅諦《めつたい》）である。人を誤謬《ごびゆう》なく解放する道（道諦《どうたい》）を修行して、人は渇愛の束縛から解き放たれるのである。ただし、それらの衆生は、正しくないことへの執着から解放されただけなのだ。未だに完全には解放されていないのだ。だから、指導者であるブッダは今、それらの人たちのことを安らぎ（涅槃）に達していないと言われるのだ。『この人は、完全に解放されている』と、私が説かないのは、最も勝れた最上の覚りに未だ達していないからである。これが私の意向であり、私は法の王であり、一切衆生を安楽に到らせるためにこの世間に出現したのである。シャーリプトラよ、誰かある人が、この〔〝白蓮華のように最も勝れた正しい教え〟という〕経典を頭におしいただいて、あなたが説いたことに、『私は、その教えを喜んで受け容れます』という言葉を語るならば、その人を不退転の人であると、あなたは受け取るがよい。

この経を信ずる人は、既に過去世において如来たちに会って、如来たちに恭敬をなしたのであり、このような法を既に聞いているのである。あなたの説法を通して、私が説いた最高の法を信ずる人は、過去世において私にも、あなたにも、また私のこの男性出家者の集団（比丘《びく》僧伽《そうぎゃ》）や、これらの菩薩たちのすべてにも会っているのである。この経典は、愚かな人々を惑乱させるものであり、私はこれを神通の智慧を持つものたちのために説いたのだ。この中には、声聞、独覚たちにとって理解できる対象は全く存在しないのだ」

この法を説いて聞かせるべきでない対象者

ここで世尊は、この法を説いて聞かせるべきでない人について語られた。

「あなたは信順の志が堅い。ましてや、私のこれらの声聞たちはなおさらである。これらの声聞たちもまた、まさに私に対する信によって智慧に到達するのだ。尊大な人や、高慢な人、正しく修行しない人にこの経を説くべきではない。愚かな者たちは、常に愛欲に酔っていて、説かれた法を嘲笑《ちょうしょう》するであろう。私の巧みなる方便を誹謗《ひぼう》し、ブッダの導きに対して眉《まゆ》をひそめることをなすなら、その人の果報は恐ろしいものであるということを、あなたは聞くがよい。私が入滅する前であれ、後であれ、この経を誹謗するなら、その果報がどのようなものであるかを私から聞くがよい。その人は死して後、まるまる一劫の間、アヴィーチ（無《む》間《けん》）地獄*に生まれ、さらに多くの劫の間、何度も死してはそこに生まれることを繰り返すであろう。

地獄から抜け出す時は、今度は弱々しい犬やジャッカルとなって畜生界に生まれ、他の畜生たちの遊び道具となるのだ。それらの犬やジャッカルたちは、色黒で、斑点があり、腫《は》れ物があって、かゆがっている。体毛が抜け落ち、虚弱で、常に嫌悪される。石を投げつけられ、打たれて泣きわめき、棒で威嚇《いかく》され、飢餓と渇《かわ》きに悩まされ、身体はやつれている。あるいは、ラクダや、ロバに生まれ、重荷を運ばせられ、鞭《むち》や棒で打たれる。野狐（野干《やかん》）に生まれては、子どもたちから石を投げつけられたり、打たれたりして痛めつけられる。さらに、長い体を持つ鈍感で愚鈍な生きものに生まれ、〔腹這《はらば》いになって〕体をくねらせ、多くの生きものに嚙《か》まれ続け、極めて激しい苦痛を受ける。

それらの愚かなものたちが、人間の身体を得る時も、その場合、身体に障害があり、片足が不自由で、しかも背骨が湾曲していて、盲目で、愚鈍で、最も卑しい生まれとなり、私のこの経を信じないでいる。それらの愚かなものたちは、世間において信頼されなくなり、それらの愚かなものたちの口から腐敗した臭いが漂っている。貧困で、虚弱で、常に他人の召使いとして、こき使われ、多くの苦悩があり、身よりのないものとなって、過ごしている。勝れた効能を持つ薬を服用しても、それらの愚かなものたちの病気はさらにひどくなり、その病気は決して治ることはない。この人にとっては地獄が遊園の地であり、危険の地（悪道）が人間として生まれても、盲目、聾者《ろうしゃ》、愚鈍の状態になり、常に貧困で、他人の召使いになる。身体にはかさぶた、疥癬《かいせん》、さらに発疹《はっしん》、ハンセン病や、ハンセン病の白い斑点があり、さらに腐敗した臭いがある。シャーリプトラよ、実に私のこの経典を誹謗する愚かなものの諸々の罪悪を私が今、まるまる一劫の間、説いたとしても、諸々の罪悪の終わりに到達することはできないのだ」

邸宅であるのだ。

この法を説いて聞かせるべき対象者

続いて、この法を説いて聞かせるべき人について語られた。

「シャーリプトラよ、このことを以上のように見ている私は、あなたに命ずる。『あなたは、この経典を愚かな人の前において決して説いてはならない』と。頭脳明晰《めいせき》で、多くのことを学んで思慮深い人たち、賢く、学識のある人たち、最上にして最高の覚りへと出で立った人たちに、この最高の真理を聞かせるがよい。常に努力精進《しょうじん》を具え、慈しみの心を持ち、身体も生命も打ち捨てて、長期間にわたって慈しみを実践する人たちの面前で、この経典を語るべきである。互いに意思が通じ合って尊敬する心を持ち、しかも愚かなものたちと知り合いがない人たち、さらに岩の洞穴に住むことに満足している人たちに、この経典を聞かせるべきである。

善き友（善知識《ぜんちしき》）に交わり、悪しき友（悪知識《あくちしき》）を避けているブッダの息子である菩薩たちに、この経典を説き示すべきである。常に怒ることがなく、誠実で、すべての衆生に思いやりがある人たち、人格を完成された人に尊敬の念を抱いている人たちの前で、この経典を説くべきである。シャーリプトラよ、私は、〔このほかにも、この経典を説くべき対象者の〕多くの特徴をまるまる一劫の間でさえも語ることができるが、〔結論として言えば、〕最上にして最高の覚りへ向かって出で立った人たちに、この経を語るがよい」

《空》あらゆるものごとに固定的実体がないこと。《資産家》グリハパティは、グリハ（家）とパティ（主人）の複合語で、「居士《こじ》」「家長」を意味していたが、貨幣経済の進展とともに、王族およびバラモンに次ぐ階級として現れた資産家を意味するようになった。特に商工業に従事する実業家や資産家を意味する（拙著『思想としての法華経』六七頁参照）。《三界》衆生が生死を繰り返す迷いの世界。①欲界《よっかい》（欲望にとらわれたものの住む領域）、②色界《しきかい》（欲望を離れているが、まだ物質的条件にとらわれたものの住む領域）、③無色界《むしきかい》（欲望も物質的条件も超越した精神的条件のみからなる領域）――とされる。もともと、禅定の発達段階を示す言葉として用いられた。《五つの働き（五根）》解脱に到るための五つの能力。①信根《しんこん》（信を生じ維持する能力）、②精進根《しょうじんこん》（努力する能力）、③念根《ねんこん》（記憶して忘れない能力）、④定根《じょうこん》（禅定の能力）、⑤慧根《えこん》（智慧の能力）。**《五つの能力（五力）》**解脱に到らせる五つの力。五根が機能して現れる①信力《しんりき》、②精進力《しょうじんりき》、③念力《ねんりき》、④定力《じょうりき》、⑤慧力《えりき》——の五つの働きのこと。**《七つの覚りへの要件（七覚支）》**覚りを得るために役立つ七つのこと。①択法覚支《ちゃくほうかくし》（教えの真偽を選び分けること）、②精進覚支《しょうじんかくし》（正しい教えによって努力すること）、③喜覚支《きかくし》（正しい法を実践する喜びに住すること）、④軽安覚支《きょうあんかくし》（身心の軽やかさと快適さを保つこと）、⑤捨覚支《しゃかくし》（対象にとらわれる心を捨てること）、⑥定覚支《じょうかくし》（心を集中して乱れないこと）、⑦念覚支《ねんかくし》（記憶して忘れないこと）。**《禅定、解脱、三昧、等至》**いずれも心を集中して静かに瞑想することを意味する。この四語は定型句のように用いられることが多い。それぞれは、さらに分類され、その数を示して「四禅」「八解脱」「三三昧」「八等至」と表記される。「四禅」は、欲界の迷いを超えて色界に生ずるための四段階の瞑想を意味する。「八解脱」は、三界の煩悩を離脱して解脱する八種の瞑想のこと。「三三昧」は、あらゆるものごとを空（実体がない）・無相（差別相がない）・無願（欲望を離脱している）と見る瞑想のこと。「八等至」は、色界の四禅と無色界の四定（空無辺処定《くうむへんしょじょう》・識無辺処定《しきむへんしょじょう》・無所有処定《むしょゆうしょじょう》・非想非非想処定《ひそうひひそうしょじょう》）の八つのこと。**《六道輪廻》**人の行ないの結果に応じて地獄・餓鬼・畜生・修羅・人・天の世界で生死を繰り返すこと。**《アヴィーチ（無間）地獄》**アヴィーチは「阿鼻」と音写され、「無間」と漢訳された。八大地獄のうち最下に位置し、極限の苦しみを間断なく責め苛《さいな》まれることから「無間」と漢訳された。八大地獄のうち最下に位置し、極限の苦しみに苛まれるという。①殺母《せつも》、②殺父《せつぶ》、③殺阿羅漢《せつあらかん》、④出仏身血《すいぶつしんけつ》、⑤破和合僧《はわごうそう》——からなる五逆罪と、謗法《ほうぼう》を犯したものが堕ちるとされる。

【解説】

釈尊から見れば人間は平等であり、声聞と言われている人も菩薩なのだ。『法華経』は、〝声聞〟と言われている人を菩薩の自覚に立たせ、「声聞などの二乗は成仏《じょうぶつ》できない」と決めつけている菩薩たちにも、二乗も菩薩であることを理解させる。人間の平等を理解してこそ〝真の菩薩〟なのだ。こうして『法華経』は、大乗仏教で成仏から除外されていた二乗を菩薩へ、菩薩を〝真の菩薩〟へと止揚して、一切衆生の成仏を明かした。

釈尊からこのような話を聞いて、如来の知見から落伍していると思って、悲しみ、悩んでいたシャーリプトラ（舎利弗）は、自分も成仏できることを知って不思議で驚くべき思いに満たされ、歓喜した。

そこで釈尊は、シャーリプトラが既に長い歳月にわたって釈尊のもとで学んできたが、菩薩であることを思い出すことなく、ここに生まれてきたのだと告げた。

そして、シャーリプトラが過去において修行し、誓願し、知を覚知したことを思い出させるために「菩薩のための教えである法華経を声聞たちに説き明かす」と語った。

「菩薩のための教え」（bodhisattva-avavāda）は、菩薩に説くものではないかという思いに反して、「声聞たちに説き明かす」とあるのが重要だ。「菩薩（bodhisattva）のための教え（avavāda）」は、①「声聞に菩薩の自覚を持たせるための教え」と、②「菩薩を〝真の菩薩〟たらしめるための教え」の掛詞《かけことば》になっているのだ。それによって、声聞［および独覚］と菩薩の対立を乗り越え、すべての衆生の成仏可能なことを明らかにした。それは、小乗仏教と大乗仏教の対立の止揚《しよう》をも意味している。

こうして、シャーリプトラに対して、いつ（劫《こう》）、どこで（国《こく》）、何という名前（名《みよう》号《ごう》）の如来になるかという成仏の予言（授記《じゆき》）がなされた。

未来成仏の予言をされたシャーリプトラは、他の声聞たちがまだ理解できずに困惑しているのを見て、釈尊にさらに説明を求めた。

そこで、説かれたのが「三車火宅《さんしやかたく》の譬え」であった。火事になった家（火宅）は苦しみに満ちた現実世界、遊びに夢中の子どもたちは刹那主義的な生き方で六道輪廻している衆生、資産家（父親）が如来を意味している。「乗り物」と「車」は目的地に連れていくもので、「教え」を象徴している。玩具の鹿の車・羊の車・牛の車がそれぞれ声聞乗・独覚乗・菩薩乗、卓越した牛の車（大白牛車《だいびやくごしや》）が一仏乗を譬えている。

この譬えの意味することを分かりやすくするために、小乗仏教と貶称《へんしよう》された説一切有部の三乗説を【表】にまとめてみたのが次頁上段である。

ここにおいて、菩薩乗に乗ってブッダに到れるのは釈尊のみであり、他の衆生との

【説一切有部(小乗仏教)の三乗説】

漢　訳	意　味	乗　る　人	目的地
声聞乗	声聞のための乗り物	声　聞 (出家の男子)	阿羅漢果
独覚乗	独覚果に到る乗り物	独覚果を求める人 (出家の男子)	独覚果
菩薩乗	菩薩のための乗り物	覚りが確定している人 (菩薩である釈尊の前身)	ブッダ

【法華経における三乗と一仏乗の比較】

漢　訳	意　味	乗　る　人	目的地	譬　喩
声聞乗	声聞のための 乗り物 (小乗仏教)	声　聞 (出家の男子)	阿羅漢果	玩具の鹿の車
独覚乗	独覚果に到る 乗り物 (小乗仏教)	独覚果を求める人 (出家の男子)	独覚果	玩具の羊の車
菩薩乗	菩薩のための 乗り物 (大乗仏教)	覚りを求める人 である菩薩 (在家と出家の男女。 但し二乗は除く)	ブッダ	玩具の牛の車
仏　乗	ブッダに到る 乗り物 (法華経)	三乗など一切衆生 (在家と出家の男女)	ブッダ	本物の牛の車

間には厳然と区別がなされている。

『法華経』における三乗と一仏乗の関係は、前頁下段の【表】の通りである。

声聞乗と独覚乗は、ブッダに到るものではない。ブッダを目的地とするのは、菩薩乗と仏乗である。従って、インドで重視される「牛」の車とされた。けれども、菩薩乗は声聞・独覚の二乗を除外している。差別思想を残している点では、声聞・独覚の二乗と共通である。それで、二乗とともに「玩具」とされたのである。

父親である資産家は、子どもたちを助け出すのに、「腕力が強いのに、腕力を差し置いて、巧みなる方便によって」子どもたちを、燃え上がる家から脱出させたという。本来の仏教は、超能力や、神がかり的な方法による救済を説かなかった。あくまでも方便などの言葉を駆使して、子どもたち（＝衆生）が自覚をもって行動することを尊重するものであったことが、ここにうかがわれる。

第四章　信解品（第四）＝しんげぼん

四大声聞たちの歓喜の表明

その時、尊者スブーティ（須菩提《しゅぼだい》）と、尊者マハー・カーティヤーヤナ（摩訶迦旃延《まかせんねん》）、尊者マハー・カーシャパ（摩訶迦葉《まかかしょう》）、尊者マハー・マウドガリヤーヤナ（大目犍連《だいもつけんれん》）の四人の偉大なる声聞《しょうもん》たちは、過去に聞いたことのない以上のような法を世尊《せそん》のそばで面と向かって聞き、また尊者シャーリプトラ（舎利弗《しゃりほつ》）がこの上ない正しく完全な覚りに到るであろうという予言（授記《じゅき》）を聞いて、驚くべき思いに満たされ、大いなる歓喜を得た。そして、席から立ち上がって、世尊に近づき、上衣を右側の一方の肩だけ露《あらわ》にして、右の膝頭を地面につけ、世尊に向かって合掌《がっしょう》して頭を下げ、世尊を仰ぎ見ながら敬意を表した。そのうちの一人が世尊に申し上げた。

「世尊よ、私たちは、この男性出家者の集団（比丘僧伽《びくそうぎゃ》）において長老と見なされております。年老いて、老衰し、安らぎ（涅槃《ねはん》）に達したのだと考えて、私たちは怠惰であって、努力精進《しょうじん》に取り組んでもいませんでした。

世尊が法を説かれて後、『あらゆるものは、固定的な実体がなく（空《くう》）、自性《じしょう》がなく

（無相《むそう》）、欲望を離れている（無願《むがん》）』ということが私たちには、明白になりました。けれども、私たちは、これらのブッダの法（仏法）に対しても、ブッダの国土の荘厳や、菩薩の自在な振る舞い、如来《にょらい》の自在な振る舞いに対しても、熱烈な願望を抱くことはありませんでした。

私たちは、迷いの世界である三界《さんがい》から脱出したことで、安らぎ（涅槃）を得たと思っていたし、年をとって耄碌《もうろく》しているからであります。その後、私たちはこの上ない正しく完全な覚りに向けて他の菩薩たちに教授したりしていました。しかしながら、私たち自身は、一度でさえもそれを渇望することはありませんでした。

世尊よ、私たちは、この上ない正しく完全な覚りに到るという予言が、声聞たちにもあり得るということを、今、世尊のそばで聞いて、不思議で驚くべき思いにとらわれました。今、まさに思いがけず、過去に聞いたこともないこのような如来の言葉を聞いて、私たちは無量の宝物を得ました。世尊よ、私たちは求めることもなく、考えることもなく、このように大いなる宝物を得たのです。世尊よ、私たちに明らかになりました。

「長者窮子の譬え」による理解の表明

例えば誰かある男が父親のそばから立ち去ったとしましょう。立ち去って、他の国に到り、その男は、二十年、三十年、四十年、あるいは五十年もの長い間、その国に住みました。その男は貧しくて、食べ物や着るものを求め、さまよいながら他の国にたどり着きました。

一方、その男の父親も、よその国に来て資産家となり、多くの財産、金貨、金、銀、宝石を所有し、多くの雇い人を抱え、さらには象、馬、牡牛《おうし》、羊、車を所有しています。その父親は、数多くの侍者《じしゃ》を従え、富の蓄積や、利子を取っての金融業や、農業、交易で繁盛していました。

その貧しい男は、食べ物や着るものを求め、村や、町、王国をさまよいながら父親が住んでいる町にたどり着いたとしましょう。

その父親は五十年もの間、息子のことを憂い続けていましたが、息子のことを誰にも語ることはなく、次のように考えていました。

『私は、年老いた老人である。私には多くの金貨、黄金、財宝が存在するけれども、息子がいない。私に死ぬようなことがなく、これらの財産が失われることがないことを願いたい。私の息子がこの財宝の山を享受するならば、私は安心するであろう』*

その時、貧しい男は、その裕福な人の邸宅に近づいてきました。

その父親は、邸宅の門のところで数多くのバラモン（司祭階級）、クシャトリヤ（王族）、ヴァイシャ（商人）、シュードラ（奴隷階層）の人たちに囲まれ、卓越した師《し》子座《しざ》に坐っていました。金貨を取引し、日傘が広げられ、花が撒《ま》かれたところで扇であおがれながら威厳をもって坐っています。

貧しい男はそれを見て、恐れおののき、身震いする思いを抱いて次のように考えました。

『思いがけないことに、王様か、王様と同等の権威を持つ人のところに来てしまった。立ち去ろう。貧民街なら食べ物や着るものが、手に入るだろう。こんなところで躊躇《ちゅうちょ》なんかしていられない。捕えられて強制労働をさせられたり、ひどい目に遭ったりすることなどご免こうむりたい』と。貧しい男は、急いで逃げ出しました。

その時、その裕福な人は、その男を見るやいなや、それが自分の息子であることを了解しました。自分の息子を見て狂喜し、『あの男をすぐに連れてきなさい』と、即座に敏速な侍者たちを派遣しました。

侍者たちは、速やかに走り去り、その貧しい男をつかまえました。男は、恐れおののき、声高に叫び、うめき声を上げ、『俺は、お前たちに何も危害を加えてなんかいない』と訴えました。

侍者たちは、うめき声を上げている男を力ずくで引きずりました。男は、恐れおののいて考えました。『俺は、殺されることも、棒で打たれることも嫌だ。俺は死にたくない』と。

男は、気絶して地面に倒れ、意識を失いました。その父は、男のそばに来て、侍者たちに言うでありましょう。

『お前たちは、その男をそのように連れてきてはならない』と。

その父は、男に冷たい水をかけたが、さらに話しかけることはありませんでした。理由は何か？　資産家は、自分自身には威厳に満ちた力があるのに、貧しい男には、劣ったものに信順の志（信解《しんげ》＊）を持つ性分が抜けきれないでいます。それにもかかわらず、『これは私の息子である』とわかっているからです。しかしながら、その資産家は巧みなる方便《ほうべん》によって、『これは私の息子である』と誰にも話すことはないでありましょう。

そこで、資産家はある侍者に告げました。

『侍者よ、あの貧しい男に次のように言いなさい。〈男よ、お前は行きたいところに行くがよい。お前は解放されたのだ〉と』

侍者はその命令を承って、言われた通りに貧しい男に言いました。

男はその言葉を聞いて、不思議で驚くべき思いになり、立ち上がって、貧民街のあるところへ行きました。

資産家は、貧しい男を自分に近づけるために、巧みなる方便を用いるでありましょう。資産家は、顔色が悪く、力の弱々しい二人の侍者を用いました。

『先ほどここにいたあの男を、お前たちは自分の言葉で、二倍の日給で雇って、私のこの邸宅で仕事をさせなさい。男が〈どんな仕事をするのか？〉と尋ねたならば、〈俺たち二人と一緒に肥溜《こえだ》めを綺麗《きれい》にするのだ〉と、言いなさい』と。

二人の侍者は、その貧しい男を捜し出して、その仕事を与えました。二人の侍者と、貧しい男は、その大金持ちの人から賃金をもらって、その邸宅で肥溜めをきれいにしました。そして、その大金持ちの人の家の近くにある藁葺《わらぶ》き小屋に三人は住みます。

汚物処理人から財産管理人へ

その裕福な人は、円窓《まるまど》や風を通す穴から自分の息子が肥溜めをきれいにしているのを見守るでありましょう。そして、邸宅から下りてきて、装身具をはずし、柔らかく清らかな衣服を脱ぎ、汚れた衣服を着て、右手に〔屎尿《しにょう》を入れる〕容器を持ち、泥で自分の体を汚し、遠くから声をかけながら、その貧しい男のいるところへ近づいて言いました。

『お前たちは、〔屎尿《しにょう》の〕容器を運びなさい。立っていてはいけない』と。

このようにして、息子に話しかけたりして言いました。

『お前はここだけで仕事をしなさい。もうよそに行かないでくれ。私は、お前に特別に報酬を与えよう。水瓶《みずがめ》や、皿、薪《まき》、塩の代金の支払いであれ、食べ物や着るものであれ、何でも遠慮せずに要求するがよい。侍者よ、私には古着がある。もしも、お前が求めるならば、お前にそれを与えよう。お前は安心しなさい。私を自分の父親のように考えるがよい。理由は何か？　私は年をとっているが、お前は若い。しかも、この肥溜めをきれいにしながら私のために多くの仕事をしてくれた。しかも、お前はここで仕事をしながら、人を欺《あざむ》くことや、曲がったこと、不正直なこと、自分を自慢すること、他人を軽蔑することを以前にも、現在にもなすことがないからだ。

他の侍者たちの仕事には、不正なことが見出される。ところが、お前のすべての点において、邪悪な行為をなすのを私は一度も見たことがない。私にとってお前は今後、実の息子も同然なのだ』

そこで、その資産家は、貧しい男に〝息子〟という名前をつけるでありましょう。そして、その男は、その資産家のそばにあって父親という思いを抱きました。その資産家は息子に対する愛情に渇《かつ》えていて、二十年間、このようにして、その息子に肥溜めをきれいにさせるでありましょう。

こうして二十年が経って、その貧しい男は、資産家の邸宅に気後《きおく》れすることなく出入りするようになりました。しかしながら、相変わらず藁葺《わらぶ》き小屋に住んでいました。

ところが、その資産家は体力が減退し、死期《しき》が近づいたのを自覚して、貧しい男に言いました。

『私には、多くの金貨、黄金、財宝、穀物、倉庫や、収蔵庫、そして家がある。私は、体力の衰弱が著しくなり、この財産を誰に与え、誰から受け取るべきか、何を残しておくべきかを模索している。お前は、この財産のすべてを完全に知っておくべきである。理由は何か？　私はこの財産の所有者で、お前も同じようなものであるからだ。お前はこの中から何も消滅させるようなことがあってはならない』と。

このようにして貧しい男は、資産家の多くの金貨、黄金、財宝、穀物、倉庫や、収蔵庫、そして家のことを完全に掌握しました。しかしながら、この男は無欲であって、その中から一握りの量の大麦の代金分でさえも要求しませんでした。そして、自分は貧しいという思いを抱きながら、相変わらず藁葺《わらぶ》き小屋に住んで『このような財産は、自分とは無縁のものだ』と考えていました。

財産管理人から財産相続人へ

資産家は、息子が有能な財産管理人に成長していることを知ります。それとともに息子が、勝れた意志によって心が磨かれてはいるが、以前の貧しい心が抜け切れず、恐怖心を抱いたり、自分を嫌悪したりしていることも知っていました。資産家は死期が近づくと、貧しい男を連れて来させて、多くの親戚の人々に引き合わせ、王様、あるいは王様と同等の権威を持つ人や、市民や村人たちの前で次のように宣言しました。

『皆さん、お聞きなさい。これは、私の実の息子である。何々という町からこの息子は遁走《とんそう》し、それから五十年が過ぎ去った。この息子は何の某《なにがし》という名前であり、私もまた何の某という名前である。私は、その町からこの息子を捜し求めながらここにやって来たのだ。これは私の息子であり、私はこの息子の父親である。私が享受しているすべてのもの、その一切を私はこの男に贈与する。私自身に属している財産のすべてを掌握しているのはこの息子である』

その貧しい侍者はその時、この言葉を聞いて、不思議で驚くべき思いになりました。そして、次のように考えるでありましょう。『私は、この金貨、黄金、財宝、穀物、倉庫、収蔵庫、さらには家までも、まさに思いがけずに獲得したのだ』と。

「仏の智慧という宝を思いがけずに得ました」

まさにこのように、私たちは如来の息子と類似したものであり、如来はその資産家のように、私たちに『お前たちは私の息子たちである』と、このようにおっしゃられます。

しかも、私たちは三つの苦しみによって苦しめられていました。すなわち、好ましくないものによって受ける苦しみ（苦苦《くく》）、世の中が有為転変《ういてんぺん》していることによって受ける苦しみ（行苦《ぎょうく》）、好ましいものが変化し壊れていくことによって受ける苦しみ

（壊苦《えく》）――の三つによってです。しかも、〔私たちは地獄界・餓鬼界・畜生界・修羅界・人間界・天界という〕生存領域の循環（六道輪廻《ろくどうりんね》）の繰り返しの中で、劣った教えに信順の志を持っておりました。

それ故に世尊は、私たちに肥溜めのような、より一層劣った多くの教えについて考察させられました。私たちは、その考察に専念しました。努力し、精進しながら、その貧しい男が一日の賃金を求めて探し回ったように、私たちは涅槃のみを求めて探し回りました。そして、私たちは、その涅槃の獲得によって満足していました。如来のそばでその教えに専念して、努力し、精進したから、多くのものを獲得したのだと私たちは考えていました。

しかしながら如来は、私たちに劣ったものに対する信順の志があることをご存じでありました。だから、世尊は私たちを放置して、かかわることなく、私たちに、『如来が所有しているこの知の蔵は、お前たちのものとなるであろう』とおっしゃることはありませんでした。ただ世尊は、私たちのために巧みなる方便によって、この如来の知の蔵の管理人の立場に立たせられました。

しかしながら、世尊よ、私たちはその如来の知に対して無関心であって、次のように考えました。

『貧しい男が、肥溜めをきれいにして一日の賃金を得るのと同じように、私たちが如来のそばで涅槃を得るということ、これこそが私たちにとって非常にありがたいことである』と。

その私たちは、偉大な人である菩薩たちに如来の知見について勝れた説法をなし、如来の知を明かし、説明いたしました。けれども私たちは、その如来の知に対して無関心であり慢心がありました。理由は何か？　如来は、巧みなる方便によって私たちの信順の志をご存じであります。しかしながら、私たちが世尊の真実の息子であると、世尊が今、語られたことを私たちは知ることも、理解することもなかったからです。

それでも、世尊は、私たちのために如来の知の相続人であることを思い出させようとしておられます。理由は何か？　もちろん私たちは、如来の真実の息子であると言われてはいますが、なお劣ったものに対して信順の志を持っているからです。

もしも世尊が、私たちに信順の志の力があることを見いだされたならば、世尊は私たちに声聞ではなく〝菩薩〟という名前をつけられたでありましょう。さらに世尊は、私たちに二つのなすべきことをさせられました。まず、菩薩たちの面前で、私たちのことを〝劣ったものに信順の志を持つもの〟と言われ、〔その上で〕さらに、その私たちを勝れたブッダの覚りへと向かうように励ましてくださったのです。

そして世尊は今、私たちに信順の志の力があることを了解されて、〔声聞・独覚《どっかく》・菩薩をはじめ、あらゆる衆生《しゅじょう》がブッダになれるという〕この〔一仏乗《いちぶつじょう》の〕教えを説かれました。このようにして、世尊よ、私たちは次のように申し上げます。

『私たちは、如来の知見《ちけん》に対して無関心でありましたが、あたかも如来の息子（菩薩）たちが、一切を知る仏の智慧《ちえ》（一切智）という宝を得たのと同様に、私たちは願望もせず、探求もせず、考察もしなかったのに、一切を知る仏の智慧という宝を実に思いがけずに得ました』と」

カーシャパの反省と決意

そこで、尊者マハー・カーシャパは、詩によって〔「長者窮子《ちょうじゃぐうじ》の譬《たと》え」を繰り返した後、〕次の詩を述べた。

「世間の保護者は、私たちに対して、『カーシャパよ、最高の覚りへと出で立った菩薩たちに、それを実践してブッダとなる、この上ない道を説くがよい』と要求されました。人格を完成された人は、多くの菩薩たちのために私たちを派遣され、私たちは、菩薩たちに対して譬喩《ひゆ》や因縁《いんねん》によって、この上ない道を説き示しました。勝利者の息子である菩薩たちは、私たちから教えを聞いて、覚りのための最善の道を修行して、その瞬間に『あなたたちは、この世においてブッダとなるであろう』と予言をされたのです。

あたかも資産家にとっての信頼できる貧しい男のように、私たちは、この法（真理の教え）の蔵（法蔵《ほうぞう》）を護《まも》りながら、また勝利者の息子である菩薩たちにそれを説き示しながら、保護者のためにこのような仕事をしたのです。ブッダの所有する法の蔵を菩薩たちに授けながら、私たちは、自分が貧しいものであるという思いを抱いていました。私たちは、勝利者のこの知を自ら求めることなく、菩薩たちに説き示していたのです。

私たちは、自分自身の煩悩を消滅させたことを勝れたものと見なして満足しており、この勝利者の知はそれ以上のものではなく、ブッダたちの諸々《もろもろ》の国土における荘厳について聞いても、私たちには決して歓喜さえも生じることがありませんでした。私たちは、長い間、ブッダのこの上ない知を熱望することに無関心でありました。今、最上の覚りへ向けて出で立っている勝利者の息子である菩薩たちのために、私たちはその勝利者の教えのもとで説き示しました。私たちは、それらの勝利者の息子たちのために法を幾らか説きました。けれども、私たちには、その法を願望することは全くありませんでした。

それ故に、世間の人々の師は、説くべき時機を観察しながら、私たちのことを放置して、私たちの信順の志が何であるのかということを探っておられました。資産家が、劣ったものに信順の志を持っている息子を、適切な時に巧みなる方便によって馴《な》らし、その後に、財産を与えたように、世間の保護者は、巧みなる方便によって説き示しながら、劣ったものに信順の志を持っている息子たちを馴《な》らして後にこのブッダの知を与えられます。

貧しい男が財産を得た時のように、私たちは今、実に思いがけずブッダの教えのもとで初めて卓越した果報を獲得したのです。保護者よ、今、私たちは、〔仏の声（教え）を聞くだけでなく、仏の声を聞かせる人として〕真の声聞であり、最高の覚りについての声を人々に聞かせるでありましょう。また、私たちは覚りの言葉を宣言しましょう。それによって、恐るべき決意に立った声聞なのであります。保護者よ、私たちは今、真に供養《くよう》を受けるに値する人（真の阿羅漢《あらかん》）となりました。私たちは、神々や、悪魔、ブラフマー神に伴われた世間の人々から、またすべての生きとし生けるものたちから供養を受ける資格があります」

《財産が失われる》紀元前二世紀から紀元後二世紀ごろ成立したとされる『マヌ法典』には、バラモン階級以外の場合、遺産相続人がいない時は、王が取得してよい（九・一八九）と記されている。

《信順の志（信解）》漢訳の「信解」は「信じて理解すること」ではない。これはアディムクティの漢訳で、アディが「～に向かって」、ムクティが「解放」「解き放つこと」で、「心を何かに向かって解き放つ」「心が何かに向かっていく」というような意味で、漢字の「志」と通ずる。従って、「信順の志」と訳した。「志楽《しぎょう》」（志《こころざ》し楽《ねが》うこと）とも漢訳された。

【解説】

「三車火宅《さんしゃかたく》の譬《たと》え」を聞いて、スブーティ（須菩提《しゅぼだい》）をはじめとする四人の大声聞たちは、これまで他の菩薩たちにこの上ない正しく完全な覚りに向けての教えを説いていたが、自分たちはその教えとは無縁だと考えて一度も願望することはなかったと述懐する。

ここは、大乗仏教が小乗教団とは別に興起したとする平川彰《ひらかわあきら》説では理解できないことになる。小乗教団の声聞たちが、別の大乗教団まで出かけて行って菩薩たちに教えを説くことなど考えられないからだ。大乗仏教が、小乗教団の内部から興ったと考えれば矛盾を生じない。

四人は、思いがけないことに、自分たちもこの上ない正しく完全な覚りに到ることができることを聞いて歓喜し、自分たちが理解したことを「長者窮子《ちょうじゃぐうじ》の譬《たと》え」として語った。

幼時に失踪した息子。それを捜し求める資産家。両者が出会って資産家は自分の息子だと気づくが、貧しくやつれた息子は、それを知らず怖気《おじけ》づいている。長者のはからいで汚物処理の仕事に就いて喜ぶ。徐々に仕事の内容がよくなり、ついには有能な財産管理人にまでなるが、気後れだけはなかなか抜けきれない。「息子」と呼ばれても、本当は息子でないけど、そう呼んでくれていると思うだけであった。死期が近づいて、資産家は、人々の前でその男が実の息子であることを明かし、そこにある財宝がすべてその男のものだと宣言した。男は、不思議な思いにかられ、「財宝を思いもかけずに獲得した」と語った。

「成仏《じょうぶつ》」というと、死後のことのように受け取られているが、この譬喩が示すように「真の自己に目覚めること」「失われた自己の回復」ということである。中村元博士の表現を借りれば、「人格の完成」ということだ。そこに到達させるまで、資産家（ブッダ）は、本人が理解できるまで辛抱強くあらゆる方便をもって導いている（自覚の宗教）。

以上の譬えを語ると、四人は「今、私たちは、〈仏の声（教え）を聞くだけでなく、仏の声を聞かせる人として〉真の声聞であり、最高の覚りについての声を人々に聞かせるでありましょう」と決意を述べた。ここには、śrāvaka-bhūta という掛詞が用いられている。

śrāvaka の成立を、「聞く」という意味の動詞の語根√śru に行為者名詞を造る語尾 aka をつけたものと考えれば「声を聞く人」（声聞）となり、√śru に aya を付した使役語幹 śrāvaya に aka をつけたものと考えれば「声を聞かせる人」となる（aya

はakaを付ける際に脱落する）。また、bhūtaには「〜である」「真実の」という意味があるので、その組み合わせ方によって、①「仏の声を聞く〔人〕である」、②「仏の声を聞かせる人である」、③「真の声聞」――の三つの意味が出てくる。

法華経は、〝声聞〟と言われている人を菩薩の自覚に立たせるものだが、それは仏の〝声を聞く〟だけでなく、仏の〝声を聞かせる〟〝真の声聞〟たらしめることだと言い換えることができる。これは、声聞という在り方を否定しているのではなく、声聞という在り方に新たな意味づけをして止揚する言葉である。

ところが、岩波文庫『法華経』の岩本裕《いわもとゆたか》訳では、「いま、われわれは声聞であるが、最高の『さとり』を達成すると宣言するであろう」（上巻、二六一頁）となっている。

これは、掛詞を見落として①のみで訳したものだ。ところが、直後に出てくるarhanta-bhūtaを「真の阿羅漢」と訳していて、同じbhūtaという語をそこでは「真の」と訳しているのに、ここでは訳さなかったりしていて一貫性がない。しかも、原文にない「達成する」という語を入れて、いわば「現在は、われわれは声聞にすぎないが、将来は『さとり』を達成する」といった意味にしてしまった。そうすると現在、声聞であることは劣った状態だということになる。そこで「真の声聞」とすると都合が悪いと考えて、意図的に「真の」と訳さなかったように見受けられる。こうして、『法華経』の重要なテーマである「声聞から菩薩への止揚」が見失われてしまった。

ここは、声聞としての現在の在り方を否定して、未来によりよい在り方になるということを言っているところではなく、現在の声聞の在り方を止揚して、「真の声聞」の在り方を現在のこととして説いているところである。

この信解品からは、『法華経』が成立したころの時代背景が読み取れる。古代インドで象は、アレキサンダー大王をも手こずらせるほどの強力な兵器であって、王しか所有できなかった。その象を所有する資産家が本章に登場する。また、「金貨」「利子をとる金融業」という言葉が用いられていて、いずれも貨幣経済が発達し、資産家が力を持った時代（一世紀末）を思わせる。「王様と同等の権威を持つ人」という言葉にそれがうかがえる。

こうした時代背景を踏まえて、「財産管理人」から「財産相続人」に転ずる譬えで、「如来の知の管理人」から「如来の知の相続人」への転換を意味している。ただし、「ケルン・南条本」も、そのもとになった写本も「如来の知の相続人」から「如来の知の相続人」へとなっていて、つじつまが合わない。筆者は、前者の「相続人」を「管理人」に改めた。それに伴い、拙訳『梵漢和対照・現代語訳　法華経』上巻の第八刷以降で、三〇〇頁一八行目の dāyādān（相続人）を paripālakān（管理人）に改めた。

インドにおいて汚物処理人は、不可触民として蔑《きげす》まれていた。三人のバラモン出身者と資産家の息子であった四人の声聞たちが、自らを汚物処理人に譬えて語ったということはカースト制度の否定を意図しているといえよう。

第五章　薬草喩品（第五）＝やくそうゆぼん

マハー・カーシャパへの釈尊の応答

その時、世尊《せそん》は、尊者マハー・カーシャパ（摩訶迦葉《まかかしょう》）と、その他の偉大なる声聞《しょうもん》たちにおっしゃられた。

「マハー・カーシャパよ、素晴らしいことである。あなたたちが、如来の真実の威徳について称讃を述べることは、実に素晴らしい。

カーシャパよ、如来に具《そな》わる真実の威徳は無量で、幾劫《いくこう》もの長きにわたって説き続けたとしても、終わりに達することはできないのだ。如来は、法の所有者であり、法の王であり、支配者であり、主なのだ。その場合に、如来が説き下ろす法は、真実ありのままなのだ。如来はあらゆる法を工夫して指し示し、それらの法が、一切を知る仏の智慧《ちえ》（一切智）の段階へと達するように、そのように如来は説き下ろすのである。如来は、あらゆる法の意味の赴くところを見ているのだ。

カーシャパよ、正しく完全に覚った尊敬されるべき如来は、あらゆる法の意味を理解する自在の力を獲得し、あらゆる法に対する人々の願望について通達し、あらゆる法について確固として決断する賢明な知の最高の完成に達しているのだ。如来は、一切知者の智慧（一切種智）を示す人であり、一切知者の智慧に到達させる人であり、一切知者の智慧を説き下ろす人なのだ。

「薬草の譬え」で応える

それは、ちょうどこの三千大千世界《さんぜんだいせんせかい》＊において、色も種類も名前も異なる草、灌木《かんぼく》、薬草、樹木が、地上や、山や、岩の洞穴に生えているようなものである。そして、大量の水を含んだ雲が、三千大千世界のすべてを覆い尽くし、あらゆるところで雨水を放出する。

この三千大千世界に生えている草や、灌木、薬草、樹木、小樹、大樹は、若くて、柔らかい茎、枝、葉、花を持ち、そのすべては、雲によって放出された雨水から、能力に応じ、立場に応じて、水を吸い上げる。それらは、同一の雲から放出された同一の味の雨水によって、それぞれの種類に応じて発芽し、生長し、大きくなる。それぞれに花と実を着け、それぞれに名前を得るのである。しかも、それらの薬草の群落や、種子の集団は、すべて同一の大地に生えて、同一の味の雨水によって潤《うるお》されるのだ。

カーシャパよ、如来は、まさにこのように世間に出現するのだ。大きな雲が湧き起こるように、如来も世間に出現して、世間のすべての人々を声をもって覚らせるのである。大きな雲が、三千大千世界のすべてを覆い尽くすように、如来は、世間の人々の面前で次のように言葉を発して、声を聞かせるのである。

『神々と人間たちよ、私は正しく完全に覚った尊敬されるべき如来である。私は既に迷いの世界から向こう岸（彼岸《ひがん》）へと渡り終えていて、人々を向こう岸へ渡らせるのだ。私は既に解脱《げだつ》していて、人々を解脱させ、私は既に元気づけられていて、人々を元気づけ、私は既に完全なる涅槃《ねはん》に入っていて、人々を完全なる涅槃に入らせるのである。私は、この世についても、未来の世についても、正しい智慧によって真実ありのまま（如実）に知っていて、一切を知るもの、一切を見るものである。神々と人間たちよ、あなたたちは、法を聞くために私に近づきなさい。私は、道を伝承するものであり、道を案内するもの、道をよく知るもの、道を聞かせるもの、道に精通するものである』と。

大きな雲が平等に雨水を放出するように

その時、幾百・千・コーティ・ナユタもの多くの衆生《しゅじょう》が、如来の法を聞くために近づいた。如来は、それらの衆生の能力や、努力精進《しょうじん》が異なっていることを知って、それぞれに応じた法門を説くのだ。如来は、歓喜と安寧《あんねい》と幸福を生じて増大させる数多くの多様な法に関する話をそれぞれに応じて語るのだ。その話によって、衆生は、現在において幸福になり、死して後に善い所に生まれるのだ。そこで、多くの願望を享受するし、法を聞くのである。その法を聞いて後に、支障のない者となり、能力に応じて、立場に応じて、勢力に応じて、次第に一切を知るものの法に精通するのだ。

あたかも大きな雲が三千大千世界のすべてを覆い尽くした後、平等に雨水を放出して、あらゆる草や、灌木、薬草、樹木を雨水によって満足させ、それらの草木が、能力に応じて、立場に応じて、勢力に応じて、水を吸い上げ、それぞれの種類の大きさに達するようにである。

まさにこのように、如来が説かれる法は、すべて同一の味、すなわち、解脱という味、貪愛《とんあい》を離れているという味、寂滅《じゃくめつ》という味を持つのであり、一切知者の智慧（一切種智）を終着点としているのである。

その場合に、如来の説かれている法を聞き、受持し、専念するそれらの衆生は、自分で自分のことを知ることも、感じることも、理解することもないのである。理由は何か？　それらの衆生のことを、何であり、どのようであり、またどのような性質のものであるのか、また、それらの衆生が何を考え、どのように考え、何によって考えるのか、何を修行し、どのように修行し、何によって修行するのか、何を達成し、どのように達成し、何によって達成するのか——を了解しているのは如来のみであるからだ。如来のみが一目瞭然として見ているのである。如来は、それらの衆生がそれぞれの立場に応じて立っていて、草や、灌木、薬草、樹木のように、劣ったもの、勝れたもの、中ぐらいのものからなることをありのままに見るのである。

この私は、涅槃を終着点とし、常に心の静けさ（寂滅）に帰していて、同一の大地に根差し、虚空《こくう》へと赴く同一の味の法、すなわち解脱という味、寂滅という味を知っている。けれども、私は衆生の信順の志を尊重するゆえに、一切知者の智慧を直ちに説き明かすことはないのである。

あなたたちは不思議な思いにとらわれ、驚くべき思いに満たされている。というのは、如来が深い意味を込めて語ったことを理解することができないからだ。如来たちが深い意味を込めて語ったことは、理解し難いのだ」

その法には同一の味の平等性が具わっている

その時、世尊はまさにこの意味をさらに示しつつ、次の詩を述べられた。

「法の王であり、存在（有《う》）への執着を打ち破るものである私は、世間に生まれた。私は、衆生の信順の志を知って、衆生に法を説くのである。堅固《けんご》な智慧をもつ偉大なる勇者たちは、語ったことの真意を久しく守り、秘かに保持して、衆生に直ちに説くことはないのだ。もしも、理解し難いその智慧について、愚かなものたちが、思いがけずに聞くようなことがあったならば、疑惑を生じ、落伍してさまようであろう。

それぞれ異なった能力を持つ人に、私は、それぞれの関心事に応じて説くのであって、それぞれ異なった動機によって、私は、その人の見解を正しくするのである。私は、迷いの世界である三界《さんがい》に執着する身体の干からびたすべての衆生を満足させ、苦悩によって萎《しぼ》みつつある人たちを安楽の中に立たせ、喜びと心の安らぎを与えるであろう。

神々と人間たちよ、あなたたちは私の言うことを聞くがよい。世尊であり、如来である私は、誰にも凌駕《りょうが》されることもなく、衆生を救済するためにこの世に生まれたのである。私は、幾千・コーティもの衆生に、清らかで、見るも勝れた法を説くのだ。そして、その法には同一の味の平等性とあるがままの真理、すなわち最終的な解脱と内心の寂静《じゃくじょう》（涅槃）が具わっているのだ。また私は、常に衆生を覚りに到らせることを目的として、同一の音声によって法を説くのである。このことは、実に平等であって、不平等であることはなく、決して嫌悪も、愛欲も存在しないのである。私には、決して貪著《とんじゃく》はないし、愛着も憎悪もない。私は、衆生に対して平等に法を説くのだ。

歩いている時も、立っている時も、坐っている時も、私は、法を説くのであって、私にはそれよりほかになすべきことはないのだ。寝台に横になっていても、座席に坐っていても、私に怠惰は決して存在しない。雲が雨水を平等に放出するように、私は、この世間のすべての人々を満足させるのだ。貴いものにも、賤《いや》しいものにも、戒を破るものにも、さらには戒を持《たも》つものにも、等しい思いを抱いているのだ。徳を消失していたり、徳も善行も完全に具えていたり、邪見に囚われていたりする人、また邪見を打破し、正しい見解を持つ人、さらには清らかな見解を持つ人たちにも、卑しいものにも、最も勝れた心を持つものにも、さらには能力（機根）の鈍いものたちにも、私は法を説くのだ。すべての怠惰を遠ざけて、私は、法の雨をそれらの人たちに適切に注ぐのだ。

法の教示によって無量の人間の花が生長する

この世には、小さな薬草や、中ぐらいのもの、そして大きな薬草と、細部にわたる薬草がある。あなたは如来の巧みなる方便《ほうべん》（手立て）を知りなさい。如来は、同一の雨に対する諸々《もろもろ》の水滴のように、一つの法を種々の語源的説明によって説くのである。私もまた、法の雨を降らせながら、この世間の人々を、すべて満足させるのだ。それらの人たちは、よく語られた同一の味を持つ法をそれぞれの能力に応じて熟考するのである。雨を降らせると、草や灌木、あるいは中ぐらいの薬草、あるいは小樹や大樹のように、十方におけるそれらの声聞《しょうもん》、独覚《どっかく》、菩薩《ぼさつ》のすべてが自らを輝かせるのだ。世間の人々の安寧のためのこの根本の理法（法性《ほっしょう》）は、法によって常にすべての人々を満足させる。満足させられたすべての人々は、諸々の薬草に花を咲かせるのである。中ぐらいの薬草を育てた人たちは、煩悩の滅尽に住する阿羅漢《あらかん》であり、森や林に住する独覚たちである。それらの阿羅漢や、独覚たちは、よく説かれたこの法を成就したのである。志が正しく、堅固《けんご》で、三界のあらゆることに通達していて、この最上の覚りを求めている多くの菩薩たちは、常に小樹のように生長するのである。神通を具え、しかも禅定《ぜんじょう》に専念している人たち、また空性《くうしょう》について聞いて後に、歓喜を生じ、幾千もの光明《こうみょう》を放っているそれらの人たちこそが、この世において大樹と言われるのである。カーシャパよ、このような法の教示は、雲が雨水を平等に放出するようなものである。その雨水によって、大きな薬草が生長するのであり、法の教示によって無量の人間の花が生長するのである。私は、自ら確信している法を説き示す。そして時間が経ってから、ブッダの覚りを示すのだ。これが、私と、すべての世間の指導者たちの最上の巧みなる方便である。私は、このように真実にして最高の真理を語るのだ。『それらの声聞たちは、すべて寂滅に赴くことはない。これらの声聞たちは、最も勝れた覚りへの修行を実践しているのであり、これらのすべての声聞たちは、ブッダになるであろう』と。

三乗があるのではなく異なる修行をなす衆生がいるだけ

さらにカーシャパよ、如来は衆生を指導するにあたって平等であり、不平等であることはないのだ。例えば、月や太陽の光が全世界を輝かせるようなものである。善い行ないをする人にも、悪い行ないをする人にも、高い位にある人にも、低い位にある人にも、よい香りを持つものにも、悪臭を持つものにも、すべてに光は平等に射すのであって、不平等に射すことはないのだ。

このように、如来の一切知者の智慧から発する心の光は、地獄《じごく》・餓鬼《がき》・畜生《ちくしょう》・人《にん》・天《てん》の五つの境遇に生まれたすべての衆生に及び、正しい教えの説法は、それぞれの信順の志に応じて、大いなる乗り物（大乗《だいじょう》）に属するものにも、独覚果に到る乗り物（独覚乗《どっかくじょう》）に属するものにも、声聞のための乗り物（声聞乗《しょうもんじょう》）に属するものにも平等に及ぶのである。

また、如来の知の光には、不足も、過剰もない。その結果、衆生は、福徳と智慧を完全に獲得するのだ。カーシャパよ、三つの乗り物があることはなく、ただ、各々異なった修行をなす衆生がいるだけである。それ故に、三つの乗り物を方便として設けるのである」

すると、尊者マハー・カーシャパが、世尊に次のように尋ねた。

「世尊よ、もしも三つの乗り物がないとするならば、何故に『声聞』『独覚』『菩薩』という言葉による表現がなされるのでしょうか？」

「例えば、カーシャパよ、陶工が同じ粘土で種々の容器を作るようなものである。あるものは黒糖の容器となり、あるものはバターの容器、あるものはヨーグルトや牛乳の容器、あるものは不浄なものの劣った容器となる。粘土に多様性はないけれども、中に何を入れるかということだけで、諸々の容器の多様性が認められるのである。このように、乗り物はただこの一つだけ、すなわちブッダに到る乗り物だけであり、第二、あるいは第三の乗り物は存在しないのだ」

「世尊よ、もしも衆生が種々の信順の志を持っていて、迷いの世界である三界から脱出したとするならば、その人たちの涅槃は一つであるのか、あるいは二つ、または三つあるのでしょうか」

「カーシャパよ、あらゆるものごとが平等であることを覚ることによって、涅槃がある。しかも、その涅槃はただ一つであって、二つあるのでもなく、三つあるのでもない。＊カーシャパよ、私はあなたのために譬喩《ひゆ》をなそう。

盲目の人が視力を回復し智慧を得るまで

例えば、生まれつき盲目の人は、次のように言うであろう。

『よい色や、悪い色を持つものも存在しないし、よい色や、悪い色を持つものを見る人たちも存在しない。太陽と月も存在しないし、星宿も存在しない』と。

その時、他の人たちが、その盲目の人に次のように言うとしよう。『よい色や、悪い色を持つものも存在するし、よい色や、悪い色を持つものを見る人たちも存在する。太陽と月も存在するし、星宿も存在する』と。けれども、盲目の人は、その人たちを信じようとしないし、言われたことを分かろうともしないであろう。

その時、あらゆる病気について知っている医者は、その盲目の人を見て、次のような思いを抱くであろう。『この人の病気は、過去世の悪い行ない（悪業《あくごう》）によって生じた。諸々の病気は、風によるもの、胆汁《たんじゅう》によるもの、痰《たん》によるもの、そして、以上の肉体の三要素が複合したもの——の四種類である』と。

その医者は、治療の手立て（方便）を考えて、次のような思いを抱くであろう。『世間に流布《るふ》している薬によって、この病気は治療することはできない。けれども、山の王である雪山《せっせん》（ヒマラヤ）には四種類の薬草がある』

その医者は、雪山へ行って薬草を探すであろう。四種類の薬草を得て、歯で砕いたり、挽《ひ》いて粉にしたり、他の材料と混ぜ合わせたり、身体の部位に針で注入したり、火で焼いたり、飲み物や食べ物の中に混ぜたりして与えるであろう。

すると、その盲目の人は、その治療によって視力が回復するであろう。眼が見えるようになって、外と内や、遠くと近く、また月と太陽の光、星宿もすべてのものを見るであろう。そして、次のように語るであろう。

『人から言われたことを信じなかった私は、何と愚かであったことか。私は、今あらゆるものを見ている。盲目の状態から解放されて、眼が見えるようになった。私にとってこれ以上勝れたことは何もないのだ』と。

その時、聖仙たちは、常人に見えないものを見る眼（天眼通《てんげんつう》）、常人に聞こえない音を聞く耳（天耳通《てんにつう》）、他人の心を知る力（他心通《たしんつう》）、過去世の生存についての記憶を知る力（宿命通《しゅくみょうつう》）、超自然的な力（神足通《じんそくつう》）の五つの神通によって人を解脱させる働きに精通していて、その人に次のように言うであろう。

『男よ、あなたは単に眼を回復させただけで、何も知りはしないのだ。何故にあなたは、増上慢《ぞうじょうまん》を生じるのか？　あなたに智慧はなく、あなたは賢者でもない。あなたは家の中にいて、屋外のものを見ることもない（天眼通の欠如）。あなたは人の優しい心も、悪意のある心も見ることができない（他心通の欠如）。遠くで話をしている人の声を聞くこともない（天耳通の欠如）。足を上げて歩くこともなく、わずかな距離さえ移動することはできない（神足通の欠如）。あなたは母親の胎内にいた時のことを思い出すことはない（宿命通の欠如）。

何故にあなたが賢者であろうか？　また、何故にあなたは、〈私は、すべてを見ている〉と言うのか？』

するとその人は、聖仙たちに次のように言うであろう。

『どうしたら、そのような智慧を得ることができるのでしょうか？　私もその徳を得たいものです』

すると、それらの聖仙たちは、その人に次のように言うでありましょう。

『あなたがそれを望むなら、荒野に住みなさい。山の洞穴の中に坐り、法について考えなさい。煩悩を断って、衣食住についての貪りを払い捨てた頭陀行《ずだぎょう》の徳を具えて、諸々の神通を獲得するであろう』

すると、その人はその意味を理解して出家し、荒野に住みながら心を集中して渇愛《かつあい》を断って、五つの神通を獲得するであろう。そして、考えるであろう。

『私は、過去に正しくない行ない（業《ごう》）をなした。それによって私は徳を得なかった。智慧も理解力も乏しく、盲目の状態であった』

盲人の譬えの意味すること

カーシャパよ、以上の譬喩は、次の意味を明らかにするためになされたのである。

生まれつき盲目のものとは、〔地獄界・餓鬼界・畜生界・修羅《しゅら》界《かい》・人界・天界という〕六種の生存領域の循環（六道輪廻《ろくどうりんね》）に住する衆生のことである。正しい教えを知らず、煩悩《ぼんのう》によって闇を増大させる人たちは、無知ゆえに盲目なものたちである。

　また、無知ゆえに盲目なものたちは、〔実際には存在しないものを、あるかのごとく〕作り出す心の働きを積み重ねるのだ。それによって、精神と物質〔からなる認識対象〕が苦しみのみの集まりになるのだ。

　このように、無知ゆえに盲目である衆生は、六種の生存領域の循環の中に住していて、如来は、慈しみの心を生じて三界から抜け出しているが、一人息子に対する父親のように、如来は、慈しみの心を生じて三界に姿を現して、衆生が六種の生存領域をさまよっているのを観察するのである。けれども、衆生は、そこから抜け出すことを知らないのだ。

　そこで、世尊はそれらの衆生を智慧の眼（慧眼《えげん》）で見て、次のことを知るのだ。『これらの衆生は、憎悪はわずかだが欲の深いもの、欲はわずかだが激しい憎悪を持つもの、智慧の劣ったもの、賢いもの、心の清らかなもの、誤った見解を持つものたちである』と。

　そして、如来は、巧みなる方便によって、それらの衆生に三つの乗り物を示し、菩薩は覚りを求める心（菩提心《ぼだいしん》）を発《おこ》して、何ものも生ずることはないという真理を認める〔無生法忍《むしょうぼうにん》の〕知を得て、この上ない正しく完全な覚りに目覚めるのである。

そこにおいて、如来は医者で、衆生は迷妄ゆえに、生まれつき盲目の人と見なされる。愛欲（貪欲《とんよく》）と憎悪（瞋恚《しんに》）と迷妄（愚癡《ぐち》）は、〔病気をもたらす原因となる〕風と胆汁《たんじゅう》と痰《たん》に見なされよう。

あらゆるものごとが空《くう》であること（空性《くうしょう》）、自性《じしょう》のないこと（無相《むそう》）、欲望を離れていること（無願《むがん》）、煩悩の炎が吹き消されていること（涅槃）に到る四つの門は、四種類の薬草のように見なされるべきである。

このように、空であること、自性のないこと、欲望を離れていることという三つの解脱への入口（三解脱門）を修行して、衆生は無知（無明《むみょう》）を滅する。無知を滅することによって、〔実際には存在しないものを、あるかのごとく〕作り出す心の働きの滅尽があり、その結果、苦しみの滅尽があるのだ。このようにして、この人は、善にも、悪にも留まることはないのである。

声聞と独覚の乗り物に属することは、盲目の人が視力を回復したことだと見なされる。その人は、煩悩の束縛から逃れて、三界に属する六種の生存領域（六道）から解放されるのである。それ故に、声聞のための乗り物（声聞乗）に属するものは、このように〔解放されたことを〕知って、次のように言葉を告げるのだ。

『完全に覚られるべき法は、これよりほかにはない。私は、涅槃に達したのだ』

その時、如来は、その人のために法を説くのだ。

『すべての法を体得していない人に、何故に涅槃があろうか』と。

世尊は、その人を覚りへと教化《きょうけ》するのだ。その人は、覚りを求める心（菩提心《ぼだいしん》）を発《おこ》して、生存領域の循環に留まることもなく、涅槃に達することもない。その人は、十方の三界に存在するもののすべてが空《くう》であると覚って、世間を化作《けさ》されたものに等しく、幻に等しく、夢・陽炎《かげろう》・音の反響に等しいものと見るのだ。

その人は、あらゆるものごと（一切法）を、生じることもなく、滅することもなく、束縛されることもなく、解放されることもなく、迷妄《めいもう》ゆえの暗さもなく、明るくもないものと見るのである。深遠なあらゆるものごと（諸法）をこのように見る人は、衆生がそれぞれの意向によって熱中している三界のすべてを全く見ないことによって、見るのである」

《三千大千世界》古代インド人の世界観における宇宙のこと。ほぼ太陽系に相当するものを一つの「世界」として、その千個を「小千世界」といい、その「小千世界」の千個を「中千世界」、その「中千世界」の千個を「大千世界」と言う。「大千世界」は、一つの「世界」の千倍の千倍の千倍で、「三回にわたって千倍した結果としての大千世界」という意味で「三千大千世界」とも言う。数学的に言えば、「千の三乗個（十億個）の世界」ということ。詳細は、拙著『思想としての法華経』、岩波書店、三六四頁を参照。《ただ一つであって、二つあるのでもなく、三つあるのでもない》これは、基数詞「二つ」「三つ」を用いた唯一を強調するレトリックである。方便品で鳩摩羅什が「唯《ただ》一乗の法のみ有り。二《に》無《な》く亦《また》三《さん》無《な》し」（拙訳『梵漢和対照・現代語訳　法華経』上巻、一〇八頁）と訳しているのを、法相宗の慈恩大師基《き》（窺基《きき》、六三二～六八二年）が、サンスクリットでは序数詞の「第二」「第三」となっているとして批判したが、それが唯一を強調する構文であることを理解すれば、鳩摩羅什訳も何ら問題ではなくなる。現にここに基数詞を用いた強調構文が用いられている。詳細は、拙著『思想としての法華経』第三章を参照。《無生法忍》あらゆるものが空であって、固定的な自性がなく、不生不滅であると認めること。

【解説】

四人の大声聞《だいしょうもん》が語った「長者窮子《ちょうじゃぐうじ》の譬《たと》え」を聞いて、「その通りだ」ということで、釈尊は「薬草の譬え」を説いて応えた。『法華経』では、師と弟子との譬喩の応酬で対話が展開される。この章では、インドのモンスーン気候を反映した譬喩が展開される。

多くの植物が、大きな雲によって放出された雨水から、能力に応じて、立場に応じて、水の成分を吸い上げ、それぞれの種類の種子に応じて生長し、発芽し、大きくなる。それぞれに花と実を着け、それぞれにさまざまの名前を得る。

このように千差万別の植物といえども、「同一の大地に生えて、同一の味の雨水によって潤《うるお》される」ということをとらえて、三乗の違いで対立するのではなく、違いは違いとして尊重して普遍的平等相に立つことで対立を乗り越えることが説かれている。その結果、それぞれに「無量の人間の花が生長する」と説いている。『法華経』が編纂されたのは西北インドであり、そこには東西の要衝《ようしょう》ガンダーラがあり、インド系、ペルシア系、ギリシア系、中央アジア系といった多くの民族が入り交じって、様々な文化が融合していた。ギリシアの英雄ヘラクレスが、インドの武器ヴァジュラ（金剛杵《こんごうしょ》）を手に持ってインドの釈尊の脇侍《わきじ》となっている仏像がアフガニスタンのハッダで発見された。しかし、旧ソ連の南下政策の戦乱で破壊され、今は写真（前田耕作著『アフガニスタンの仏教遺跡　バーミヤン』八一頁）でしか見ることができない。そのような文化的対立を超えて、融和した文化の中で『法華経』は醸成された。異なる文明間、宗教間の対立も多様性の違いにとらわれず、人間という普遍性を見ることが大事である。

この章で注目すべき言葉は、「大きな雲が湧き起こるように、如来も世間に出現して、世間のすべての人々を声をもって覚らせる」である。如来は、この世に出現して人々に語りかけ、声（言葉）によって救済する。人間対人間の関係性の中で人間に対して対話で救済する。これが『法華経』だけでなく、本来の仏教の基本思想である。

本書の一〇四頁二行目以降は、後世に追加された箇所で、鳩摩羅什訳には存在しなかった。

陶工が粘土で容器を作る譬えでは、同一の粘土で作った容器も、中に何を入れるかで、多様性が生じるが、粘土自体は同一である。人間に違いはないけれども、好みなどの違いに応じて教えに差があることを説く。

生まれつき盲目であった人の目が見えるようになったことは、すべてを知っていることではないと述べていることは、「三車火宅《さんしゃかたく》の譬《たと》え」で火事の家から脱出しただけで、まだ本物の牛の車を得ていないのと同様に、マイナスがゼロになっただけで、まだプラスになっていないということを表現していたのと観点が似ているといえよう。

第六章　授記品（第六）＝じゅきぼん

カーシャパへの未来成仏の予言

その時、世尊《せそん》は、これらの詩（偈《げ》）を述べると、男性出家者の集団（比丘僧伽《びくそうぎゃ》）のすべてに語りかけられた。

「男性出家者たちよ、私の弟子（声聞《しょうもん》）で男性出家者であるこのカーシャパ（迦葉《かしょう》）は、三万・コーティものブッダたちのもとにおいて称讃、尊敬、供養《くよう》をなし、それらのブッダたちの正しい教えを受持するであろう。

そのカーシャパは、〔輪廻《りんね》における〕最後の身体において、〝光明《こうみょう》を獲得したところ〟（光徳《こうとく》）という世界で、〝大いなる荘厳〟（大荘厳《だいしょうごん》）という劫《こう》に、〝輝く光明〟（光明《こうみょう》）という名前の正しく完全に覚った如来《にょらい》となるであろう。

そのブッダの寿命の長さは十二中劫《ちゅうこう》で、その正しい教え（正法《しょうほう》）は二十中劫にわたり、その後、正しい教えに似た教え（像法《ぞうほう》）*は、二十中劫にわたって存続するであろう。

その〝輝く光明〟というブッダの国土は、清らかで、石や砂、瓦礫《がれき》が取り除かれていて、深い割れ目や断崖が消滅し、糞尿《ふんにょう》などの汚物の排水路もなく、平坦《へいたん》で、喜ばしく、見た目にも美しく、瑠璃《るり》で造られていて、宝石の樹木で装飾され、八方に道が伸びるロータリーに黄金の糸が張られ、花々が振り撒《ま》かれているであろう。そこには、幾百・千もの多くの菩薩《ぼさつ》たちが現れ、幾百・千・コーティ・ナユタもの声聞たちが生ずるであろう。

そこは、悪魔のパーピーヤス（波旬《はじゅん》）*が化現《けげん》することもなく、悪魔の衆を見いだすこともないであろう。そこに、いつか悪魔と悪魔の衆が生ずるとしても、それらの菩薩や声聞たちは、そこにおいて、〝輝く光明〟という如来の教えのもとで、正しい教えの獲得のために専念するであろう」

スブーティへの未来成仏の予言

すると、尊者マハー・マウドガリヤーヤナ（大目犍連《だいもっけんれん》）と、尊者スブーティ（須菩提《しゅぼだい》）、尊者マハー・カーティヤーヤナ（摩訶迦旃延《まかかせんねん》）は、身体を震わせながら、瞬《まばた》きすることもなく世尊を見つめた。

その時、その人たちは、それぞれ心の讃歌によって次の詩を申し上げた。

「おお、尊敬されるべき偉大なる勇者よ、師子のように偉大なるシャーキャ族の人よ、人間の中の最上の人よ、今こそその時であることを知って、私たちにも未来における成仏《じょうぶつ》の予言（授記《じゅき》）をなしてください。飢饉《ききん》のところからやって来て、ごちそうに出会い、食べ物を手にして、まさに食べようとした時、『もう少し待て』と言われた人々のように、私たちは、貧弱な乗り物（小乗《しょうじょう》）に不安を抱いており、ブッダの知を得たいのです。完全に覚られた偉大なる賢人は、まだ私たちに成仏の予言をしてくださりません。勇者よ、〔『あなたたちは、ブッダとなるであろう』という〕この上ない宣言を聞いたものの、〔私たちはまだ予言を受けておらず、〕このように不安になっています。私たちが成仏の予言をされた時、私たちは安穏になるでありましょう。偉大なる勇者よ、私たちに未来における成仏の予言をなしてください。それによって私たちの貧しい心に終わりがもたらされるでありましょう」

すると世尊は、その声聞たちの心の思いを了解して、男性出家者の集団に語りかけられた。

「男性出家者たちよ、私のこの偉大なる声聞である尊者スブーティは、実に三百万・コーティ・ナユタものブッダたちに称讃、尊敬、供養をなすであろう。そこにおいて、純潔の行ないを実践し、覚りを完全に成就するであろう。

このような諸々《もろもろ》の努力をなして、スブーティは、〔輪廻における〕最後の身体において〝月の光を持つもの〟（名相《みょうそう》）という名前の如来となるであろう。

そのブッダの国土は、〝宝から生じたもの〟(宝生《ほうしょう》)という名前で、その劫は、〝宝の出現〟(有宝《うほう》)という名前であるだろう。そのブッダの国土は、平坦で、喜ばしく、水晶で造られていて、宝石の樹木で飾られていて、深い割れ目や断崖が消滅していて、糞尿《ふんにょう》などの汚物もなく、美しい花々が振り撒かれているであろう。ここにおいて人々は、楼閣に住んで享楽の暮らしを送るであろう。

そのブッダの計り知れない多くの弟子たちが計算しても、その数の終わりに達することはできないであろう。また、そこには幾百・千・コーティ・ナユタもの多くの菩薩たちがいるであろう。

その世尊の寿命は十二中劫で、その正しい教えは二十中劫の間、存続するであろう。その後、正しい教えに似た教えは二十中劫の間、存続するであろう。その世尊は、常に虚空《こくう》の空中に留まって法を説かれ、幾百・千もの多くの菩薩たちや、幾百・千もの多くの声聞たちを教導されるであろう」

マハー・カーティヤーヤナへの予言

そこで、世尊は、さらに一切の男性出家者の集団に向かって告げられた。

「男性出家者たちよ、私の弟子であるこの尊者マハー・カーティヤーヤナは、八十万・コーティものブッダたちのもとにおいて称讃をなし、尊敬、供養をなすであろう。

また、それらの如来たちの入滅後、尊者マハー・カーティャーヤナは、〔金、銀、瑠《る》璃《り》、水晶、赤色真珠、瑪瑙《めのう》、車磲《しゃこ》の〕七宝でできた高さが一千ヨージャナ、周囲が五百ヨージャナのストゥーパをそれらの如来たちのために造るであろう。

それらのストゥーパに、花や、薫香《くんこう》、花環《はなわ》、衣、日傘、旗、幟《のぼり》などによって供養をなすであろう。それよりさらにまた長い遥かな時間がたってから、尊者マハー・カーティャーヤナは、二十・コーティものブッダたちのそばにおいて、まさにこのような称讃をなし、尊敬、供養をなすであろう。

そのマハー・カーティャーヤナは、〔輪廻における〕最後の身体において、自己としての最後の存在を得た時、〝ジャンブー河より出た黄金の輝きを持つもの〟（閻浮那《えんぶな》提金光《だいこんこう》）という名前の如来となるであろう。

そのブッダの国土は、完全に清められていて、平坦で、喜ばしくて、麗《うるわ》しく、見た目にも美しく、水晶で造られていて、宝樹で美しく飾られ、黄金の糸で覆われ、花が敷物として撒き散らされ、地獄も、畜生界も、ヤマの世界も、アスラの集団もなく、多くの人々や神々で満ちていて、幾百・千もの多くの声聞たちで飾られ、幾百・千もの多くの菩薩によって荘厳されているであろう。

このブッダの寿命は、十二中劫で、その正しい教えは、二十中劫にわたって存続するであろう。その後、正しい教えに似た教えは、二十中劫にわたって存続するであろう」

マハー・マウドガリヤーヤナへの予言

さらに世尊は、男性出家者の集団のすべてに次のように告げられた。

「男性出家者たちよ、私の弟子であるこの尊者マハー・マウドガリヤーヤナは、二万八千のブッダたちに出会うであろう。そして、それらの世尊であるブッダたちに対して、種々に称讃をなし、尊敬、供養をなすであろう。

また、それらのブッダたちの入滅後、それらのブッダたちのために高さが一千ヨージャナ、周囲が五百ヨージャナの七宝でできたストゥーパを造らせるであろう。

そして、そのマハー・マウドガリヤーヤナは、それらのストゥーパに対して、花や、薫香、花環、衣、日傘、旗、幟などによって種々の供養をなすであろう。それから、さらにまた長い遥かな時間がたってから、マハー・マウドガリヤーヤナは、二百万・コーティものブッダたちに対して、このように称讃をなし、尊敬、供養をなすであろう。

そのマハー・マウドガリヤーヤナは、〔輪廻における〕最後の身体を得た時、〝タマーラ樹の葉や白檀《びゃくだん》の香りを持つもの〟（多摩羅跋栴檀香《たまらばっせんだんこう》）という名前の如来となるであろう。

そのブッダの国土は〝心に喜びを持つもの〟（意楽《いらく》）という名前で、その劫は〝喜びで満たされたもの〟（喜満《きまん》）という名前であろう。そのブッダの国土は、完全に清められていて、平坦で、喜ばしくて、麗しく、見た目にも実に美しく、水晶で造られていて、宝樹で美しく飾られ、振り撒かれた花が散り乱れていて、多くの人々や神々で満ちていて、幾百・千もの聖仙たち、すなわち声聞たちや菩薩たちが楽しんでいるであろう。

このブッダの寿命は、二十四中劫で、そのブッダの正しい教えは四十中劫にわたって存続するであろう。正しい教えに似た教えも、四十中劫にわたって存続するであろう」

最後に、世尊は次の詩を述べられた。

「大いなる神通力を持つこれら〔シャーリプトラと四大声聞〕の五人*の弟子たちは、私が、『その五人の弟子たちは、未来の世に最高の覚りの勝利者となり、独立自存するものとなるであろう』と予言したものたちである。それらの弟子たちの行ないを、あなたたちは私から聞くがよい」

《正しい教えに似た教え（像法）》サッダルマ・プラティルーパカの訳。サッダルマが「正しい教え」

（妙法）、プラティルーパカが「似て非なるもの」。合わせて「正しい教えに似た教え」となり、「像法」と漢訳された。プラティルーパカには「山師」という意味もあり、あまりいい意味とは言えない。『法華経』が編纂された時点では、まだ正法の完全な形骸化を意味する「末法」という言葉は用いられていない。正法・像法・末法は、あらゆる思想が形骸化するという文明史観といえよう。正法・像法の存続する期間として、千年、あるいは五百年といった考えが論じられた。《パーピーヤス（波旬）》パーピーヤスはサンスクリット語であり、パーリ語ではパーピマントという。「悪意（パーパ）あるもの」を意味していて、仏や仏弟子を誘惑する悪魔として仏典に登場する。「波旬」は音写した語だというが、音が似ていない。当初、「波面」と音写されたのが、書き写す段階で「波旬」と誤写されたのではないかと言われている。《高さが一千ヨージャナ、周囲が五百ヨージャナ》「ケルン・南条本」では、「高さが一千ヨージャナ、周囲が五十ヨージャナ」となっているが、高さと周囲が千対五十（二十対一）では、あまりにも細長すぎる。鳩摩羅什訳とチベット語訳のいずれも、周囲は「五百ヨージャナ」となっているのに従って改めた。本章の終わりのほうでも「千ヨージャナ」に対して「五百ヨージャナ」となっている。《五人》鳩摩羅什訳では「五百人」となっているが、「ケルン・南条本」とチベット語訳では「五人」となっている。ここは、現時点で授記された人数と考えて「五人」のままにした。

【解説】

釈尊《しゃくそん》の「三車火宅の譬え」、四大声聞《しだいしょうもん》の「長者窮子の譬え」、釈尊の「薬草の譬え」という譬喩《ひゆ》のやり取りを通して、四人の大声聞が理解したことが認められ、未来成仏の予言（授記《じゅき》）がなされる。その予言の詳細については、第九章で他の場合と比較しながら論ずることにする。

ただブッダの国土の描写については、触れておこう。その特徴の中に「深い割れ目や断崖が消滅し、糞尿などの汚物の排水路もなく、平坦」だとある。第三章のシャーリプトラ（舎利弗）のブッダの国土も平坦であった。『無量寿経』の極楽浄土も平坦とされている。これは何を意味するのであろうか。

「深い割れ目や断崖が消滅し」「平坦」であることを仏国土の様相としたということは、日ごろ悩まされていたものの裏返しと考えれば理解できるのではないか。アフガニスタンの北にヒンドゥークシュ山脈がある。「ヒンドゥークシュ」とは「インド人殺し」の山を意味する。それほどに、西北インドの山岳地帯はインド人にとって険難なものであったのだ。

ということは、ガンジス河の流れる大平原ではなく、険しい山岳を抱えた西北インドの人たちによって『法華経』は編纂されたと考えられる。

また、「糞尿などの汚物の排水路もなく」という表現が気になる人も多いであろう。インドでは汚物をトイレに残すことを嫌い、水で流すが、その行先は道路の側溝である。筆者が初めてインドに行った時、ニューデリーの繁華街を横道にそれたところで異臭がした。側溝のコンクリートの蓋《ふた》に目をやると、その周囲に黄色いものが付着していたのを思い出す。古代においても排水路の汚物に悩まされていたのであろう。それがブッダの国土の在り方の理想の一つとして反映しているといえよう。

第七章　化城喩品（第七）＝けじょうゆぼん

三千大千世界の原子の数ほどの過去に

「男性出家者たちよ、数えることも、考えることもできない、計り知れない劫《こう》よりももっと遠い過去の世における時のことであった。その時その情況で〝大いなる神通《じんつう》の智慧《ちえ》の勝れたもの〟（大通智勝《だいつうちしょう》）という名前の如来が、〝出現〟（好成《こうじょう》）という世界において〝大いなる形相〟（大相《だいそう》）という劫に、この世に出現した。

その如来が、どれほど遥かな昔に出現されたのかというと、あたかも三千大千世界《さんぜんだいせんせかい》に多量の大地の構成要素があって、そのすべてを誰かが〔原子（塵《じん》）*の大きさに〕粉々にしたとして、その中から一つの原子を取って、東の方向にある一千個の世界を過ぎて、原子の一つを下に置くとしよう。第二の原子を取って、さらに一千個の世界を過ぎて、第二の原子を下に置くとしよう。このようにして、その人が東の方角においてすべての大地の構成要素〔の原子〕を下に置いたとしよう。

男性出家者たちよ、あなたたちはそれをどう思うか。計算によって、その世界の構成要素〔の原子〕がなくなる終端に達することができるであろうか？」

「世尊《せそん》よ、それはできません」

「しかしながら、男性出家者たちよ、数学者か、数学者の中で最も勝れた人は、計算によってそれらの原子が置かれたり、置かれなかったりしたそれらの世界の構成要素〔の原子〕がなくなる終端に達することができるのである。

けれども、その〝大いなる神通の智慧の勝れたもの〟という如来《にょらい》が入滅された後の、幾百・千・コーティ・ナユタ劫もの終端に達することは、計算を用いたとしてもできないのである。〔三千塵点劫《さんぜんじんてんごう》という〕それほど長いその時間は、考えることも、計ることもできないのである。

しかしながら、男性出家者たちよ、私は、如来の知見の力を発揮することによって、その如来が遥かな昔に入滅されたことを、あたかも今日《きょう》か昨日《きのう》のことのように思い出すのだ。

〝大いなる神通の智慧の勝れたもの〟という如来の成道

その〝大いなる神通の智慧の勝れたもの〟という如来の寿命は、五百四十万・コーティ・ナユタ劫であった。

しかしながら、この上ない正しく完全な覚りを覚っていなかった時のその〝大いなる神通の智慧の勝れたもの〟という如来は、最も勝れた覚りの座に至り、あらゆる悪魔の軍勢を打ち負かした。そして、『私は、この上ない正しく完全な覚りを覚るであろう』と考えた。けれども、その時は、ブッダに具《そな》わる威徳が現れることはなかった。

その人は、菩提樹《ぼだいじゅ》の根もとにある覚りの座に一中劫の間、留まっていた。第二の一中劫の間もまたそこに留まっていたが、その時も覚りを覚ることはなかった。第三、第四、第五、第六、第七、第八、第九、第十の一中劫の間も、いったん専念した結跏《けっか》趺坐《ふざ》のままで、菩提樹《ぼだいじゅ》の根もとにある覚りの座に留まったままで、途中で立ち上がることもなかった。心も動揺せず、身体も不動のままで、おののくこともないままに留まっていたが、その間も、ブッダに具わる威徳が現れることはなかった。

ところが、三十三天（忉利天《とうりてん》）の神々が、その世尊のために幾百・千ヨージャナもの高さを持つ大いなる師子座《ししざ》を設け、そこに坐って、その世尊は、この上ない正しく完全な覚りを覚ったのである。

その世尊が覚りの座に坐ると直ちに、その時、ブラフマー神群に属する神々の子たちは、覚りの座の周辺、百ヨージャナの広さに天上の花の雨を降らせた。空中ではそれらの神々の子たちが風を解き放ち、その萎《しお》れた花を吹き払った。そのように、花の雨をまるまる十中劫の間、世尊の完全なる涅槃《ねはん》の時まで、中断することなく注ぎかけたのである。

そして、四大王天に属する神々の子たちは、その世尊に対して敬意を示すために天上の神々の太鼓を、その世尊のために中断することなく、まるまる十中劫の間、打ち鳴らした。さらに、その世尊の大いなる滅度の時まで、それらの天上の楽器を常に鳴らし続けた。

そして、十中劫が経過して、その〝大いなる神通の智慧の勝れたもの〟という如来は、この上ない正しく完全な覚りを覚ったのである。

十六人の王子による説法の要請

王子であった時の世尊には十六人の息子たちがいた。そのうちの最年長は〝智慧の源を持つもの〟（智積《ちしゃく》）という名前で、十六人の王子たちの一人ひとりは、愛らしく、色とりどりで、見るも美しい種々のおもちゃを所有していた。ところが、その〝大いなる神通の智慧の勝れたもの〟という如来が、覚りを覚ったのを知って、それらの王子たちは、おもちゃを投げ出して、悲しんでいる母親たちや乳母《うば》たちに囲まれて敬われ、また、王子たちの祖父である〝大いなる蔵〟という転輪大王《てんりんだいおう》や、大臣たち、そして多くの衆生《しゅじょう》に囲まれて敬われ、〝大いなる神通の智慧の勝れたもの〟という如来のおられるところへ赴いた。

十六人の王子たちは、その世尊に近づいて、世尊の両足を頭におしいただいて挨拶《あいさつ》して、世尊の周りを右回りに三度回り（右遶三匝《うにょうさんそう》）、合掌《がっしょう》したまま詩によって称讃した。

『偉大なる医師で、この上ない人であるあなたは、この世のすべての身体を持つものたちを救済するために際限のない劫のうちに覚りを覚られ、あなたの目的は満たされました。十中劫の間、同一の座に坐ったままで、あなたは、極めてなし難いことをなされました。しかも、手と足も、身体の他の部分でさえも、いかなる時にも決して身体を動かされることはありませんでした。あなたの心もまた、極めて落ち着いて、常に動揺することなく、決して心の錯乱はありません。あなたは、汚れを離れていて、究極の安らぎに住しておられます。

幸運にもあなたは、危害を受けることなく、安らかに、首尾よく、この最高の覚りを獲得されました。その結果、私たちはこのように繁栄しております。指導者を持たない衆生は、眼をえぐり取られたもののように、すべてに苦しめられ、薄《はっ》幸《こう》であります。苦しみの終わりに達する道を知ることもなく、解脱《げだつ》を求めて精進《しょうじん》することもありません。また長い間、悪道が栄え、神々の集まりは徳が減少します。勝利者の名前は少しも聞かれることがなく、この全世界は暗黒の闇でありました。しかしながら、世間をよく知る人よ、あなたは今、ここで汚れを離れた最上にして栄《は》えある地位を得られました。そして、私たちも、世間の人々も慈しみを受けました。従って、保護者よ、この私たちは、あなたを庇護者《ひごしゃ》として帰依《きえ》いたします』

すると、男性出家者たちよ、その十六人の王子たちは、幼い子どもたちであったが、その〝大いなる神通の智慧の勝れたもの〟という如来を、この詩によって称讃して、世尊に要請した。

『多くの人々の安寧《あんねい》と幸福のため、人々に対する憐れみのため、神々と人間といった衆生の大集団の利益と安寧、幸福のために、世尊は、真理の車輪を転ずること（転法《てんぽう》輪《りん》）によって、法を教示してください』

その時、十六人の王子たちは次の詩を述べた。

『百もの福徳の相を持つ人よ、あなたは法をお説きください。あなたが獲得された卓越している知を、世間において説き示してください。私たちと、これらの衆生を救ってください。私たちも、これらの衆生も、この最高の覚りに到達するように、如来の知を説いてください。すべての衆生の行ないも、知も、傾向性も、過去になした福徳も、信順の志も、あなたはすべてご存じです。この上ない最も勝れた真理の車輪を転じてください』

十方からのブラフマー神の来訪と説法要請

ところで、男性出家者たちよ、その如来が、この上ない正しく完全な覚りを覚られつつある時、十方のそれぞれの方角における五百万・コーティ・ナユタもの世界が六種に震動し、大いなる光明《こうみょう》が遍満《へんまん》した。

しかも、それらのすべての世界の間には中間の世界があり、その中に苦難の暗黒の闇夜が包まれている。そこにおいては、大いなる神力、大いなる威徳、大いなる能力を具えた月と太陽でさえも、光明によってでさえも光明を生み出すことができないでいるし、色彩によってでさえも色彩を、輝きによってでさえも輝きを生み出すことができないでいるのだ。

その中間の世界においても、その時、大いなる光明の出現があった。その中間の世界において生まれていた衆生は、『ああ、何と、他の衆生もまたここに生まれていたのだ』と、お互いに見つめ合ったり、認識し合ったりしたのである。

また、それらのすべての世界にある神々の宮殿や、神々の天上の乗り物、ブラフマー神の世界までもが、六種類に震動した。さらに、神々の威徳を突出して、大いなる光明が遍満したのである。男性出家者たちよ、以上のように、その時、それらの諸々の世界の中の世間において、大いなる大地の震動と、大いなる卓越した光明の出現があったのだ。

その時、東の方角の五百万・コーティ・ナユタもの世界にあるブラフマー神の天上の乗り物が、過剰に光を放ち、熱を発し、まばゆく輝きわたり、光輝に満ちて、勢いがあった。その時、その大ブラフマー神たちに、次の思いが生じた。

『それにしても、これらの乗り物が、過剰に光を放ち、熱を発し、まばゆく輝きわたり、光輝に満ちて、勢いがある。はてさて、これは何の瑞相《ずいそう》であるのだろうか？』

それらの五百万・コーティ・ナユタもの世界にいる大ブラフマー神たちは、すべてお互いの宮殿に行って、〔今起こっていることについて〕語り合った。そこで、〝一切衆生の救済者〟（救一切《くいっさい》）という名前の大ブラフマー神は、大群衆に詩によって語りかけた。

『私たちの最も美しい天上の乗り物が、すべて今、過剰に光を放って、光輝と光明によって心を喜ばせている。この原因は何だろうか？　私たちは、この理由を探求しよう。このような威神力を具えている神の子が今、出現したことで、未だかつてないことが今、見られるのであろうか？　あるいは、このような瑞相を具えている人間の中の王であるブッダが、今どこかの世界に出現され、その光輝によって今、十方において光を放っているのであろうか？』

すると、それらの五百万・コーティ・ナユタもの世界にいる大ブラフマー神たちは、すべて一緒になって、各自の神聖なるブラフマー神の天上の乗り物に乗って、スメール山ほどの量の天上の花をつかみ、四方を順次に経巡《へめぐ》り、西の方角へ進んだ。

すると、それらの大ブラフマー神たちは、西の方角において、その〝大いなる神通の智慧の勝れたもの〟という如来が、菩提樹の根もとにある最も勝れた最高の覚りの座に至って師子座に坐り、神々、龍、ヤクシャ、ガンダルヴァ、アスラ、ガルダ、キンナラ、マホーラガ、人間、人間以外のものたちに囲まれ、尊敬され、そして息子たちである十六人の王子たちが、真理の車輪を転ずること（転法輪）を要請しているのを見た。

大ブラフマー神たちは、それを見て、その世尊のおられるところに近づき、世尊の両足を頭におしいただいて挨拶し、その世尊の周りを幾百・千回と何度も右回りに回り、スメール山ほどの量の天上の花をその世尊と、幾十ヨージャナもの高さの菩提樹に注ぎかけた。大ブラフマー神たちは、その後で、天上の乗り物を世尊に差し上げた。『世尊は、私たちに憐れみを感じて、これらの天上の乗り物をお受け取りください。これらの乗り物をお使いください』

そこで、男性出家者たちよ、それらの大ブラフマー神たちは、その如来に向かって申し上げた。

『世尊は、真理の車輪を転じてください。心の安らぎ（涅槃）について説き示してください。衆生を救ってください。世間の人々を慈しんでください。法の所有者である世尊は、この神々に伴われ、悪魔に伴われ、ブラフマー神たちに伴われた世間の人々のために、沙門《しゃもん》とバラモンに伴われ、神々や人間、アスラに伴われた生きとし生けるものたちのために法を説き示してください。それは、多くの人々の安寧《あんねい》と幸福のため、人々に対する憐れみのため、神々と人間といった衆生の大集団の利益と安寧、幸福のためになるでありましょう』

すると、男性出家者たちよ、その世尊は、それらの大ブラフマー神たち〔の要請〕を黙って了承された。

残りの東南の方角、南の方角、西南の方角、西の方角、西北の方角、北の方角、東北の方角、下の方角、上の方角のそれぞれにおけるブラフマー神たちも同様に〝大いなる神通の智慧の勝れたもの〟という如来のもとへやって来て要請した。

〝大いなる神通の智慧の勝れたもの〟という如来の説法と黙想

そこで、男性出家者たちよ、その〝大いなる神通の智慧の勝れたもの〟という如来は、それらの幾百・千・コーティ・ナユタものブラフマー神たち、および息子の十六人の王子たちの要請を知って、沙門、バラモン、神々、悪魔、ブラフマー神、その外の誰によっても、世間において転じられたことのない四つの聖なる真理（四聖諦《ししょうたい》）を段階的に三転する十二種の修行という真理の車輪を転じられた。すなわち、『これが苦しみ（苦《く》）であり、苦しみの生起（集《じゅう》）であり、苦しみの滅尽（滅《めつ》）であり、苦しみの滅尽に向かう道（道《どう》）である――ということが、四つの聖なる真理である』と説かれた。

また、〔十二項目からなる〕縁による生起（十二縁起《じゅうにえんぎ》）の機能について詳細に説かれたのである。『無知（無明《むみょう》）を原因として〔存在しないものを存在するかのごとく〕生成する作用（行《ぎょう》）があり、生成する作用を原因として〔自他彼此《じたひし》などと相対的に〕区別して識ること（識《しき》）があり、区別して識ることを原因として心的と物的な要素からなる個人存在（名色《みょうじき》）があり、心的と物的な要素からなる個人存在を原因として六つの感覚器官（六入《ろくにゅう》）があり、六つの感覚器官を原因として〔色《しき》・声《しょう》・香《こう》・味《み》・触《そく》・法《ほう》との〕接触（触《そく》）があり、接触を原因として感受作用（受《じゅ》）があり、感受作用を原因として渇愛《かつあい》（愛《あい》）があり、渇愛を原因として執着（取《しゅ》）があり、執着を原因として生存（有《う》）があり、生存を原因として誕生（生《しょう》）があり、誕生を原因として老いること・死ぬこと・憂い・悲嘆・苦しみ・悲哀・憂悩があるのだ。このようにして、苦しみの大きな集合からなる連鎖が生ずるのである。

また、無知の滅尽から〔存在しないものを存在するかのごとく〕生成する作用の滅尽があり、生成する作用の滅尽から〔自他彼此《じたひし》などと相対的に〕区別して識ることの滅尽があり、区別して識ることの滅尽から心的と物的な要素からなる個人存在の滅尽があり、心的と物的な要素からなる個人存在の滅尽から六つの感覚器官の滅尽があり、六つの感覚器官の滅尽から〔色・声・香・味・触・法との〕接触の滅尽があり、接触の滅尽から感受作用の滅尽があり、感受作用の滅尽から渇愛の滅尽があり、渇愛の滅尽から執着の滅尽があり、執着の滅尽から生存の滅尽があり、生存の滅尽から誕生の滅尽があり、誕生の滅尽から老いること・死ぬこと・憂い・悲嘆・苦しみ・悲哀・憂悩が滅尽されるのだ。このようにして、苦しみの大きな集合の滅尽が起こるのである』と。

男性出家者たちよ、その〝大いなる神通の智慧の勝れたもの〟という如来が、神々に伴われ、悪魔に伴われ、ブラフマー神に伴われた世間の人々の前や、沙門やバラモンに伴われ、神々や人間、アスラたちに伴われた生きとし生けるものたちの集会で、この真理の車輪を転じ終わると同時に、瞬時のうちに六百万・コーティ・ナユタもの衆生は、汚れから自由になって、心が解放された。そして、それらのすべてのものは、三種類の明知（三明《さんみょう》）と、六種類の通力（六通《ろくつう》）を具え、八種類の解脱によって禅定《ぜんじょう》を行ずるものとなった。

さらに、その如来は、順次に第二の説法を行ない、第三の説法も行ない、第四の説法もまた行なった。そこで、その如来の一つひとつの説法においてガンジス河の砂の数に等しい幾百・千・コーティ・ナユタもの衆生の心は、汚れから自由になって、解放されたのである。男性出家者たちよ、その後、その世尊には計算を超越した多数の声聞《しょうもん》の集団が生じた。

その時、それらの十六人の王子たちは、子ども同然であったが、浄信によって家から出て家なき状態に入り、すべてが〔修行の見習い段階の〕沙弥《しゃみ》となった。賢くて、明晰《めいせき》で、聡明で、有能で、幾百・千もの多くのブッダたちのもとで修行したものたちであり、この上ない正しく完全な覚りを求めるものとなった。

そこで、十六人の沙弥たちは、如来に申し上げた。

『ところで世尊よ、如来の幾百・千・コーティ・ナユタもの多くのこれらの声聞たちは、世尊の説法によって、大いなる神力を具え、大いなる威徳を有し、偉大なる主と称されるものとなりました。それは、素晴らしいことです。私たちもまた如来から学びたいので、私たちに憐れみを感じて、この上ない正しく完全な覚りについて法を説いてください。私たちは、如来の知見《ちけん》を求めております。あらゆる衆生の意向をご存じであるあなたは、私たちの高潔なる意向をご存じであります』と。

すると、男性出家者たちよ、幼い王子たちが出家して沙弥となったのを見て、転輪《てんりん》聖王《じょうおう》の侍者《じしゃ》たちの半分ほど、すなわち八百万・コーティ・ナユタもの衆生が出家したのだ。

男性出家者たちよ、その時、その如来は、沙弥たちの真剣な願望を知って、二万劫が過ぎ去った後に広大なる菩薩《ぼさつ》のための教えであり、すべてのブッダが把握している〝白蓮華《びゃくれんげ》のように最も勝れた正しい教え〟（法華経）という名前の経を、すべての四衆《ししゅ》に詳細に説いたのである。

その時、十六人の沙弥たちは、世尊の語られたことを是認し、受持《じゅじ》し、崇拝し、満足した。

そこで、その如来は、十六人の沙弥に対して、この上ない正しく完全な覚りへと到るであろうという予言（授記《じゅき》）をなされた。

その如来が、この〝白蓮華のように最も勝れた正しい教え〟という法門を説かれている時、声聞たちと、十六人の沙弥たちはその法門を信じた。しかしながら、幾百・千・コーティ・ナユタもの多くの衆生は、疑惑を心に抱いた。

そこで、その如来は、この〝白蓮華のように最も勝れた正しい教え〟という法門を八千劫の間、休むことなく説いて、独り静かに黙想するために精舎《しょうじゃ》に入られた。その如来は八万四千劫の間、このように独り静かに黙想して精舎に留まったままであった。

十六人の王子たちによる法華経の説法

すると、それらの沙弥たちは、如来が黙想に入られたのを知って、それぞれ師子座を設けて、そこに坐り、如来に敬礼して、その〝白蓮華のように最も勝れた正しい教え〟という法門を八万四千劫にわたって四衆たちに詳細に説き示したのである。

そこにおいて、男性出家者たちよ、沙弥である菩薩たちは、それぞれ六十のガンジス河の砂の数に等しい幾百・千・コーティ・ナユタもの衆生を、この上ない正しく完全な覚りへと成熟させ、教化《きょうけ》し、喜ばせ、励まし、歓喜させ、到達させたのである。

そこで、その如来は、八万四千劫が経過した後、思いも堅く、正しくものごとを理解しつつ、その三昧《さんまい》から立ち上がった。そして、その法座のあるところに近づき、設けられた座席に坐った。坐ると直ちに、まず第一に聴衆の集団全体を注視して、男性出家者の集団に語りかけた。

『男性出家者たちよ、これらの十六人の沙弥たちは、希有なものとなり、驚くべきものとなった。智慧を具え、幾百・千・コーティ・ナユタもの多くのブッダに仕え、修行に修行を重ね、ブッダの知に仕えるものであり、ブッダの知を受け止めるものであり、衆生をブッダの知に入らせるものであり、ブッダの知を開示するものである。男性出家者たちよ、声聞のための乗り物に属する人であれ、独覚果《どっかくか》に到る乗り物に属する人であれ、菩薩のための乗り物に属する人であれ、これらの良家の息子たちの説法を謗《そし》ることなく、かき乱さない人は、誰でもすべて速やかにこの上ない正しく完全な覚りの獲得者となるであろう。また、それらの人たちのすべては、如来の知に達するであろう』

さらに、男性出家者たちよ、それらの十六人の良家の息子たちは、その世尊の教えのもとでこの〝白蓮華のように最も勝れた正しい教え〟という法門を繰り返して説き明かした。

さらに、菩薩である十六人の沙弥たちの一人ひとりが、それぞれ覚りへ向けて教化した衆生のすべてが、生まれ変わった生存のたびごとに、十六人の沙弥たちと出会って、ともに出家して、十六人の沙弥たちから法を聞いた。それらの衆生は、四万・コーティものブッダたちを喜ばせたし、あるものたちは今もなお、喜ばせているのである。

八方の諸仏となった十六人の王子と衆生の因縁

男性出家者たちよ、私はあなたたちに告げよう。幼い子どもであった十六人の王子たち、またその世尊の教えのもとで沙弥としての説法者（法師《ほっし》）となった王子たちのすべては、この上ない正しく完全な覚りを覚ったし、またそれらのブッダとなった王子たちのすべては今、この世に滞在し、十方の種々のブッダの国土において幾百・千・コーティ・ナユタもの多くの声聞や菩薩たちに法を説き示しているのだ。

すなわち、東の方向にある〝極めて楽しいところ〟（歓喜）という世界には、①〝不動のもの〟（阿閦《あしゅく》）と、②〝スメール山の頂上〟（須弥頂《しゅみちょう》）という名前の如来がいる。東南の方向には、③〝師子《しし》の吠《ほ》える声を持つもの〟（師子音《ししおん》）と、④〝師子の旗を持つもの〟（師子相《ししそう》）という名前の如来、南の方向には、⑤〝虚空《こくう》に住するもの〟

（虚空住《こくうじゅう》）と、⑥〃常に完全なる涅槃に入っているもの〃（常滅《じょうめつ》）という名前の如来、西南の方向には、⑦〃インドラ神の旗を持つもの〃（帝相《たいそう》）と、⑧〃ブラフマー神の旗を持つもの〃（梵相《ぼんそう》）という名前の如来、西の方向には、⑨〃無限の寿命を持つもの〃（阿弥陀《あみだ》）と、⑩〃すべての世界の災難や恐怖から免れたもの〃（度一切世間苦悩《どいっさいせけんくのう》）という名前の如来、西北の方向には、⑪〃タマーラ樹の葉や栴檀《せんだん》の香りの神力を持つもの〃（多摩羅跋栴檀香神通《たまらばっせんだんこうじんづう》）と、⑫〃スメール山に等しいもの〃（須弥相《しゅみそう》）という名前の如来、北の方向には、⑬〃雲の音と輝きを持つもの〃（雲自在《うんじざい》）と、⑭〃雲の音の王〃（雲自在王《うんじざいおう》）という名前の如来、東北の方向には、⑮〃すべての世間の恐れと恐怖を消滅させるもの〃（壊一切世間怖畏《えいっさいせけんふい》）という名前の如来がいる。そして、男性出家者たちよ、実に中央のこのサハー（娑婆《しゃば》）世界には、⑯十六番目の私――シャーキャムニ（シャーキャ族出身の聖者、釈迦牟尼《しゃかむに》）という名前の如来がいるのだ。

　男性出家者たちよ、私たちが沙弥であった時、その〃大いなる神通の智慧の勝れたもの〃という世尊の教えのもとで、それらの衆生は、沙弥であった私たちから法を聞いた。また、その世尊の教えのもとで菩薩であった私たちは、この上ない正しく完全な覚りへ向けて衆生を教化した。私たち一人ひとりには、ガンジス河の砂の数に等しい幾百・千・コーティ・ナユタもの多くの衆生がいたのだ。それらの衆生は、今なお声聞の境地にあり続けており、この上ない正しく完全な覚りへ向けて、私たちによって成熟させられているところである。

この上ない正しく完全な覚りを覚知するために、それらの衆生は、実に以上の次第を経る必要があるのだ。理由は何か？　男性出家者たちよ、如来の知は信順し難いからである。

その〝大いなる神通の智慧の勝れたもの〟という世尊の教えのもとで菩薩であった私が、一切智の法を説き聞かせた無量の数えることもできない衆生とは誰のことか？　男性出家者たちよ、あなたたちこそが、それらの衆生であったのだ。

そして、私の入滅後、未来の世において生まれる声聞たちは、菩薩としての修行について聞くであろう。しかしながら、『われわれは、菩薩である』と理解することがないであろう。

さらに、それらの声聞たちは、すべて〔小乗の涅槃を〕完全なる涅槃だと思って、その涅槃に入るであろう。

しかるに、私が、諸々《もろもろ》の他の世界においてそれぞれの世界ごとに異なった名前で過ごしていると、それらの衆生は、如来の知を探求しつつ再びそこへ生まれ出て、それらの衆生は再び次のことを聞くであろう。

『如来たちには、ただ一つの完全なる涅槃がある。そのほかに第二の涅槃は存在しない』と。

男性出家者たちよ、このことが、如来の巧みなる方便《ほうべん》であり、如来による法の教授（説法）の遂行であると知るべきである。

男性出家者たちよ、如来が、自分自身の入滅の時を見通し、また集会の聴衆が清らかで、信順の志が堅く、空《くう》の教えに通達していて、また大いなる禅定にも専念しているのを見る時、如来は、『これが、その時である』と知って、一切の菩薩と、一切の声聞を集合させ、その後にこの経の意味を説き聞かせるのだ。

『男性出家者たちよ、世間において何かある第二の乗り物、あるいは何かある第二の完全なる涅槃が決して存在するのではない。ましてや、第三の乗り物、あるいは第三の完全なる涅槃は存在しないのだ』と。

男性出家者たちよ、これこそが、如来の巧みなる方便なのである。衆生の多くが、長い間、損ぜられており、また劣ったものを喜び、愛欲の泥沼に溺《おぼ》れているのを知って、如来はそれらの衆生に、方便として、それらの衆生の熱中しているものを涅槃だと説くのである」

化城宝処の譬え

その時、世尊はこの意味を重ねて示しつつ、次の詩を述べられた。

「譬《たと》えば、畏《おそ》ろしくて、苛《か》酷《こく》で、人けがなく、孤立していて、身を守るところがなく、多くの猛獣が住み、飲み水もない荒野があるとしよう。愚かなものにとって、その荒野は、畏ろしいところであるだろう。そこには、その荒野へと出で立った幾千もの多くの人たちがいるとしよう。その荒野は、広くて、まるまる五百ヨージャナにわたっているとしよう。通過し難く、極めて畏ろしいその荒野において、それらの人たちの道案内となったその人は、裕福で、思慮深く、聡明で、志が堅く、よく教育されていて、何ものも畏れるところがない。さらにまた、疲れきったそれらの幾コーティもの多くの衆生は、その時、その道案内に言った。『友よ、私たちは疲れきっています。私たちは何もできません。今、ここで引き返すことが私たちの願いです』

その時、経験豊かで、賢いその指導者はまた、『ああ、何ということか。これらのすべての愚かなものたちは、自分で引き返して、宝物を失ってしまうのだ』と考え、一つの方便を考えるとしよう。

『私が今、直ちに、神通力によって化作《けさ》しようとしている大都城は、幾千・コーティもの住居で荘厳され、精舎や遊園で美しく飾られている。私は、諸々の池や川も化作するであろう。その大都城は、園林と花で飾られ、諸々の城壁や城門で美しく飾られ、比類のない女性と男性たちが住んでいる』

大都城を化作して後に、その道案内は人々に次のように言った。『あなたたちは、恐れてはならない。喜びなさい。あなたたちは、最も勝れた都城に到着したのだ。速やかに中に入って、やりたいことをやるがよい。あなたたちは、心を躍らせて安心するがよい。荒野のすべてを余すところなく通過したのだ』と。その道案内が、元気づける言葉を語り、すべての人がようやく元気を回復した。そして、全員が存分に休息を取ったことを知って、全員を集めて再び言った。『あなたがたは、私の言葉を聞くがよい。この都城は、神通力によって私が化作したのだ。私は、あなたたちの疲労ぶりを知って、あなたたちが引き返すことにならないようにと考えた。これが、私の巧みなる方便である。宝の島に行くためにあなたたちは勇気を出すがよい』

男性出家者たちよ、まさにこのように、私は幾千・コーティもの衆生の道案内であり、指導者であって、私は、衆生が、このように苦しめられているのを見る。それらの衆生は、煩悩《ぼんのう》の殻《から》を破ることができないでいるのだ。これらの人たちは、涅槃の安らぎを得てくつろぎを得る。それ故に、私は次のことを説くことを考えた。『これが、すべての苦の滅尽であり、あなたたちは阿羅漢《あらかん》の境地においてなすべきことをなし終えたのである』と。

しかるに、時が来て、あなたたちがこの安らぎの境地に立ち、そこにおいてあなたたちのすべてを阿羅漢であると私が見なす時、その時、あなたたちのすべてをここに集合させて、この〔〝白蓮華のように最も勝れた正しい教え〟の〕法のままに真の意義を示すのだ。偉大なる聖仙たちが、三つの乗り物を示すということは、指導者たちの巧みなる方便である。乗り物はただ一つであって、第二の乗り物は存在しない。しかしながら、人々を休息させるために二つの乗り物を示したのである。男性出家者たちよ、私は今、あなたたちに告げよう。『一切知者の智慧（一切種智）を獲得するために、あなたたちは最高に高まった勇気を生ずるがよい。〔あなたたちが涅槃だと思っているものは、〕その程度であって、決して真の涅槃ではないのだ。あなたたちが一切知者の智慧と、勝利者の威徳である十種類の力（十力）を獲得する時、三十二種類の身体的特徴を具えたブッダとなって後に、真の涅槃に達するであろう。指導者たちの説法は、このようなものである。〔ブッダたちは、疲れきった衆生の〕休息のために〔方便としての〕涅槃を説き、十分に休息したことを知って後に、〔真の〕涅槃を獲得させるためにすべての人たちを一切知者の智慧へと導くのである』と」

《原子（塵）》「塵」と漢訳されたパラマーヌは、原子のことである。西北インドで最有力であった説一切有部は、自然の根底に原子を想定していた。ギリシアで原子論を確立したとされるデモクリトス

（前四六〇～前三七〇ころ）は、エジプト、エチオピア、ペルシア、インドなどを五年間放浪したという経歴を持つ。インド滞在中に、原子論について相互に影響があったことであろう。

【解説】
釈尊《しゃくそん》は、未だ理解できない人々のために、次のように言った。「私はかつて、〝大いなる神通の智慧の勝れたもの〟（大通智勝《だいつうちしょう》）という如来が王子であった時の十六人の息子の末っ子だった。その時以来、あなたたちは、菩薩であった私とともに何度も何度も生まれ変わっては、私から法を聞いたのだ」と。こうして、三千塵点劫《さんぜんじんてんごう》の昔からの師弟の因縁《いんねん》を明かした。

その十六人の王子たちは現在、それぞれブッダとなって、四方八方のそれぞれの仏国土に十五人、その中央の娑婆世界で釈尊が説法しているとされた。ここから、釈尊滅後に考え出され、空間的に散在するとされる多くのブッダたちを空間的に釈尊に統一するという意図が読み取れよう。

その時以来、一緒に生まれてきた人たちが、今この『法華経』の説法に参列していることを明かす。

三千塵点劫とは、太陽系に相当する「世界」の千の三乗倍、すなわち十億個の太陽系に相当する三千大千世界を原子に磨《す》り潰《つぶ》して、東に千の世界を過ぎるたびに一個ずつ置いていって、すべてなくなったとして、そこに出てきたすべての国土にある原子の数だけの劫の年数が三千塵点劫だとされる。我々の住む銀河系には一千億個の太陽系があり、そこには十の六十六乗個の原子が存在すると計算されているので、三千大千世界には十の六十四乗個の原子があることになり、それを用いての時間の表現だから大変な時間の長さになる。

この第七章には、「世界の間には中間の世界があり、その中に苦難の暗黒の闇夜が包まれている。そこにおいては、〔中略〕光明によってでさえも光明を〔中略〕、色彩によってでさえも色彩を、輝きによってでさえも輝きを生み出すことができないでいる」とあるが、これはブラックホールの概念である。

この『法華経』編纂者たちは、銀河系宇宙に匹敵するマクロの世界と、ミクロの原子の世界、さらには現代天文学の重要テーマであるブラックホールのことにまで思いを馳せていたのだ。

ちなみに、大きな数を示すのに、この『法華経』（一～三世紀初）では三千大千世界を原子に磨り潰した時の原子の数で表現されているが、釈尊在世中（紀元前四世紀）の女性出家者たちが書き残した詩集（拙訳『テーリー・ガーター――尼僧たちのいのちの讃歌』、角川選書、一二〇頁）では、一つの世界を構成する四つの大陸（四大洲《しだいしゅう》）の一つジャンブー洲《しゅう》（閻浮《えんぶ》提《だい》）をナツメの種子の大きさに砕いた時の粒の数で表現されていた。五百年ほどでジャンブー洲が三千大千世界に、ナツメの種子が原子に取って代わった表現へと飛躍している。

こうした表現による遥かな過去からの過程を経て、今、一仏乗の教え（法華経）を聞いていることを、釈尊は「化城宝処《けじょうほうしょ》の譬《たと》え」として語る。宝処を目指す隊商が途中で疲れて引き返すのを防ぐために、化城を化作して休息を取らせ、最終目的地に導くという譬喩《ひゆ》で、方便によって一仏乗に到らせるという教導の仕方を明かしたのだ。

第八章　五百弟子受記品（第八）＝ごひゃくでしじゅきぼん

プールナ・マイトラーヤニープトラの歓喜の表明

その時、尊者プールナ・マイトラーヤニープトラ（富楼那彌多羅尼子《ふるなみたらにし》）は、釈尊のそばでこのような巧みなる方便の知見という深い意味を込めて語られた教示を聞き、またこれらの偉大なる声聞《しょうもん》たちのための未来における成仏《じょうぶつ》の予言（授記《じゅき》）や、過去の因縁《いんねん》に関する話、さらには世尊にこの〔牡牛《おうし》のような〕力強さが具《そな》わっていることを聞いて、不思議で、驚くべき思いにとらわれた。そして、歓喜の心で満たされた。

そして、席から立ち上がり、世尊の両足の前に平伏して、次のような考えを抱いた。

「世尊よ、不思議なことです。種々の性分《しょうぶん》を持つこの世間の人々に自分を順応させ、そして多くの巧みなる方便の知見を示すことによって衆生《しゅじょう》に法を説き示し、種々に執着している衆生を、巧みなる方便によって解放する如来たちは、最もなしがたいことをなされます。世尊よ、この点において、私たちは何もなすことができません。如来だけが私たちの考えや、過去と結びついた修行についてご存じでありましょう」

そのプールナ・マイトラーヤニープトラは、世尊に敬礼しつつ瞬《まばた》きすることなく世尊を見つめながら一隅《いちぐう》に立った。

プールナはあらゆる場合に説法第一

世尊は、尊者プールナ・マイトラーヤニープトラの心の思いをご覧になって、男性出家者の集団に対して言われた。

「男性出家者たちよ、あなたたちは、この男性出家者の集団の中の法の語り部*たちのうちで最第一（説法第一《せっぽうだいいち》）であると私が決定し、称讃し、さらに私のこの教えのもとで正しい教えの獲得のために専念したこのプールナ・マイトラーヤニープトラという声聞を見るがよい。このプールナは四衆《ししゅ》に対して、教化《きょうけ》し、励まし、喜ばせる人であり、説法によって倦《う》むことがなく、この法の伝承者にふさわしく、修行の仲間を慈しむ人として適切である。如来を除いてほかには、教えの意味や言葉の理解がプールナ・マイトラーヤニープトラに及ぶことはないのだ。

男性出家者たちよ、あなたたちは、この人を単に私にとって正しい教えの護持者であると、そのように見なすべきではない。理由は何か？　男性出家者たちよ、私は、過去の九十九・コーティものブッダたちのことを覚えている。その時、このプールナ・マイトラーヤニープトラは、それらのブッダたちのもとで教えを護持したのである。それは、あたかも現在の私の教えにおけるようにである。

プールナ・マイトラーヤニープトラは、あらゆる場合に法の語り部たちのうちで最第一であった。あらゆる場合に空《くう》の本性（空性《くうしょう》）に精通し、〔教えと、その意義と、諸法の原語について衆生に説くことにおいて〕何ものにも妨げられない四種類の智（四無礙智《しむげち》）*を獲得していたし、菩薩《ぼさつ》の神通に通達していた。確信して疑念なく全く清らかに法を説く人であった。

声聞であると思わせる方便

それらのブッダたちの教えのもとで、プールナ・マイトラーヤニープトラは、寿命の続く限り純潔の行ないを実践し、あらゆる場合に人々から声聞であると思われたのだ。〔自分のことを声聞であると思わせるという〕この方便によって、無量の衆生に利益《りえき》を与え、無量の衆生をこの上ない正しく完全な覚りに向けて成熟させた。あらゆる場合にブッダの仕事をなすことによって衆生に奉仕し、あらゆる場合に自分自身のブッダの国土を完全に清らかにし、衆生の成熟のために専念したのである。

男性出家者たちよ、ヴィパシュイン（毘婆尸《びばし》）仏を最初として、私、シャーキャムニが七番目であるその七人の如来*（七仏）たちにとってもまた、法の語り部のうちで最第一であったのは、このプールナ・マイトラーヤニープトラである。

もちろん、男性出家者たちよ、未来の世において〔賢人である千仏が出現するとされる」このバドラ劫《こう》（賢劫《げんこう》）*に、既に出現した四人を除く九百九十六人のブッダたちが出現されるであろう。それらのブッダたちの教えにおいてもまた、法の語り部たちのうちでこのプールナ・マイトラーヤニープトラこそが最第一の人となるであろうし、また正しい教えの護持者となるであろう。

プールナへの未来成仏の予言

同様に、このプールナ・マイトラーヤニープトラは、未来の世において、無量のブッダたちの正しい教えを護持し、無量の衆生に利得を与え、無量の衆生をこの上ない正しく完全な覚りに向けて成熟させるであろう。また、常に自分自身のブッダの国土の完全なる浄化のため、衆生を成熟させるために専念するであろう。

プールナ・マイトラーヤニープトラは、このような菩薩としての修行を成就して後、無量の劫《こう》を経てこの上ない正しく完全な覚りを覚るであろう。そのプールナ・マイトラーヤニープトラは、〝真理の輝きを持つもの〟（法明《ほうみょう》）という名前の如来となり、このブッダの国土に出現するであろう。

その時、ガンジス河の砂の数に等しい無量の三千大千世界《さんぜんだいせんせかい》は一つのブッダの国土となるであろう。その国土は、掌《てのひら》のように平坦《へいたん》で、七宝で造られており、山もなく、七宝で造られた楼閣によって満たされているであろう。また、神々の天上の乗り物は、虚空《こくう》に留まっており、神々も人間たちを見、人間たちも神々を見るであろう。その時、このブッダの国土は、悪が消滅し、また女性もいなくなっているであろう。

それらの衆生は、すべて両親なしに自然発生（化生《けしょう》）したものたちで、純潔の行ないを修するものたちであり、心によってつくられた身体によっておのずから輝いていて、神力を具え、空中を移動し、努力精進《しょうじん》を具え、思慮深く、智慧《ちえ》を具え、金色《こんじき》の身体や、偉大な人が具える三十二種類の身体的特徴によって見事に飾られた姿を持つであろう。

しかも、そのブッダの国土におけるそれらの衆生には法の喜びという食べ物（法喜《ほうき》食《じき》）と、禅定《ぜんじょう》の喜びという食べ物（禅悦食《ぜんえつじき》）の二種類の食べ物があるであろう。そこには、大いなる神力を獲得し、何ものにも妨げられない四種類の智慧に通達し、巧みに衆生に教えを説く無量の菩薩たちが生ずるであろう。このブッダには、大いなる神力を具え、偉大なる威徳を持ち、八種類の解脱によって瞑想している無数の声聞たちがいるであろう。

このように、そのブッダの国土は、無量の威徳を具えたものであるだろう。また、その劫は〝宝石の輝きを持つもの〟（宝明《ほうみょう》）という名前で、その世界は〝極めて清らかなところ〟（善浄《ぜんじょう》）という名前であろう。如来の寿命は、無量の劫の長きにわたるであろう。

さらに、その如来が入滅した後、その如来の正しい教えは長期間存続するであろう。また、その世界は、宝石で造られたストゥーパが遍満《へんまん》しているであろう」

密かに菩薩行を行ない声聞と名乗るプールナ

世尊は、以上のことを〔さらに〕詩によっておっしゃられた。〔その中から重要な一節を挙げておく〕

「男性出家者たちよ、巧みなる方便をよく学んだ私の息子〔である菩薩〕が、どのように修行を行ない、どのようにこの覚りへの修行を実行したのかということの意義について、あなたたちは私から聞くがよい。これらの衆生は、劣ったものに信順の志を持っており、勝れた乗り物に対して畏《おそ》れをなしている。そのことを知って、〔私の息子である〕これらの菩薩たちは、方便として声聞となったり、独《どっ》覚《かく》の個別の覚りを示したりするのである。そして、多くの巧みなる方便によって、多くの菩薩たちを成熟させるのだ。けれども、私の息子たちは、次のように語るのだ。『実にわれわれは声聞であり、われわれは、最上にして最高の覚りから遠くにいるのだ』と。

これらの私の息子たちは、密かに菩薩としての修行を行ない、その一方で『私たちは、なすべきことの少ない声聞である』と言い、死と生のすべてを厭《いと》い離れるふりをして、自分の国土を完全に浄化するのである。その私の息子たちは、自分自身が貪愛（貪欲）、憎悪（瞋恚《しんに》）、愚かさ（愚癡《ぐち》）を持っているかのように示して見せるのだ。また衆生が誤った見解に執着していることを知っているけれども、その誤った見解にさえも依存するふりをするのだ。私の多くの弟子（声聞）たちは、このように実行しながら、巧みなる方便によって衆生を解脱させるのである。あらゆる場合に、このプールナ・マイトラーヤニープトラは、最高の声聞であったし、大変に学識があり、雄弁で、何ものも畏れるところがなく、人々を歓喜させ、常に怠ることがなく、常にブッダの仕事をなすことによって衆生に奉仕してきたのだ」

五百人の阿羅漢への未来成仏の予言

その時、それらの自在を得た千二百人の阿羅漢《あらかん》たちに次の思いが生じた。

「私たちは、不思議で驚くべき思いにとらわれています。この偉大なる声聞たちが、未来における成仏の予言をされたように、世尊が私たち一人ひとりにも成仏の予言をして下さるならば……」と。

すると、世尊は、それらの声聞たちの心の思いを了解して、尊者マハー・カーシャパ（摩訶迦葉《まかかしよう》）に語りかけられた。

「カーシャパよ、今、私の目の前にいるこの自在を得た千二百人の阿羅漢たちのすべてに私は直ちに予言をなそう。偉大なる声聞であるカウンディヌヤ（憍陳如《きょうじんにょ》）は、六百二十万・コーティ・ナユタものブッダたちの次に、さらにその次に〝あまねき輝きを持つもの〟（普明《ふみょう》）という名前の如来となるであろう。

そこには、この同一の名前で五百人の如来が生ずるであろう。そのすべてが立て続けに覚りを覚り、すべてが〝あまねき輝きを持つもの〟という名前を持つ如来となるであろう。それは、次の通りである。ガヤー・カーシャパ（伽耶迦葉《がやかしょう》）、ナディー・カーシャパ（那提迦葉《なだいかしょう》）、ウルヴィルヴァー・カーシャパ（優楼頻螺迦葉《うるびんらかしょう》）、カーラ（哥羅《から》）、カーローダーイン（迦留陀夷《かるだい》）、アニルッダ（阿㝹楼駄《あぬるだ》）、レーヴァタ（離婆多《りはた》）、カッピナ（劫賓那《こうひんな》）、バックラ（薄拘羅《はくら》）、チュンダ（周陀《しゅだ》）、スヴァーガタ（莎伽陀《しゃかだ》）をはじめとする自在を得た五百人である」

すると、世尊はその時、次の詩を述べられた。

「カウンディヌヤという氏族に属する私のこの声聞は、限りない劫の未来において、限りない多くのブッダたちに出会って、〝あまねき輝きを持つもの〟という名前の如来となって、幾千・コーティもの衆生を教え導くであろう。その国土は清らかであろう。そのカウンディヌヤは、輝かしく、ブッダの力を具え、十方に名声が鳴り響いて、幾千・コーティもの衆生によって尊敬され、最高の覚りを説き示すであろう。

それらの菩薩たちは、熱心で、最上の天上の乗り物に乗って、そこを経巡りながら熟慮し、清らかな戒をたもち、常に行ないが立派である。その如来の法を聞いて、それらの菩薩たちは、常に他の諸々《もろもろ》の国土にも行き、幾千人ものブッダたちを讃嘆して、広大な供養をなすのだ。さらに、一瞬のうちに〝あまねき輝きを持つもの〟という指導者の国土に帰ってくるであろう。修行の力は、このようなものであるだろう。

その如来の寿命の長さは、まるまる六万劫で、保護者の入滅後、その法はそれよりも二倍の長さにわたって存続し、正しい教えに似た教えは、それより三倍の長い期間にわたって存続するであろう。その保護者の正しい教えが滅した後、人間たちも、神々も苦悩することになるであろう。

その五百人の声聞たちは、〝あまねき輝きを持つもの〟という同じ名前を持つ勝利者で、人間の最上者であって、五百人の指導者たちは中断することなく連続して順次に出現するであろう。五百人の指導者たちのすべてにとって、国土の荘厳は、それぞれ同様であり、神通力も、ブッダの国土も同様であり、声聞と菩薩たちの群衆も、正しい教えも同様であり、正しい教えの存続期間も等しいであろう。

私が〝あまねき輝きを持つもの〟という人間の最高者を讃嘆したように、五百人のブッダたちすべてにとって、その名声は、それぞれに同様であるだろう。人々の安寧《あんねい》のために憐愍《れんびん》の情を抱いているそれらの五百人の声聞たちは、中断することなく連続してブッダとなって、順次に他の声聞たちに、『今、この人は私に続いてブッダとなるであろう』と予言をなすであろう。カーシャパよ、あなたは今ここにおいて、これらの五百人を下らない自在を得たものたちと、私に属する他の声聞たちとを、まさにこのように把握するべきである。また、〔この会座《えざ》にいない〕他の声聞たちにも語るべきである」

五百人の阿羅漢が衣裏珠の譬えを語る

すると、それらの五百人の阿羅漢たちは、世尊の面前で自分自身の未来における成仏の予言を聞いて、満足し歓喜して、世尊に近づいた。そして、ひざまずき、世尊の両足に頭を着けて敬礼して言った。

「世尊よ、私たちは、『これが、完全なる涅槃《ねはん》なのだ』という考えを常に抱いていました。しかし、私たちは、あやまちを犯していたことを懺悔《さんげ》いたします。私たちは明晰《めいせき》さを欠き、未熟で、如来の知に精通すべきであったにもかかわらず、そうしないで、取るに足りない知で満足していたからです。

それは、誰かある男が、友人の家に行って、〔酒食を御馳走《ごちそう》になり〕酒に酔うか、あるいは眠り込んでしまって、その友人が、『この宝石が、この男のためになるように』と考えて、値段もつけられないほど高価な宝石を衣服の縁《へり》に結び付けるようなものです。

その男は〔眠りから覚めて〕立ち上がって旅立ちました。他の国に到り、そこで大変な苦労をして辛うじて食べ物を得て、それに満足し、喜んでいます。その後、宝石を結び付けたその旧友が、その男を再び見て、その男に言いました。

『あなたは、なぜ食べ物や着るものを求めて苦労しているのか？　あなたが幸福を享受できるように、あらゆる欲望を実現できるだけの高価な宝石をあなたの衣服の縁に結び付けておいたのに……。私は、あなたにその宝石を与えていたのだ。あなたは、〈何が結び付けられているのか？　誰が結び付けたのか？　理由は何なのか？　いかなる動機でこれは結び付けられたのか？〉と、調べることもなかった。苦労して得たもので満足しているあなたは愚かである。あなたは、この宝石を持って町へ行き、お金と交換しなさい。そのお金でなすべきことのすべてをなしなさい』

このように、かつて菩薩としての修行を実践しておられた如来は、私たちにも一切知者たることを求める心を起こさせようとされました。しかしながら、私たちはその心に気づくこともありませんでした。私たちは、阿羅漢の位において涅槃に到ったと思っていました。私たちは、困窮して生きてきたので、このように取るに足りない知で満足するに至っていました。その私たちは、一切知者の智慧を求める誓願《せいがん》を常に失っていなかったので、如来である、あなたによって次のことを気づかせられています。

『男性出家者たちよ、あなたたちはこれを真の涅槃だと考えてはならない。絶え間なく連続するあなたたちの身心に、私がかつて成熟させた善い果報をもたらす立派な行ないが見いだされる。またその際、あなたたちが今、涅槃であると考えているものは、説法の際の言葉による私の巧みなる方便なのである』と。

私たちは、このように世尊によって気づかせられて、今、この上ない正しく完全な覚りに到るという予言をされたのです」

《法の語り部》 ここは、ダルマ・カティカとなっていて、これは「宣法者」「説法人」と漢訳されている。鳩摩羅什は、ここを「法師」と漢訳しているが、本書で筆者が「説法者」と訳したダルマ・バーナカと区別して「法の語り部」と訳した。**《四無礙智》** 理解と説法における四種類の自在な能力と智慧。①法無礙《ほうむげ》（教えについて自在である）、②義無礙《ぎむげ》（教えの意義について自在である）、③辞無礙《じむげ》（諸法の原語に自在である）、④楽説無礙《ぎょうせつむげ》（以上の三つによって衆生に説くのが自在である）――の四つからなる。**《七人の如来》** シャーキャムニ（釈迦牟尼仏《しゃかむにぶつ》）と、それ以前に出現したとされる六人の仏たちのことで、「過去七仏」と言われる。その六人は、順にヴィパシュイン（毘婆尸仏《びばしぶつ》）、シキン（尸棄仏《しきぶつ》）、ヴィシュヴァブー（毘舎浮仏《びしゃふぶつ》）、クラクッチャンダ（拘留孫仏《くるそんぶつ》）、カナカムニ（拘那含牟尼《くなごんむに》仏《ぶつ》）、カーシャパ（迦葉仏《かしょうぶつ》）という名前で、初めの三仏は、計り知れない過去の過去荘厳劫に出現し、残りの三仏は釈迦と同じ時代の現在賢劫に現れたとされる。**《賢劫》**現在の四劫（成《じょう》・住《じゅう》・壊《え》・空《くう》）のうちの住劫のこと。その間には千仏が出現して衆生を救うとされ、多くの賢人が出現する劫ということで、賢劫と言われる。成・住・壊・空については、二〇五頁の注「劫火」を参照。

【解説】

声聞への未来成仏の予言や、過去の因縁を聞いて、プールナ（富楼那）が歓喜の言葉を語った。釈尊は、プールナが「四衆に対して、教化し、励まし、喜ばせる人」であり、「修行の仲間を慈しむ人」として、過去・未来・現在を通じて「説法第一」だと告げる。しかも、「あらゆる場合に〔中略〕菩薩の神通に通達していた」とも語った。

プールナは、〔自分のことを声聞であると思わせるという〕方便によって、衆生に利益を与え、無量の衆生をこの上ない正しく完全な覚りに向けて成熟させたし、ブッダの仕事をなすことによって衆生のために奉仕したというのだ。プールナは、密かに菩薩としての修行を行なう一方で、声聞のふりをして人々を導いていたのだ。声聞のふりをするというのは、高みからではなく二乗と同じ地平に降り、同じところに立って菩薩への道を説いたということであろう。このようにプールナのことを評価し、プールナに未来成仏の予言がなされた。

さらにアージュニャータ・カウンディヌヤ（阿若憍陳如《あにゃきょうじんにょ》）をはじめとする五百人の声聞たちにも未来成仏の予言がなされる。その五百人が、自ら理解したことを「衣裏《えり》珠《じゅ》の譬《たと》え」として語る。ここにも貧しい男が登場し、自らの衣服に結び付けられた宝石に気づかずに貧しい暮らしを続けている人が、その宝石を見て、最高の幸福で満たされるという話だ。

この章で、気になることが一点ある。プールナに対する予言の中で「このブッダの国土は、悪が消滅し、また女性もいなくなっているであろう」という一節だ。あらゆる人が成仏できることを説く『法華経』で、女性を「悪」と並べてブッダの国土から排除するのは異例のことだ。第三章のシャーリプトラのブッダの国土には「多くの人々と女性の群衆が充満し」とあった。他の声聞たちのブッダの国土においても、女性は全く排除されていなかった。

苅谷《かりや》定彦《さだひこ》博士は、この箇所は後世の付加であろうと述べている（『法華経一仏乗の思想』）。筆者も、極楽浄土に女性は一人もいないとする浄土教の思想（『無量寿経』）を割り込ませたものだと考える（拙著『思想としての法華経』二七四〜二七九頁を参照）。

これと類似の文章は、やはり後世に挿入された薬王品や観世音菩薩普門品の末尾にも出てくる。

第九章　授学無学人記品（第九）＝じゅがくむがくにんきぼん

アーナンダらによる未来成仏の予言の要請

その時、尊者アーナンダ（阿難《あなん》）は「私たちも未来における成仏《じょうぶつ》の予言（授記《じゅき》）を得たいものだ」と考え、座席から立ち上がって、世尊の足もとに身を投じた。尊者ラーフラ（羅睺羅《らごら》）も、世尊の足もとに身を投じ、次のように申し上げた。

「世尊よ、私たちにも直ちに未来の成仏の予言の機会がありますように。世尊は、私たちにとって父親であり、生みの親であり、休息所であり、避難所であります。私たちは、世間において『この人たちは、世尊の息子たちであり、世尊の侍者《じしゃ》たちであり、世尊の法の蔵を保持しておられます』と、尊敬されています。もしも世尊が私たちに予言をされるのなら、それは速やかで、適切であるべきです」と。

また、まだ学ぶべきことのある有学《うがく》と、もはや学ぶべきことのない無学《むがく》からなる声《しょう》聞《もん》たちの二千人を超す他の男性出家者たちも、座席から立ち上がって、上衣の左肩を残して右側の一方の肩だけ露《あらわ》にして、合掌《がっしょう》して、世尊を仰ぎ見つつ、次の考えを抱きながら立っていた。

「これこそがブッダの智慧《ちえ》である。私たちも、予言を得たいものだ」と。

アーナンダへの未来成仏の予言

そこで世尊は、尊者アーナンダに語りかけられた。

「アーナンダよ、あなたは未来の世において〝大海のように最も勝れた記憶の智慧《ちえ》によって遊戯《ゆうぎ》する神通を持つもの〟（山海慧自在通王《せんがいえじざいつうおう》）という名前の如来《にょらい》となるであろう。六十二・コーティものブッダたちの正しい教えを受持《じゅじ》し、ブッダたちに対して称讃をなし、尊敬、供養《くよう》をなし、それらのブッダたちの正しい教えを受持し、教えを把握して後に、あなたはこの上ない正しく完全な覚りを覚るであろう。あなたは、覚りを覚るや否や、幾百・千・コーティ・ナユタもの菩薩《ぼさつ》たちをこの上ない正しく完全な覚りへと成熟させるであろう。

あなたのブッダの国土は繁栄しており、琉璃《るり》で造られていて、〝倒されることのない勝利の旗を持つところ〟（常立勝幡《じょうりゅうしょうばん》）という名前で、その劫《こう》は〝心にかなった美しい声を響かせるもの〟（妙音遍満《みょうおんへんまん》）という名前であるだろう。その如来の寿命の長さは、計り知ることのできない劫にわたり、その劫の終わりには、計算によっても到達できないのだ。

その世尊の寿命は極めて長く、数えることもできない幾百・千・コーティ・ナユタ劫であろう。その如来の入滅後、正しい教え（正法《しょうほう》）は、その二倍存続し、正しい教えに似た教え（像法《ぞうほう》）は、そのまた二倍にわたって存続するであろう。しかも、十方にいる幾百・千・コーティ・ナユタもの多くのブッダたちは、その如来に称讃の言葉を告げるであろう」

すると、その集会の中にいた、新たに菩薩のための乗り物によって出で立った八千人の菩薩たちに次の思いが生じた。

「私たちは、菩薩に対してでさえも、このように立派な予言がなされるのを未だかつて聞いたことがない。ましてや、声聞たちに対してなされるのは言うまでもないことだ。いったいここには、いかなる理由、因縁《いんねん》があるのであろうか？」と。

釈尊が一緒に修行した過去のアーナンダを語る

世尊は、菩薩たちの心の思いを了解して、菩薩たちに語りかけられた。

「良家の息子たちよ、かつて、私とアーナンダとは同一の瞬間に、等しく〝教えの天空に昇った王〟（空王《くうおう》）という如来の面前で、この上ない正しく完全な覚りを求める心を発《おこ》した。そこにおいて、アーナンダは常に教えを多く聞くことに専念し、私は、努力精進《しょうじん》への取り組みに専念したのである。

それ故に、私は、より早く覚りを得たのであり、この尊敬すべきアーナンダは、ブッダたちの教えの蔵（法蔵）を保持するものとなった。それは、菩薩たちにこの上ない正しく完全な覚りを完成させるためにである。これが、アーナンダの誓願《せいがん》なのだ」

そこで、アーナンダは、世尊のそばで、自分への予言、自分のブッダの国土の威徳による荘厳、さらには自分の過去世の誓願と修行について聞いて、満足し歓喜した。しかも、幾百・千・コーティ・ナユタもの多くのブッダたちの正しい教えや、自分の過去世の誓願を思い出した。

その時、尊者アーナンダは、次の詩を述べた。

「甚だ希有な無量の勝利者たちは、完全なる滅度に入られた保護者であり、勝利者の説法を私に思い出させてくださりました。私は、それを今日《きょう》か、昨日《きのう》のことのようにはっきりと思い出します。私は、疑いのない状態になりました。私は、この上ない正しく完全な覚りへ向けて確定しています。私の巧みなる方便《ほうべん》は、次のようなことです。私は人格を完成された人〔、すなわちブッダ〕の侍者となって、他者に覚りを獲得させるために正しい教えを記憶にとどめて受持《じゅじ》するのです」

ラーフラへの未来成仏の予言

すると、世尊は、尊者ラーフラに語りかけられた。

「尊敬すべきラーフラよ、あなたは未来の世において〝七宝からなる紅蓮華《ぐれんげ》の上を歩み行くもの〟（蹈七宝華《とうしっぽうけ》）という名前の如来となるであろう。十個の世界に存在する原子（微塵《みじん》）の数に等しい多くの如来を称讃し、尊敬し、供養して後、あなたが今、私の最年長の息子であるように、あなたは、常にそれらのブッダたちの最年長の息子となるであろう。

さらにまた、その〝大海のように最も勝れた記憶の智慧によって遊戯する神通を持つもの〟という如来に、あらゆる種類の威徳を具《そな》えたブッダの国土の威徳による荘厳があるように、その如来には、同様の寿命があるであろうし、あらゆる種類の威徳の完成があるであろう。ラーフラよ、あなたは、その〝大海のように最も勝れた記憶の智慧によって遊戯する神通を持つもの〟という如来の最年長の息子となり、その後、この上ない正しく完全な覚りを得るであろう」

するとその時、世尊は次の詩を述べられた。

「私が王子であった時、このラーフラは、私の嫡出子《ちゃくしゅつし》で、最年長の息子であった。私が覚りに達して後、私のこの息子は、法の遺産を相続する偉大なる聖仙である。未来の世において、ラーフラは、幾コーティもの多くのブッダたちと出会うだろう。実にそれらのすべての勝利者たちの息子は、〝覚りを求めるもの〟〔、すなわち〝菩薩〟〕となるであろう。

ラーフラの人知れず行なう修行（密行《みつぎょう》）が、この人の誓願である。そのことを私は了解している。世間の人々にとっての親類〔であるブッダ〕に対して称讃をなして言う、『実に私は、如来の息子なのです』と。私の嫡出子、ラーフラに具わる威徳は、幾コーティ・ナユタもの量り知れないものである。このように、このラーフラは、この上ない正しく完全な覚りのために存在するのだ」

二千人の男性出家者への予言

さらに、世尊は、まだ学ぶべきことのある有学《うがく》と、もはや学ぶべきことのない無学《むがく》の二千人の声聞たちが、清らかで温和な心を持って、世尊を仰ぎ見ているのをご覧になった。そして、尊者アーナンダに語りかけられた。

「アーナンダよ、あなたは、まだ学ぶべきことのあるものと、もはや学ぶべきことのない二千人の声聞たちを、見ているであろう」

「世尊よ、私は見ております」

「アーナンダよ、これらの二千人の男性出家者たちのすべては、等しく菩薩としての修行を成し遂げて、五十個の世界に存在する原子の数に等しい多くのブッダたちを尊重し、供養し、さらには、正しい教えを受持《じゅじ》し、〔輪廻《りんね》における〕最後の身体において、同一の瞬間に、同一の集会で、十方のそれぞれのブッダの国土において、この上ない正しく完全な覚りを得て、〝宝石の輝きを持つ王〟（宝相《ほうそう》）という同じ名前の如来となるであろう。

その如来たちの寿命は、まるまる一劫にわたるであろう。しかも、その如来たちのブッダの国土の威徳による荘厳は、等しいもので、声聞の群衆も菩薩の群衆も等しく、それらの如来たちの完全なる涅槃《ねはん》も等しいもので、それらの如来たちの正しい教えも等しく存続するであろう」

すると、それらの声聞たちは、世尊からそれぞれ自分に対する未来における成仏の予言を聞いて、満足し、歓喜して、詩によって世尊に語りかけた。

「世間の人々の光明《こうみょう》よ、私たちはこの予言を聞いて満足しました。如来よ、私たちは、あたかも不死をもたらす甘露《かんろ》をふり注がれたように、喜んでおります。私たちには、疑惑もなければ、考え違いもありません。私たちは、人間の最高のものとなるでありましょう。私たちは今、この予言を聞いて、幸せになりました」

【解説】

釈尊《しゃくそん》晩年の二十五年間、常に釈尊に随行していたことに対する妬《ねた》みや、女性の出家の許可を釈尊から取り付けた人物であったことから、釈尊滅後、アーナンダ（阿難）は教団から疎《うと》まれていたようだ。詳細は、拙著『仏教のなかの男女観』（岩波書店）

の第四章を参照いただきたい。

本章では、そのアーナンダに対して授記がなされる。まず釈尊は、過去世においてアーナンダとともに覚りを求める心を発《おこ》した修行時代のことを回想する。アーナンダは教えを多く聞くことに専念し、釈尊は、努力精進《しょうじん》への取り組みに専念したという。それ故に、釈尊のほうが先に覚りを得て、アーナンダは、ブッダたちの正しい教えの蔵（法蔵）を保持するものとなった。それは、菩薩たちにこの上ない正しく完全な覚りを完成させるためにである。これが、アーナンダの誓願であった。

これを聞いて、アーナンダは過去世の誓願を思い出し、「私は人格を完成された人〔、すなわちブッダ〕の侍者となって、他者に覚りを獲得させるために正しい教えを記憶にとどめて受持《じゅじ》する」と語り、釈尊から授記された。

アーナンダに続いて、釈尊の実子ラーフラ（羅睺羅《らごら》）、および「まだ学ぶべきことが残っている人」（有学）と、「もはや学ぶことのなくなった人」（無学）の二千人のすべてに授記された。以上で、すべての声聞への授記が完結した。

方便品以来のテーマであった授記を整理すると次の【表】のようにまとめることができる。

最初に授記されたシャーリプトラ（舎利弗）は、自分が菩薩であることを忘れていた。次に授記された四大声聞は、菩薩の教えを知ってはいるが、それを人に伝えるだ

【授記の内容の違いに込められた意味】

取り扱い箇所	人　名	才　能	如来としての寿命	菩薩との関わり
方便品第二 譬喩品第三	舎利弗	智慧第一	12中劫	菩薩であったことを忘れていた。
譬喩品第三	須菩提	解空第一	12中劫	釈尊から聞いた菩薩の教えを菩薩に語って聞かせるだけで、自らそれを渇仰することはなかった。
信解品第四	迦栴延	論議第一	12中劫	
薬草喩品第五	迦　葉	頭陀行第一	12中劫	
授記品第六	目犍連	神通第一	24中劫	
化城喩品第七 五百弟子受記品第八	富楼那	三世において説法第一	無量阿僧祇劫 （10^{59}劫）	密かに菩薩としての修行を行ない、菩薩でありながら、二乗のふりをして、ブッダのなすべきことをなして衆生を導いてきた。
授学無学人記品第九	阿　難	多聞第一	無量幾百・千・コーティ・ナユタ劫	過去世において、釈尊は仏道修行に専念し、阿難は菩薩たちに覚りを得させるために、教えを多く聞き覚えることに専念していた。

けで自分自身は関心を持っていなかった。プールナ（富楼那）の場合は、菩薩であるのに声聞のふりをしている。あるいは周りに声聞だと思わせて、実はすでにブッダのやるべき仕事をやっていた。ということは、プールナは菩薩だった。この中で一番格好悪い役回りはシャーリプトラである。

この三つに分類すると、これは当時の小乗教団の構成要素だと考えることができよう。小乗教団の中から大乗仏教が興ったと既に述べたが、①大乗の教えに全く無関心で無知な人、②大乗の教えを知ってはいるけれども「自分とは関係ない」と思っている人、③大乗仏教を信奉しているけれどそれを表立っては言わず、二乗のふりをしている人――という構成である。

あるいはこの三つは、声聞から菩薩へと変わっていくプロセスとも考えることもできる。〈菩薩の教えを全く知らなかった〉→〈知ってはいるけれど興味を持たなかった〉→〈教えを信奉しているが表立っては言わなかった〉――という三段階である。

このように理解すると、なぜ『法華経』の中で、釈尊があの手この手で弟子たちに教えを理解させ、いろいろなやり方で授記を行なったのかが見えてくる。研究者の中には、たかだか声聞に授記をするのに、第二章から第九章まで多くのページ数を割かなくても、ひとまとめにして「授記する」と言えば済むことではないか、という人もいた。しかし、『法華経』の編纂者たちは非常に手の込んだことをやっている。そこには、緻密《ちみつ》な計算がなされ、いろいろな意味が込められていたのだ。

それは、【表】の「如来の寿命」の長さに区別がつけられていることにもうかがえる。智慧第一《ちえだいいち》のシャーリプトラの如来としての寿命は十二中劫。解空第一《げくうだいいち》のスブーティほか四大声聞《しだいしょうもん》も十二中劫、ないし二十四中劫。それに対して、プールナとアーナンダは無量劫（十の五十九乗劫）と桁違《けたちが》いである。その違いは、初めの五人の才能は智慧第一など、言ってみれば個人レベルの才能で、自利《じり》、つまり自分のためのものだ。それに対し、プールナは説法第一《せっぽうだいいち》で人々に語って聞かせる。アーナンダは多聞第一《たもんだいいち》で、人々に覚りを得させるために教えを伝える役目を果たしている。つまりこの二人の才能は利他《りた》、人のためのものである。

授記される順番は、いわゆる旧来の十大弟子の序列に則っている。しかし寿命の長さには差がつけられていて、『法華経』はここで、彼らの才能や実践の違いを明確化している。小乗における序列を踏まえつつも、利他行の観点を重視して、寿命に差をつけている。ここは重要な点だと思う。『法華経』にはこうした主張が直接的ではなく、間接的ではあれ、さり気なく盛り込まれているのだ。

第九章までの授記の仕方を見ていて、もう一つ気になることがあった。いずれも授記されてからブッダになるまでに天文学的な時間を要するということだ。これでは小乗仏教で強調されていた歴劫修行《りゃっこうしゅぎょう》そのものではないか。「あなたに一億円あげよう。

ただし一万年後に」と言われても何も嬉しくない。空手形も同然だ。

この疑問に対する答えは、授記という考えは小乗仏教において燃燈仏授記《ねんとうぶつじゅき》の物語として打ち出されたということから導き出される。それは、釈尊が過去世において修行中に燃燈仏から、サハー世界において天文学的な時間を経てシャーキャムニという名前のブッダとなるであろうという予言だった。小乗仏教徒にとって、授記ということは燃燈仏授記の物語として理解されていた。この『法華経』で声聞らの小乗仏教の出家者に自分たちが成仏できることを理解させるのに、燃燈仏による授記をモデルとして理解させようとした——と考えればいいのではないか。その証拠に、第十章　法師品（第十）では、遥か未来にどこかのブッダの国土に生まれるというその考えが否定されてくるのだ。

このように仏教では、相手の理解している言葉や概念を用いて、理解させる手法が多用される。「変成男子《へんじようなんし》」「輪廻《りんね》」「解脱《げだつ》」「業《ごう》」などがその具体例である。

第十章　法師品（第十）＝ほっしぼん

釈尊在世中の四衆に対する未来成仏の予言

その時、世尊《せそん》は〝薬の王〟（薬王《やくおう》）という菩薩《ぼさつ》をはじめとして八万の菩薩たちに話しかけられた。

「〝薬の王〟よ、この集会の中において、多くの神々、龍、ヤクシャ、ガンダルヴァ、アスラ、ガルダ、キンナラ、マホーラガ、人間、人間以外のものたち、男性出家者・女性出家者・男性在家信者・女性在家信者たち、声聞《しょうもん》、独覚《どっかく》、菩薩たちが、如来《にょらい》の面前でこの法門を聞いているのをあなたは見ているであろう」

「世尊よ、私は見ております」

「〝薬の王〟よ、これらはすべて、この集会においてこの経のただ一つの詩（偈《げ》）、あるいはただ一つの句でさえも聞いてこの経を喜んで受け容れる偉大な人である菩薩たちなのだ。これらの四衆《ししゅ》はすべて、この上ない正しく完全な覚りに達するであろうと、私は予言するのだ。

釈尊入滅後の善男子・善女人に対する予言

〝薬の王〟よ、如来の入滅後、誰であれ、この法門を聞き、ただ一つの詩でさえも聞いて、ただ一つの思いでさえも生じてこの法門を喜んで受け容れるならば、それらの良家の息子（善男子《ぜんなんし》）、あるいは良家の娘（善女人《ぜんにょにん》）＊たちにも、この上ない正しく完全な覚りに達するであろうと、私は予言するのだ。

〝薬の王〟よ、それらの良家の息子、あるいは良家の娘たちは、幾百・千・コーティ・ナユタにも達するブッダたちに間近でお仕えし、誓願《せいがん》をなすであろう。それらの良家の息子たちと娘たちは、衆生《しゅじょう》を憐《あわ》れむために、このジャンブー洲《しゅう》（閻浮提《えんぶだい》）の人間の中に再び生まれてきたものたちであると知られるべきである。

〝薬の王〟よ、良家の息子であれ、良家の娘たちであれ、この法門の中からただ一つの詩でさえも受持《じゅじ》し、読誦《どくじゅ》し、解説《げせつ》し、会得《えとく》させ、書写し、書写した後に記憶し、そして随時に分析・観察する人、また、その写本に対して如来に対する尊敬の心を起こし、師に対する尊敬の心をもって尊重し、供養《くよう》する人、さらに、その写本を、花や、末香《まっこう》、薫香《くんこう》、花環《はなわ》、塗香《ずこう》、焼香《しょうこう》、衣、日傘、旗、幟《のぼり》、音楽などによって敬礼し、合掌《がっしょう》して供養する人、そしてこの法門の中からただ一つの詩でさえも受持し、あるいは喜んで受け容れる人、その人たちはすべて、この上ない正しく完全な覚りに達するであろうと、私は予言するのだ。

この法門の一つの詩でさえ受持する人は如来

〝薬の王〟よ、そこにおいて誰かある男性か女性のいずれかが、次のように尋ねるとしよう。

『ところで、どのような衆生が、未来の世において正しく完全に覚られた尊敬されるべき如来となるのでしょうか？』と。

〝薬の王〟よ、その男性、あるいは女性には、その良家の息子、あるいは良家の娘を示すべきである。良家の息子であれ、良家の娘であれ、この法門の中から、四つの句で構成されたたった一つの詩でさえも受持し、聞かせ、示し、この法門を尊敬しているその人こそが、未来の世において正しく完全に覚った尊敬されるべき如来になる人である。

〝薬の王〟よ、良家の息子であれ、良家の娘であれ、この法門の中からたった一つの詩でさえも受持する人は、如来であると知るべきであり、人々は、如来に対するのと同じようにその人を恭敬するべきである。ましてや、この法門をすべて完全に会得し、受持し、読誦し、完全に理解し、解説し、書写し、他の人に書写させ、また書写した後で記憶し、そしてその写本に対して花や、末香、薫香、花環、塗香、焼香、衣、日傘、旗、幟、音楽、そして合掌、敬礼による礼拝《らいはい》によって、称讃をなし、尊敬、供養をなす人は、言うまでもないことである。

ブッダの国土への誕生を放棄して人間の中へ

〃薬の王〃よ、良家の息子であれ、良家の娘であれ、その人はこの上ない正しく完全な覚りにおいて完成されていると知るべきである。またその人は、如来と見なされるものであり、世間の人々に安寧《あんねい》をもたらし、慈しむものであり、過去の世における誓願の意志によってこのジャンブー洲《しゅう》の人間の中に、この法門を説き示すために生まれてきたものであると知るべきである。私の入滅後、教えの勝れた功力《くりき》も、ブッダの国土への勝れた誕生も自発的に放棄して、衆生の幸福と、憐《あわ》れみのために、この法門を顕示するという動機でこの世に生まれてきた如来の使者であると知るべきである。

〃薬の王〃よ、良家の息子であれ、良家の娘であれ、如来の入滅後、如来のこの法門を説き示したり、密かに隠れてでも、誰か一人のためだけでさえも説き示したり、あるいは語ったりする人は、如来によってなされるべきことをなす人であり、如来によって派遣された人であると認めるべきである。

説法者は尊敬され供養されるべき

しかしながら、〃薬の王〃よ、汚《けが》れた心や、邪悪な心、ルドラ*のように凶悪な心を持ち、如来に面と向かって一劫《こう》にわたって非難の言葉を言う人と、在家であれ、出家であれ、〔これまで述べてきた〕それらの説法者（法師《ほっし》）であるこの経典の受持者たちに対して、たとえ真実であっても、不快な言葉を一語でも告げる人とでは、後者のほうが、よりいっそう悪しき行為であると私は言うのだ。理由は何か？　良家の息子であれ、良家の娘であれ、その人は如来の装身具で飾られていると知るべきであるからだ。

この法門を書写して、写本に作りなして肩に担う人は、如来を肩に担っているのである。その人が行くところは、どこであっても、その人は天上界と人間界の花や、末香、薫香、花環、塗香、焼香、衣、日傘、旗、幟、音楽、噛んで食べる堅い食べ物、噛まなくても食べられる軟らかい食べ物、飲食物、乗り物によって、また天上界の宝の山をもって、衆生から合掌され、尊重され、恭敬され、供養されるべきである。

その説法者は、尊敬され、供養されるべきであり、また天上界の宝の山がその説法者に捧げられるべきである。理由は何か？　その説法者が、たった一度だけでもこの法門を聞かせるならば、無量の衆生がそれを聞いて、速やかにこの上ない正しく完全な覚りにおいて完成されるからである。

この法門は受け容れ難く信じ難い

〝薬の王〟よ、私は多くの法門を既に説いたし、今も説いているし、また未来にも説くであろう。すべての法門のうちこの法門は、すべての人々にとって受け容れ難く、信じ難いものである。如来にとってこの法門は、己心中《こしんちゅう》の法として秘密にしているものので、如来の力によって保存されていて、かつて説かれたこともないのだ。この法門は、如来が存在している時でも、多くの人々によって謗《そし》られた。ましてや、如来の入滅後では、言うまでもないのだ。

また、良家の息子であれ、良家の娘たちであれ、如来の入滅後、この法門を信じ、読誦し、書写し、恭敬し、尊重し、そして他者のために説き聞かせるならば、その人たちは如来の衣で覆われていると知るべきである。

それらの人たちは、他の世界に住する如来たちによって見守られ、守護されるのである。個々に浄信の力、善い果報をもたらす立派な行ない（善根《ぜんこん》）の力、そして誓願の力が生じ、良家の息子であれ、良家の娘であれ、それらの人たちは如来と同じ精舎《しょうじゃ》に住むものとなるであろう。また、それらの人たちは、如来の手で頭をなでられるものとなるであろう。

この経に如来の身体が一揃いの全体をなして存在

ところで、〝薬の王〟よ、この法門が語られ、示され、書写され、書写されたものが写本となされて、独りで暗誦《あんしょう》したり、一緒に暗誦したりする地上のその場所において、宝石からなる広くて高くそびえる大いなる如来のチャイティヤ（塔廟、経塔）が造られるべきである。そのチャイティヤには必ずしも如来の遺骨が安置される必要はない。理由は何か？　この経には、如来の身体が一揃いの全体をなして存在しているからである。

この法門が語られ、示され、朗読され、暗誦され、書写され、書写されたものが写本となされて存在し続ける地上のその場所においては、ストゥーパに対する場合の称讃、尊敬、供養がなされるべきであり、あらゆる花や、末香、薫香、花環、塗香、焼香、衣、日傘、旗、幟、勝利の旗などによって、あらゆる歌や、音楽、舞踊、楽器、打楽器、合唱、合奏によって、供養がなされるべきである。

井戸掘りの譬えで覚りからの遠近を示す

しかるに、〝薬の王〟よ、その如来のチャイティヤを敬礼したり、供養したり、見たりする機会を得る衆生はすべて、この上ない正しく完全な覚りから近いところにいると知られるべきである。理由は何か？〝薬の王〟よ、在家と出家の多くの人たちが、菩薩としての修行を行なうけれども、これらの人たちは〔まだ〕この法門を見たり、聞いたり、書写したり、供養したりする機会を得ていないからだ。〝薬の王〟よ、この法門を聞かない間は、それらの人たちは菩薩としての修行において熟達していないのである。

しかるに、この法門を聞き、聞いて後に信順し、到達し、了解し、把握するならば、それらの人たちは、その時、この上ない正しく完全な覚りに近づいたものとなるであろう。それはちょうど誰かある人が、水を探しているようなものである。水を得るために堅い不毛の地（砂漠）において井戸を掘らせるとしよう。乾燥した白っぽい土が運び去られているのを見ている間、その人は『水はここから遠いところにある』と知るであろう。ところが、水分を含んだ土がぬかるみとなって、水滴をしたたらせて運び出されていたり、また、井戸を掘る人々の手足が泥のぬかるみで汚れているのを見る時、その人はその瑞相《ずいそう》を見て、『水はすぐ近くにある』と考えて、惑いもなくなるであろう。このように、菩薩たちは、この法門を聞かず、会得せず、理解せず、考察しない限り、この上ない正しく完全な覚りから遠くにいるのだ。

ところが、菩薩たちがこの法門を聞いて、会得し、受持し、読誦し、精通し、独りで暗誦し、考察し、修行する時、その菩薩たちはこの上ない正しく完全な覚りに近づいたものとなるであろう。衆生のこの上ない正しく完全な覚りは、この法門から生ずるのである。理由は何か？　この法門は、最高の深い意味を込めて語られたことを開示するものであり、偉大な人である菩薩たちの完成のために、正しく完全に覚った尊敬されるべき如来たちが、法を秘匿《ひとく》した理由が、ここに明言されているからである。

誰であれ、菩薩がこの法門に驚き、畏《おそ》れ、恐怖に陥るならば、その菩薩は、新たに菩薩のための乗り物で出発したもの（新発意《しんぼっち》）と知られるべきである。しかしながら、もしも声聞のための乗り物に属する人が、この法門に驚き、畏れ、恐怖に陥るならば、その人は声聞のための乗り物に属する増上慢《ぞうじょうまん》の人と知られるべきである。

如来滅後の実践規範としての衣座室の三軌

如来の入滅後、後の時代、後の情況において、誰であれ、この法門を四衆に説き示すならば、その菩薩は、如来の室《しつ》に入って、如来の衣《ころも》を着て、如来の座《ざ》に坐って説き示すべきである。

では、如来の室とは何か。一切衆生に対する慈悲という精舎《しょうじゃ》が如来の室である。良家の息子は、その如来の室に入るべきである。

また、如来の衣とは何か。偉大なる忍耐に対する喜びが如来の衣である。良家の息子、あるいは良家の娘は、その如来の衣を着るべきである。

また、如来の法座《ほうざ》とは何か。あらゆるものごと（一切法）が空《くう》であるということ（空性《くうしょう》）に悟入することが如来の法座である。良家の息子は、その如来の座に坐ってこの法門を四衆に説き示すべきである。

菩薩は、ひるむことのない心を持って、菩薩の群衆の面前で、菩薩のための乗り物によって出で立った四衆たちに対してこの法門を説き示すべきである。他の世界に住する私は、その良家の息子のために、化作《けさ》されたものたちを使って聴衆を近づかせるであろう。法を聴聞させるために、私は、化作されたものたちと、男性出家者・女性出家者・男性在家信者・女性在家信者たちを派遣するであろう。それらの人たちは、その説法者の言葉を拒まないであろうし、罵詈《めり》しないであろう。

また、もしもその人が荒野に行ったとするならば、そこにも私は、この人のために、多くの神々、龍、ヤクシャ、ガンダルヴァ、アスラ、ガルダ、キンナラ、マホーラガたちを法を聴聞させるために派遣するであろう。また、他の世界に住する私は、その良家の息子のために顔を現すであろう。

また、その人が独りで暗誦している時、この法門から諸々《もろもろ》の文句を忘れてしまっているならば、私は、それらの文句をその人のために口まねで反復させるであろう」

《良家の息子（善男子）・良家の娘（善女人）》「良家の息子」と訳したクラ・プトラは、「行ないが立派な男性」、「良家の娘」と訳したクラ・ドゥヒトリは、「行ないが立派な女性」を意味している。その意味を反映して「善男子」「善女人」と漢訳された。《ルドラ》インドの神話に登場する暴風神。

【解説】

前章で、二乗への未来成仏の予言（授記）というテーマが終わった。本章から釈尊《しやくそん》の滅後にだれが『法華経』を弘通《ぐつう》するのか、その資格の付与（付嘱《ふぞく》）がテーマとなり、釈尊の説法の対象が、声聞から菩薩に変わる。

それとともに、出家の男女と在家の男女である比丘《びく》・比丘尼《びくに》・優婆塞《うばそく》・優婆夷《うばい》の四《し》衆《しゆ》から「良家の息子」（善男子《ぜんなんし》）、「良家の娘」（善女人《ぜんによにん》）という表現への転換が図られる。最初期の仏教では、在家も出家も、男も女も等しく「仏弟子」と呼ばれていた。出家は「遍歴行者」（paribbāja）、在家は「家にいる人」（gahattha）と称するのみで、「聖なる智慧《ちえ》を具《そな》えた在家の仏弟子」という言葉があるように在家だからといって低く見られるようなことはなかった。

ところが、次第に出家者優位の考えが強くなるとともに、出家を比丘（bhikṣu、食べ物を乞う男性）と比丘尼（bhikṣunī、食べ物を乞う女性）、在家を優婆塞（upāsaka、そば近く仕える男性）と優婆夷（upāsikā、そば近く仕える女性）とする表現が多用されるようになった。いずれも仏教以外のバラモン教などで用いられていたものだ。これらの言葉は、在家は出家に仕えるものだと限定するもので、差別が歴然としている。

この章では、在世の仏教徒を「四衆」、滅後の仏教徒を「良家の息子／娘」（行ないの立派な男性／女性）と使い分けている。「良家の息子・良家の娘」とセットで呼ぶことで、①小乗仏教の出家と在家の差別を超え、②男女の差別も超えることができ、③原始仏教の「人の貴賤は行ないによって決まる」という言葉とも合致する――と一石三鳥の効果がある。

『法華経』を受持・読誦・解説・書写する「良家の息子たちと娘たちは、衆生を憐れむために、このジャンブー洲《しゅう》（閻浮提《えんぶだい》）の人間の中に再び生まれてきたものたち」だと釈尊は語る。さらには、「ブッダの国土への勝れた誕生も自発的に放棄して、衆生の幸福と、憐れみのために」、この法門を教示することを目的としてこの世に生まれてきた人たちだと説かれた。

その人たちのことを「如来の使者」「如来によってなされるべきことをなす人」「如来によって派遣された人」と呼んだ。

第九章までは、授記されて別世界の仏国土でブッダとなることが強調された。それは、小乗仏教の成仏観（燃燈仏《ねんとうぶつ》授記の物語）にとらわれている人たちの考え方に則って二乗の成仏を明かしたからだといえよう。本章では、他の仏国土に生まれることを自ら放棄して、人間の中に生まれてきた菩薩のサハー世界での振る舞いが語られ、その菩薩のことを「法師」と呼んでいる。

別世界に行ってブッダとなることよりも、人間の中に生まれて、この現実社会で「説法者（法師）としての菩薩」として、「如来のなすべきこと」を実行することこそ大切だと主張しているのだ。人間として、人間の中にあって、言葉（対話）によって利他行《りたぎょう》を貫くのが仏教の本来の在り方だということであろう。その行為自体に人格の完成としての〝成仏〟があるといえよう。

もう一つ本章で意図されていることは、ストゥーパ信仰から経典重視への転換であろう。『大パリニッバーナ経』（中村元訳『ブッダ最後の旅』）によると、釈尊は入滅を間近にして、「今でも」「私の死後にでも」「誰でも」と前置きして、「自らをたよりとし、他人をたよりとせず」「法をよりどころとし、他のものをよりどころとしない」ようにと戒め、そのようであるならば「最高の境地にある」と〝遺言〟していた。「自己」と「法」の重視を強調していたのだ。

ところが、仏滅後、釈尊を慕って遺骨をストゥーパ（仏塔）に安置して崇拝することが盛んになる。それは、釈尊の〝遺言〟であった「自己」と「法」をよりどころとすることからの逸脱である。その反省として『般若経《はんにゃきょう》』が経典重視を主張する。『法華経』も本章で、如来の身体はストゥーパの中ではなく、この経に「如来の身体が一揃いの全体をなして存在している」と述べ、「この法門を書写して、写本に作りなして肩に担う人は、如来を肩に担っている」として経典重視を強調している。

釈尊は、「法」を覚ったことでブッダ（目覚めた人）となった。その「法」は、釈尊の発明したものでも、専有物でもない。あらゆる人に開かれているし、その「法」は経典の中に記されている。我々も経典を通してその「法」と「自己」に目覚めれば、「目覚めた人」すなわちブッダである。ここに「釈尊」「法華経」「我々」がダイレクトに結ばれる。そこには、絶対者や特権階級の割り込むスキはない。これは、「法の下の平等」といえよう。

本章から、釈尊滅後の弘教をだれがやるのかということがテーマとなる。それには大変な困難さが伴う。如来の在世中にも多くの人々に誹《そし》られたが、入滅後はそれ以上であるとして、そのような状況下での実践規範（衣《え》座《ざ》室《しつ》の三軌《さんき》）が示される。「菩薩は、如来の室《しつ》に入って、如来の衣《ころも》を着て、如来の座《ざ》に坐ってこの法門を四衆に説き示すべきである」と。

「衣・食・住」が人間生活の基本として重要なものであるならば、「衣・座・室」は修行者にとって不可欠なものだ。その三つに当てはめて、『法華経』信奉者の実践規範が説かれた。すなわち、「如来の衣」として「忍耐に対する喜び」、「如来の座」として「あらゆるものごとが空《くう》だと覚って執着しないこと」、「如来の室」として「一切衆生に対する慈悲」である。

どんなに非難中傷されても、それにとらわれることなく、耐え忍び、慈悲の振る舞いを貫き通すということだ。滅後の弘教のモデルとして、衣座室の三軌を実践する菩薩が、第十九章で常不軽《じょうふきょう》菩薩として描かれる。

第十一章　見宝塔品（第十一）＝けんほうとうぼん

巨大なストゥーパの出現と説法の讃嘆

その時、地面から高さが五百ヨージャナ、周囲もその高さにふさわしい大きさの七宝でできたストゥーパ（宝塔）が出現し、宙に昇って空中に静止した。それは、見るも美しく、五千もの手すり（欄楯《らんじゅん》）で装飾され、幾千もの塔門があり、幾千もの幟《のぼり》と旗、幾千もの細長い布や鈴によって荘厳され、タマーラ樹の葉と栴檀《せんだん》の木の香りを放って、全世界がその香りで満たされた。

そのストゥーパの日傘の列は、金、銀、琉璃《るり》、琥珀《こはく》、瑪瑙《めのう》、赤真珠、水晶の七宝で造られていて、四天王の宮殿までも高くそびえていた。三十三天（忉利天《とうりてん》）の神々が、天上のマーンダーラヴァの花をそのストゥーパに注ぎかけた。すると、そのストゥーパの中から声が聞こえてきた。

「素晴らしいことです。素晴らしいことです。シャーキャムニ世尊《せそん》よ。あなたは、この〝白蓮華《びゃくれんげ》のように最も勝れた正しい教え〟（法華経）という法門を見事に説かれました。世尊よ、これはその通りです」

すると、四衆《ししゅ》たちは、その宝石造りの大いなるストゥーパが宙に浮いて空中に留まっているのを見て、歓喜と澄みきった思い（浄信）で心が満たされ、立ち上がって合掌《がっしょう》したままでいた。

多宝如来のストゥーパ出現の理由

その時、〞大いなる弁才を持つもの〞（大楽説《だいぎょうせつ》）という菩薩《ぼさつ》は、人々が不思議な思いを抱いているのを知り、世尊に尋ねた。

「世尊よ、このような宝石造りの大いなるストゥーパが出現する理由は何でしょうか？　ストゥーパの中から声を出されたのはどなたでしょうか？」

「〞大いなる弁才を持つもの〞よ、このストゥーパの中には、如来《にょらい》の身体が一揃《ひとそろ》いの全体をなして存在しており、これは、その如来のストゥーパなのだ。その如来が、声を放たれたのだ。

下の方向に無数の世界を通り過ぎると、〞宝石によって清められたところ〞（宝浄《ほうじょう》）という名前の世界がある。そこに〞多くの宝を持つもの〞（多宝《たほう》）という名前の如来がいた。その世尊の過去世における誓願は、次のことであった。

『私がかつて菩薩としての修行を行なっていた時、菩薩のための教えであるこの〞白蓮華のように最も勝れた正しい教え〞という法門を聞かなかった間は、覚りを完成することはなかった。けれども、〃白蓮華のように最も勝れた正しい教え〃という法門を聞いて、その後に、私はこの上ない正しく完全な覚りを完成したのである』

しかも、その如来は、入滅する時、次のように告げたのである。

『男性出家者たちよ、私の入滅後、私のために宝石造りの大いなるストゥーパを一つ造るべきである。さらに、私のために他の諸々《もろもろ》のストゥーパを造るべきである』と。

しかも、その如来の神通力による祈願は、次のことであった。

『私のこのストゥーパは、十方のあらゆる世界に存在して、ブッダの国土がどこであれ、この〃白蓮華のように最も勝れた正しい教え〃という法門が説き示されるならば、私の全身を安置したこのストゥーパは、それぞれのブッダの国土に出現するであろう。ブッダたちがそれぞれ、この〃白蓮華のように最も勝れた正しい教え〃という法門を説いている時、そのストゥーパは集会の群衆の真上の空中に留まるであろう。また、この法門を説いておられるブッダたちに対して、このストゥーパが、〈素晴らしいことです〉という感嘆の言葉を発するであろう』

〃大いなる弁才を持つもの〃よ、この〃白蓮華のように最も勝れた正しい教え〃という法門をこのサハー（娑婆《しゃば》）世界において、私（シャーキャムニ）が説いているので、その〃多くの宝を持つもの〃という如来の遺骨を安置したこのストゥーパが出現したのであり、集会の真上の空中に留まって、『素晴らしいことです』という感嘆の言葉を発したのである」

十方のブッダの国土で説法している如来の招集

すると、〝大いなる弁才を持つもの〟という菩薩は、世尊に次のように申し上げた。

「世尊よ、私たちは、世尊の威神力によってその如来の身体を拝見させていただきたいものです」

「〝大いなる弁才を持つもの〟よ、〝多くの宝を持つもの〟というその如来の誓願は、次のように重要なものであった。

『他の諸々のブッダの国土において、ブッダたちが、この〝白蓮華のように最も勝れた正しい教え〟という法門を説かれる時、この法門を聴聞するため、私の全身を安置したこのストゥーパは如来たちのもとへ赴くであろう。それらのブッダたちが、このストゥーパを開いて、私の全身を四衆に見せたいと願うならば、如来は、自分の身体から化作《けさ》した分身で、十方の諸々のブッダの国土において法を説いている分身たちのすべてを招集し、その後で、それらの分身たちとともにこのストゥーパを開いて、私の全身を四衆に示すべきである』

だから、私によって化作され、十方の諸々のブッダの国土で法を説いている分身の如来のすべてをここに連れてくるべきである」

「世尊よ、まず第一に、如来によって化作されたそれらの分身の如来たちを私は礼拝《らいはい》させていただきたい」

するとその時、世尊は、眉間《みけん》の巻毛の塊（白毫《びゃくごう》）から一条の光を放出された。それによって、直ちに東の方向の五百万・コーティ・ナユタもの多くの世界に住しておられるブッダたちのすべてが観察された。それぞれ美しく妙《たえ》なる声で法を説いておられ、幾百・千もの菩薩たちがそれらのブッダの国土に満ちていた。

東南の方向においても、南の方向、西南の方向、西の方向、西北の方向、北の方向、東北の方向、下の方向、上の方向においても同様であった。

その時、十方におけるそれらの如来たちは、各自の菩薩の群衆に語りかけられた。

「良家の息子たちよ、私たちは、〝多くの宝を持つもの〟という如来の遺身を安置したストゥーパを供養《くよう》するために、シャーキャムニ如来のサハー世界に行くべきであろう」

それらのブッダたちは、それぞれ侍者《じしゃ》を伴って二人連れや、三人連れで、このサハー世界にやって来られた。

その時、このサハー世界のすべては、宝樹で荘厳され、琉璃で造られ、七宝や黄金の網で覆われ、大きな宝の香料の香りで薫《くん》じられ、マーンダーラヴァの花が撒《ま》き散らされ、鈴のついた網で飾られ、八方に道が伸びるロータリーに黄金の糸が張られていて、村も、町、城市、国、王国、王城もなく、カーラ山（黒山）も、ムチリンダ山（目真隣陀山《もくしんりんだせん》）、チャクラヴァーダ山（鉄囲山《てっちせん》）、スメール山（須弥山《しゅみせん》）などの山もなく、そのほかの大きな山もなく、大きな海も、川も、大きな河川もなく、神々や人間、アスラの集団もなく、地獄も、畜生界も、ヤマの世界もないものに整然となされた。以上のように、その集会に集った人たちを除いて、サハー世界の六種の生存領域（六道）に生まれた衆生《しゅじょう》のすべては他の諸々の世界に移し置かれた。

すると、それらのブッダたちは、侍者を一人連れ、また二人連れてこのサハー世界に次々にやって来て、三千大千世界《さんぜんだいせんせかい》のあらゆる宝樹の根もとの師子座《ししざ》に近づき結跏趺《けっかふ》坐《ざ》して坐られた。

シャーキャムニ如来の分身の如来たちの招集

こうして、三千大千世界は、如来で満たされたが、シャーキャムニ如来の分身の如来たちは、未だに一つの方角からでさえも、誰も来ておられなかった。

そこでさらに、シャーキャムニ如来は、次々にやって来る分身の如来たちが坐るための場所を確保された。シャーキャムニ如来は、八つの方角のすべてにおける二百万・コーティ・ナユタものブッダの国土のすべてを、村も、町、城市、国、王国、王城もなく、カーラ山も、ムチリンダ山、チャクラヴァーダ山、スメール山などの山もなく、そのほかの大きな山もなく、大きな海も、川も、大きな河川もなく、神々や、人間、アスラの集団もなく、地獄も、畜生界も、ヤマの世界もないものに整然となされた。

また、シャーキャムニ如来は、それらのブッダの国土のすべてを平坦《へいたん》で、喜びに満ちて、七宝づくりの樹木で飾られたただ一つのブッダの国土、ただ一つの大地に整然となされた。それらの宝樹には、五百ヨージャナの高さと幅があり、枝や、葉、花、果実を規則正しくつけていた。すべての宝樹の根もとには、宝石で造られた見るも美しい五ヨージャナの高さと幅を持つ師子座が設けられていた。その師子座に、分身の如来たちが次々とやって来て結跏趺坐して坐られた。このようにして、シャーキャムニ如来は、一つひとつの方角の二百万・コーティ・ナユタの世界も完全に清められた。

それらの次々とやって来た如来たちが坐るための場所を確保するために、シャーキャムニ如来は、一つひとつの方角のそれらの二百万・コーティ・ナユタの世界もまた、村も、町、城市、国、王国、王城もなく、カーラ山も、ムチリンダ山、チャクラヴァーダ山、スメール山などの山もなく、そのほかの大きな山もなく、大きな海も、川も、大きな河川もなく、神々や、人間、アスラの集団もなく、地獄も、畜生界も、ヤマの世界もないものに整然となされた。また、すべての衆生は、諸々の他の世界に移し置かれた。

それらのブッダの国土もまた、琉璃で造られ、七宝や黄金の網で覆われ、鈴のついた網で飾られ、マーンダーラヴァの花が撒き散らされ、天上の日傘が差し掛けられ、天上の花の環《わ》が垂れ下がり、天上の香料の香りで薫《くん》じられ、宝樹で飾られていた。すべての宝樹は、五百ヨージャナの高さを持ち、その根もとには五ヨージャナの高さの師子座が化作され、それらの如来たちは、その師子座に結跏趺坐して坐られた。

さらにまたその時、シャーキャムニ世尊によって化作され、東の方角の幾百・千・コーティ・ナユタものブッダの国土において法を説き示していた如来たちのすべてが、サハー世界に共々にやって来られた。さらに十方から分身の如来たちがやって来て、八方に坐られた。一つひとつの方角にある三百万・コーティもの世界は、それらの如来たちによって遍《あまね》く占められた。

扉を開くと多宝如来の姿が出現

そこで、それらの如来たちは、師子座に坐り、それぞれ侍者たちに宝石の花の房を与えて、次のように言われた。

「あなたたちは、霊鷲山《りょうじゅせん》（グリドラクータ山）に行って、シャーキャムニ如来に敬意を表して後に、安穏に過ごしていらっしゃるかを尋ねるがよい。また、この宝石を振り撒き、『〔我が〕如来は、このストゥーパの扉を開くことを確かに承諾されました』

と言うがよい」

　このように、それらのすべての如来たちは、それぞれ自分の侍者たちをシャーキャムニ世尊のもとへと派遣された。

　するとその時、シャーキャムニ如来は、自分の分身の如来たちが残らず集合し、師子座に坐り、その侍者たちが派遣されてやって来て、如来たちが宝塔の扉を開くことについて承諾すると告げたことを知ると、法座から立ち上がり、上方の空中に留まられた。すべての四衆は、立ち上がって合掌し、世尊を仰ぎ見つつ不動のままでいた。

　すると世尊は、あたかも、大きな都城の入口にある半球形をした大きな両扉が、閂《かんぬき》をはずされて拡げられるように、宝石造りの大いなるストゥーパの真ん中を右手の指で開いて中を現された。すると、〝多くの宝を持つもの〟という如来の姿が現れた。その如来は、身体は干からびきっているが、全身が完全にそろっていて、結跏趺坐して師子座に坐り、三昧《さんまい》に入っておられるかのようであった。そして、その如来は、次の言葉をおっしゃられた。

「素晴らしいことです。素晴らしいことです。シャーキャムニ世尊よ。あなたは、この〝白蓮華のように最も勝れた正しい教え〟という法門を巧みに説かれました。あなたは、実に素晴らしい。私は、この〝白蓮華のように最も勝れた正しい教え〟という法門を聴聞するためにやってまいりました」

すると、それらの四衆たちは、その〝多くの宝を持つもの〟という如来が、入滅されて幾百・千・コーティ・ナユタもの多くの劫《こう》が経過しているにもかかわらず、そのように今、語られたのを見て、不思議で驚くべき思いに満たされた。そして、その〝多くの宝を持つもの〟という如来と、シャーキャムニ如来に、天上界と人間界の多量の宝石を振り撒いた。

滅後の弘教をテーマに虚空会の儀式が開幕

すると、〝多くの宝を持つもの〟という如来が、シャーキャムニ如来に師子座の半分を与えて言った。

「シャーキャムニ如来は、ここにお坐りになってください」

そこで、シャーキャムニ如来は、その座席の半分に坐り、二人の如来が、そのストゥーパの中央の師子座に並んで坐って、上方の空中に留まっているのが観察された。

その時、それらの四衆たちに次の思いが生じた。

「私たちは、二人の如来から遠く隔てられている。私たちもまた、シャーキャムニ如来の威神力によって空中に昇りたいものだ」

シャーキャムニ如来は、四衆たちが念じていることをお知りになって、神通力によって四衆たちを空中に住せしめ、四衆たちに語りかけられた。

「男性出家者たちよ、あなたたちの中の誰が、このサハー世界においてこの〝白蓮華のように最も勝れた正しい教え〟という法門を説き示すことに耐えられるであろうか？　如来の私が、あなたたちと向かい合って今ここにいる。これがその時である。これがその好機である。男性出家者たちよ、この法門を付嘱して後に、私は、完全なる滅度に入ることを欲しているのだ」

六難九易を挙げ滅後の弘教の困難さを強調

そこで、世尊は次の詩（偈《げ》）を述べられた。〔初めに、これまで述べてきたことが詩によって簡略に繰り返され、その後、釈尊《しやくそん》滅後におけるこの経を護持することの困難さが、以下の「六難九易《ろくなんくい》」として語られる〕

「誰かある人が、ガンジス河の砂の数のように幾千もの数多くの経典を説き明かすとしても、それは困難なことではない。スメール山を片手でつかみ、幾コーティもの国土に放り投げるとしても、それは困難なことではない。三千大千世界を足の親指一本で震動させ、幾コーティもの国土に蹴《け》りとばすとしても、それは困難なことではない。世界の最上部である有頂天《うちようてん》に立って、幾千もの経典について法を説くとしても、それは困難なことではない。しかしながら、ブッダの入滅後、極めて恐ろしい後の時代にこの経を受持し、語るならば、それは極めて困難なことである。

すべての虚空界《こくうかい》を手の中に握りしめて歩き回るとしても、それは困難なことではない。しかるに、私の入滅後、極めて恐ろしい後の時代において、この経を書写でさえもするならば、これは困難なことである。大地の要素のすべてを爪の上に載せたまま歩き回り、ブラフマー神の世界にまでも赴くということをなしても、それは、困難なことではなく、大したことではないのだ。それに対して、私の入滅後、極めて恐ろしい後の時代において、この経を瞬時の間でも説くならば、その人のほうが、さらに困難なことをなしているのである。世界が劫火《ごうか》*で焼き尽くされている時、その中を歩いて火に焼かれることなく乾草《ほしくさ》の荷を運ぶとしても、これは困難なことではない。それに対して、私の入滅後、この経を受持して、一人の人にでさえも聞かせる人のほうが、さらに困難なことをなしているのである。八万四千の法の集大成（法蔵《ほうぞう》）、およびそれらの法についての解釈を受持し、教えられた通りのことを幾コーティもの衆生に説き示し、教導して、私の弟子（声聞《しょうもん》）たちを五神通を持つものに至らせるとしても、これは決して困難なことではない。それに対して、この経を受持し、信順し、繰り返して説くならば、これはさらに困難なことである。幾千・コーティもの多くの六神通をそなえた極めて著名な人々を、阿羅漢《あらかん》の位に立たせるとしても、私が滅度した後で、私の最も勝れた経を受持する人のほうが、それよりもさらに多くのなしがたいことをなしているのである。

滅後の弘教の呼びかけ

ブッダの智慧《ちえ》のために、私は幾千もの世界において多くの法を説いたし、今もまた説いている。しかも、この経典は一切経の中で最も勝れたものであると言われていて、この経を受持する人は、勝利者の身体を受持することになるであろう。さあ、良家の息子たちよ、あなたたちの面前に如来がおられる。あなたたちの中で、極めて恐ろしい後の時代にこの経を受持することに耐えるものは、誓いの言葉を語るがよい。受持し難いこの経を一瞬でも受持する人は、世間の保護者たちのために偉大なる行為をなしているのである。その人は、常に世間の保護者たちによって称讃されており、誇りある英雄であり、速やかに神通を得て、覚りを得るであろう。

この経を受持する人は、〔衣食住についての貪りや欲望を払い捨てて清浄に修行に励む〕頭陀行《ずだぎょう》を実践する人であり、世間の保護者の嫡出子《ちゃくしゅつし》であって、心を調伏《じょうぶく》した境地（淳善地《じゅんぜんじ》）に到達しているのである。人間の指導者の入滅後、この経を説き示すならば、その人は世間において眼を生じたものとなるのである。如来が滅度した後の時代において、一瞬の間だけでもこの経を説き示す人は、あらゆる衆生にとって賢者であり、あらゆる衆生から称讃されるべきである」

《下の方向》鳩摩羅什訳では「東方」となっている。**《菩薩のための教え》**第三章　譬喩品の解説を参照。**《劫火》**世界を焼き尽くしてしまう大火のこと。仏教の宇宙観では、世界が成立し（成《じょう》）、存続し（住《じゅう》）、破壊され（壊《え》）、消滅する（空《くう》）という四つの期間（四劫《しこう》）を繰り返し、その三番目の世界が壊滅する時に起こるとされる。

【解説】

第十一章に入ると、いきなり地の下から高さ五百ヨージャナ（七千五百キロメートル）の七宝でできたストゥーパ（宝塔）が出現して空中に立ち、中から「素晴らしいことです。素晴らしいことです。シャーキャムニ世尊よ。あなたは、この〝白蓮華《びゃくれんげ》のように最も勝れた正しい教え〟という法門を見事に説かれました。世尊よ、これはその通りです」と賛嘆する声が聞こえてきた。

その声を発したのは、下方（鳩摩羅什訳では東方）の世界からやって来た多宝（多くの宝を持つもの）如来であった。『法華経』を讃嘆したのは、その如来が入滅する時、

『法華経』が説かれる所に必ず出現して讃嘆するという誓願を立てていたからだという。
『法華経』が編纂された頃は、ストゥーパ信仰が広く普及していた。それに対して『法華経』は経典重視に転換することを目指している。そのために巨大なストゥーパを登場させて、釈尊の説いている『法華経』を讃嘆させたのであろう。

その宝塔の扉を開くに当たり、釈尊の分身の諸仏を十方からすべて集合させた。第七章でも見られたように、十方に散在する諸仏を釈尊に統一する意図が見られる。

空中にのぼった釈尊は扉を開き、多宝如来の提供する半座に座る（二仏並座《にぶつびょうざ》）。過去仏と現在仏の並座であり、さらに第十四章では未来に弘通する使命を託される地涌《じゆ》の菩薩も列席し、三世十方（過去・未来・現在、および全空間）の諸仏・菩薩が一堂に会して儀式が展開される。

こうして地上の霊鷲山から、空中の虚空《こくう》へと舞台が移される。虚空は、時空を超越し、二元的対立を超えた世界である。このような場面設定のもとで、「釈尊滅後の弘教の付嘱」をテーマに説法が始まる。そこで釈尊は、六つの困難なことと九つの容易なこと（六難九易《ろくなんくい》）を説いて滅後の弘教の困難さを明かす。

容易なこととして、①ガンジス河の砂の数ほどの経典を説くこと、②スメール山を片手でつかみ、放り投げること、③三千大千世界を足の指一本で蹴り飛ばすこと、④

世界が劫火で焼き尽くされる時、焼かれることなく乾草を背負って歩くこと——などで、物理的に困難なものだが、科学技術で何とかなりそうなものばかりだ。それに対して、困難なこととして挙げられているのは、滅後にこの経を受持し、語り、書写し、一人にでも聞かせること——などで、科学技術の進展の問題ではなく、人間の在り方、生き方、思想的営みの問題である。

また、『法華経』の『法華経』たるゆえんは、あらゆる人が平等に成仏《じょうぶつ》できることを説くことであった。この一点を明言しなければ『法華経』とは言えない。それは、カースト制度の身分差別が著しい当時のインド社会では、極めて危険を伴うことであった。だからこそ、滅後にこの『法華経』を弘通することは極めて困難なことだと強調したのであろう。

第十一章　見宝塔品（提婆達多品第十二）＝だいばだったぼん

法華経を聞くために奴隷となった王

その時、世尊《せそん》は、菩薩《ぼさつ》の群衆と人々に語りかけられた。

「男性出家者たちよ、私は、過去の世において多くの劫《こう》にわたって〝白蓮華《びゃくれんげ》のように最も勝れた正しい教え〟（法華経）という経を探し求めて、倦《う》むことがなかった。私は多くの劫にわたって王であったが、この上ない正しく完全な覚りへ向けて誓願をなして、退転することはなかった。

私は、六種類の完成（六波羅蜜《ろくはらみつ》）の成就のために勤勉であったし、無量の布施《ふせ》をなした。金、銀、宝石類や、村や、町、王国、王城、さらには妻子、召使い、象、馬、車、さらには自分の身体、さらには生命をも与えるものであった。しかも、私に執着心が生ずることはなかった。

私は、世俗的な欲望のためではなく、法のために王位に就いていた。私は、最年長の王子を王位に就かせると、最も卓越した法を求めて奮励し、鐘を鳴らして宣言した。

『私は、最も卓越した法を私に与え、その意味を示してくれる人の奴隷になって仕えよう』

その時、一人の仙人がいて、私に告げた。

『大王よ、最も卓越した法についての教説で、〝白蓮華のように最も勝れた正しい教え〟という名前の経がある。もしもあなたが、私のために奴隷の仕事をすることを承諾するならば、私はあなたにその法を聞かせよう』

私は、その言葉を聞いて喜び、その仙人に近づいて申し上げた。

『あなたのために奴隷のなすべき仕事を私がなしましょう』

私は、草や、木、飲み水、球根、根、果実などを採取する仕事をなし、門番の仕事でさえもやった。昼間はこのような仕事をして、夜は寝ている仙人の寝台〔となり、そ〕の脚《あし》の代わりを私は担ったのだ。それでも私には、身も心も疲れるようなことはなかった。こうして千年が過ぎ去った。

男性出家者たちよ、その時その情況で、誰か別の人が、その王であったと決して見なすべきではない。私こそが、その王であったからだ。

デーヴァダッタこそが私の善き友

さらに、誰か別の人が、その仙人であったと決して見なすべきではない。このデーヴァダッタ（提婆《だいば》達多《だった》＊）こそが、その仙人であったからだ。

男性出家者たちよ、デーヴァダッタこそが私の善き友（善知識《ぜんちしき》）なのだ。デーヴァダッタのおかげで、私は、六種類の完成（六波羅蜜《ろくはらみつ》）や、偉大なる慈しみ（慈《じ》）、偉大なる憐れみ（悲《ひ》）、偉大なる喜び（喜《き》）、偏見・差別を捨てて衆生を利する偉大なる平等性（捨《しゃ》）〔からなる四梵住《しぼんじゅう》〕も、偉大な人が具《そな》える三十二種類の身体的特徴（三十二相《さんじゅうにそう》）、八十種類の副次的な身体的特徴（八十種好《はちじっしゅごう》）、金色《こんじき》の皮膚を持つこと、ブッダに具わる十種の力（十力《じゅうりき》）、説法における四つの畏《おそ》れなきこと（四無畏《しむい》）、人々を包容して救うための四つの事柄（四摂事《ししょうじ》）、ブッダに具わる十八種類の特別の性質（十八不《じゅうはちふ》共仏法《ぐうぶっぽう》）、大いなる神通の力を持つこと、十方の衆生を救うこと――それらを完全に成し遂げたのである。そのすべては、デーヴァダッタのおかげなのだ。

デーヴァダッタへの未来成仏の予言

このデーヴァダッタは、未来の世において無量の劫を経て、〝天への階段〟（天道《てんどう》）という世界において〝神々の王〟（天王《てんのう》）という名前の如来《にょらい》となるであろう。その寿命は二十中劫にわたり、その如来は詳細に法を説くであろう。そして、ガンジス河の砂の数に等しい多くの衆生は、あらゆる煩悩《ぼんのう》を断って、阿羅漢《あらかん》の位に到るであろう。また、多くの衆生は、各自の覚りである独覚果《どっかくか》に向けて心を発《おこ》すであろう。また、この上ない正しく完全な覚りに向けて心を発し、不退転の忍耐を得るであろう。

しかも、その如来の入滅後、その正しい教え（正法《しょうほう》）は二十中劫にわたって存続するであろう。その如来の一揃《ひとそろ》いの全体をなす遺身は七宝で造られたストゥーパに納められて、すべての神々や人間たちが、花や、薫香《くんこう》、花環《はなわ》、焼香《しょうこう》、衣、日傘、旗、幟《のぼり》などによって供養《くよう》を行ない、詩や歌によって称讃するであろう。

そのストゥーパを右回りにめぐって敬礼する人たちは、ある人たちは阿羅漢の位に到り、ある人たちは独覚の覚りに達し、無量の神々や人間たちは、この上ない正しく完全な覚りへ向けて心を発して、退くことはないであろう」

さらに、世尊は男性出家者たちの集団に語りかけられた。

「男性出家者たちよ、未来の世において、〃白蓮華のように最も勝れた正しい教え〃という経典の中のこの章を聞いて、疑わず、清らかな心を持って信順する人は誰であっても、三つの悪しき境遇（三悪趣《さんなくしゅ》）への門を閉ざして、地獄《じごく》や、畜生界《ちくしょうかい》、ヤマの世界（餓鬼界《がきかい》）へ生まれ堕《お》ちることはないであろう。十方にあるブッダの国土に生まれ、誕生のたびごとにこの〃白蓮華のように最も勝れた正しい教え〃という経を聞くであろう。また神々や人間の世界に生まれて卓越した地位を獲得し、ブッダの国土において如来の面前で七宝づくりの紅蓮華《ぐれんげ》の中に生まれるであろう」

龍宮から戻ってきた文殊師利菩薩

その時、下方にある〝多くの宝を持つもの〟という如来のブッダの国土から来ていた〝智慧《ちえ》の集積を持つもの〟（智積《ちしやく》）という菩薩が、〝多くの宝を持つもの〟（多宝）という如来に申し上げた。

「世尊よ、私たちのブッダの国土へ帰りましょう」

すると、シャーキャムニ如来は、〝智慧の集積を持つもの〟という菩薩におっしゃられた。

「良家の息子よ、私の菩薩であるマンジュシリー（文殊師利《もんじゆしり》）法王子と法について議論をなした後で帰ることにして、しばらく待つがよい」

すると、マンジュシリー法王子が、車の輪の大きさの千枚の花弁を持つ紅蓮華《ぐれんげ》の中に坐って、大勢の菩薩に囲まれ、大海のサーガラ（娑竭羅《しやから》）龍王の宮殿から空中に上昇し、虚空《こくう》を通って、霊鷲山《りようじゆせん》（グリドラクータ山）におられる世尊のところに近づいた。

マンジュシリー法王子は、紅蓮華から下りて、シャーキャムニ世尊と、〝多くの宝を持つもの〟という如来のそれぞれの両足を頭におしいただいて挨拶《あいさつ》し、〝智慧の集積を持つもの〟という菩薩に近づき、親交と喜びの言葉を交わして一隅《いちぐう》に坐った。

大海の中で説いていたのは法華経

するとʺ智慧の集積を持つものʺという菩薩は、マンジュシリー法王子に尋ねた。

「マンジュシリーよ、あなたは、大海の中でどれほど多くの衆生を教化《きょうけ》されたのでしょうか？」

マンジュシリーが答えた。

「私は無量の衆生を教化した。良家の息子よ、その瑞相《ずいそう》を見るまで、しばらく待つがよい」

すると、直ちに何千もの多くの紅蓮華が、大海の中から空中へと上昇した。何千もの多くの菩薩が、それらの紅蓮華の中に坐って、虚空を通って霊鷲山に近づき、その上空に留まった。

その菩薩たちは、すべてマンジュシリー法王子によって、教化されたのである。その菩薩たちは、大いなる乗り物（大乗）の諸々《もろもろ》の功徳と、六種類の完成を称讃した。かつて、声聞《しょうもん》であった菩薩たちは、声聞のための乗り物を称讃した。その菩薩たちのすべては、あらゆるものごとが空《くう》であるということについても、大いなる乗り物の諸々の功徳についても同じ意見を持っていた。

そこで、マンジュシリー法王子が、ʺ智慧の集積を持つものʺという菩薩に言った。

「衆生に対するこの教化はすべて、私が大海の中で行なった。その結果がこれなのだ」

〝智慧の集積を持つもの〟という菩薩は、詩によってマンジュシリー法王子に質問した。

「無数の衆生を、あなたは化導《けどう》されました。この威光は、何によるのでしょうか？　それらの人たちが聞いて発心《ほっしん》し、確実に一切智へと渡りうる浅瀬を獲得したのは、どのような法や、経を説かれたのでしょうか？」

マンジュシリー菩薩が言った。

「大海の中で私は、〝白蓮華のように最も勝れた正しい教え〟という経を説いたのであり、他の経を説いたのではない」

八歳の龍女の正しく完全な覚り

〝智慧の集積を持つもの〟という菩薩が言った。

「この経は深遠で、微妙であり、この経に匹敵する経典は決して他にありません。この経を理解し、この上ない正しく完全な覚りを覚ることのできる衆生がいるのでしょうか？」

マンジュシリー菩薩が言った。

「サーガラ龍王の娘（龍女《りゅうにょ》）がいるのだ。その娘は八歳で、大いなる智慧をそなえ、研ぎ澄まされた能力を持ち、智に基づいた身体と言葉と心の行ない（身口意《しんくい》の三業《さんごう》）を具えており、如来が説かれた象徴的表現の意味を会得《えとく》し、ダーラニーを得ており、あらゆる事物や衆生に対して精神集中する幾千もの三昧《さんまい》を一瞬にして獲得しているのだ。

サーガラ龍王の娘は、覚りを求める心において不退転であり、広大なる誓願を持ち、一切衆生に対して自分のことのように愛情を抱いており、徳を欠いていることはないのだ。顔に微笑《ほほえ》みを浮かべ、青蓮華のように美しい容色をそなえ、慈愛に満ちた心を持ち、慈しみの言葉を語るのだ。そのサーガラ龍王の娘は、正しく完全な覚りを得ることができるのだ」

小乗的女性観に執するシャーリプトラらの非難

〝智慧の集積を持つもの〟という菩薩が言った。

「私が見るに、シャーキャムニ如来は、幾千という多くの劫にわたって菩薩であり、覚りを求める意志が強く、多くの善行をなし、いかなる時にも決して努力精進《しょうじん》を緩められませんでした。三千大千世界《さんぜんだいせんせかい》において、このシャーキャムニ如来が衆生の幸福のために身を投じなかった場所は、芥子《けし》の実ほどもありません。シャーキャムニ如来は、このように努力精進して、覚りを得られたのです。

それに比べて、サーガラ龍王の娘が、一瞬のうちに覚りを得ることができるということを、誰が信ずるでしょうか？」

その時、サーガラ龍王の娘が現れ、世尊の両足を頭におしいただいて挨拶《あいさつ》し、一隅に立って次の詩を述べた。

「私にとって完全なる覚りは思うがままで、その際、私の証人は如来であります。

私は、衆生を苦しみから解き放つ広大な法を説きましょう」

すると、尊者シャーリプトラ（舎利弗《しゃりほつ》）がサーガラ龍王の娘に言った。

「良家の娘よ、あなたが、覚りのために全き心を発し、退転することなく、無量の智慧を具えているとしても、それでも正しく完全に覚った位は得難いのである。良家の娘よ、女性は、努力精進をゆるがせにしないで、幾百、幾千もの多くの劫にわたって諸々の善行をなし、六種類の完成を成就したとしても、今日までブッダの位に達したことはないのだ。理由は何か？　女性は、今日まで五つの位に到達したことはないからだ。五つとは、第一はブラフマー神（梵天）の位、第二はインドラ神（帝釈天《たいしやくてん》）の位、第三は大王の位、第四は転輪王《てんりんのう》の位、第五は不退転の菩薩の位*である」

シャーリプトラらを沈黙させた龍女の成仏

その時、サーガラ龍王の娘は、その価値が三千大千世界に匹敵する一つの宝石を所有していて、世尊にその宝石を差し上げた。世尊は、憐愍《れんびん》の思いの故にそれを受け取られた。そこで、〝智慧の集積を持つもの〟という菩薩と、尊者シャーリプトラに言った。

「私が世尊に差し上げたこの宝石を、世尊は速やかに受け取られましたか？」

「あなたは、速やかに差し上げたし、世尊も、速やかに受け取られた」

「大徳シャーリプトラよ、もしも私に卓越した神力があるならば、それよりさらに速やかに私は覚りを得ることでありましょう。しかしながら、それは、この宝石を受け取る人に卓越した神力があるからではありません」

すると、一切世間の人々と、長老シャーリプトラの眼の前で、女性の性器がなくなり、男性の性器が現れ、サーガラ龍王の娘は、自ら真の菩薩であることを示して見せた。そして、南方のヴィマラー（無垢《むく》）という世界に行き、七宝からなる菩提樹《ぼだいじゅ》の根もとに坐って自ら完全な覚りを開き、三十二種類の勝れた身体的特徴と、八十種類の副次的な身体的特徴のすべてを身に具え、光明《こうみょう》によって十方を照らして説法している姿を示した。

サハー世界にいる衆生はすべて、その如来が、神々や、龍、ヤクシャ、ガンダルヴァ、アスラ、ガルダ、キンナラ、人間、人間以外のものたちのすべてによって敬礼されながら、説法しているのを見た。

また、その説法を聞いた衆生のすべてが、この上ない正しく完全な覚りにおいて不退転となった。そして、そのヴィマラー世界と、このサハー世界は、六種類に震動した。シャーキャムニ世尊の集会にいた三千の衆生は、何ものも生ずることはないという真理を認める知（無生法忍《むしょうほうにん》）を得たし、未来成仏《じょうぶつ》の予言を得た。するると、〝智慧の集積を持つもの〟という偉大な人である菩薩と、尊者シャーリプトラは沈黙してしまった。

《デーヴァダッタ（提婆達多）》デーヴァダッタは、釈尊《しゃくそん》の従弟《いとこ》で、小乗仏教と貶称《へんしょう》された説一切有部などにおいて極悪人とされた。教団の在り方をめぐる五項目に関して釈尊と対立し、デーヴァダッタが独立した教団を作ったということは歴史的事実であろうが、彼を悪人とする傾向は時代を経るに従って著しくなっていった。それは教団維持のエゴイズムに基づくものであり、一種の近親憎悪であると中村元博士は見ておられる。**《第三は大王の位……第五は不退転の菩薩の位》**この箇所は、鳩摩羅什訳では「三には魔王……五には仏身なり」となっている。

【解説】
この提婆《だいば》達多《だった》品《ぼん》は、デーヴァダッタ（提婆達多）の成仏（悪人成仏）と龍女《りゅうにょ》の成仏

（女人成仏）を説くものとして、「皆成仏道《かいじょうぶつどう》」を説く『法華経』の思想を補完するものとして後世に付け足された。挿入する箇所として、勧持品の女性への授記の場面の直近を選んだのであろう。

この章は、ファルハード・ベークで発見された写本と、当初の鳩摩羅什訳（四〇九年）には欠落していた。「ケルン・南条本」、竺法護《じくほうご》訳（二八六年）等では宝塔品の後半部分になっている。カシュガル本には第十二章として独立して入っている。現今の『妙法蓮華経』には、鳩摩羅什訳から百年ほどして第十二として追加されている。

デーヴァダッタを極悪人とする傾向は、説一切有部などが有力であった西北インドにおいて顕著であった。中村元著『原始仏教の成立』（中村元選集決定版、第一四巻）によると、当初は「怠けもので如来を悩ませた」という程度だったが、次第にエスカレートし、①アジャータシャトル（阿闍世《あじゃせ》）をそそのかして父のビンビサーラ（頻婆娑羅《びんばしゃら》）王を殺害させた、②釈尊の妃ヤショーダラーを襲い辱めようとした（説一切有部の所伝）、③釈尊は結婚の際の恋敵《こいがたき》であった、④象を放ち釈尊を殺そうとした、⑤五逆罪を犯した――などといった伝説が多く語られるようになった。

けれども、『沙門果経《しゃもんかきょう》』などの古い聖典ではアジャータシャトルの父王殺害は、デーヴァダッタとは無関係に記述されている。デーヴァダッタは、釈尊やヤショーダラーより三十歳も年下で、二人が結婚する時点では生まれていないので、恋敵になれるわけがない。象をけしかけた話は、説一切有部の『十誦律《じゆうじゆりつ》』や、『増壱阿含経《ぞういつあごんきよう》』などに出てくるが、法蔵部の『四分律《しぶんりつ》』には出てこない。五逆罪は、『増壱阿含経』に出てくるが、他の諸伝説には見られない。従って、デーヴァダッタを極悪人とする傾向は、説一切有部などが有力であった西北インドにおいて顕著であった。

デーヴァダッタが教団を分裂させたことは事実のようだが、多くの誇張した表現がなされて極悪人とされた。『法華経』では、そのデーヴァダッタが過去世において釈尊の師であったとして、釈尊は「デーヴァダッタこそが私の善き友（善知識《ぜんちしき》）なのだ」と語って授記した。こうして、デーヴァダッタの名誉回復を図った。

これに続けて龍女の成仏が明かされる。龍女は「八歳」で「畜身」の「女性」というトリプルのマイナス条件を持つ。バラモン教徒の規範を定めた『ナーラダ法典』で八歳以下は、胎児扱いであったのだ。

サーガラ龍王の宮殿（龍宮）から戻ったマンジュシリー菩薩は、龍宮で、多くの衆生を『法華経』によって教化したことを話す。その代表として八歳の龍女のことを紹介する。「その娘は八歳で、大いなる智慧をそなえ、研ぎ澄まされた能力を持ち、〔中略〕覚りを求める心において不退転であり、広大なる誓願を持ち、一切衆生に対して自分のことのように愛情を抱いており、〔中略〕正しく完全な覚りを得ることができる」と。

それに対して、権威主義的小乗仏教の女性観・成仏観に固執する智積《ちしゃく》菩薩とシャーリプトラが難癖をつけた。どんなに優秀であっても女性であること自体でブッダになれないと。しかも、女性は不退転の菩薩（ブッダ）などの五つにはなることができない（五障）と主張した。女性も覚れるとするマンジュシリーと龍女、覚れないとする智積とシャーリプトラ。このままでは平行線をたどって水掛け論になるしかない。そこで龍女は、「それではあなたたちが信じているやり方で成仏してみせましょう」と言わんばかりに、男性に変じて成仏し、多くの大衆に説法して歓喜させる場面を見せつけた。

一九九〇年代に入って、「『法華経』は女性差別の経典だ」とする出版が相次いだ。その中で、龍女が「変成男子《へんじょうなんし》」して成仏するとあることについて、女性の性を否定するものだと批判された。しかし、その批判は話の前後関係を理解せずになされたものである。龍女は、小乗仏教の女性観と成仏観に固執しているシャーリプトラたちがなかなか信じないために、彼らを説得するために男になって成仏してみせた。「変成男子」は、女性の成仏に必要不可欠の条件ではなく、あくまでも説得の手段であった。だから、本章は、「智積菩薩とシャーリプトラは沈黙してしまった」で話が終わる。

二人は、もはや何も言えなくなったということだ。

また、女性差別の著しかったインドにおいて、女性が女性のままで成仏できるとすることは危険なことであった。バラモン教の原理主義者たちからは命に及ぶほどの危険が予想された。だから、いったん男になってという妥協的な表現をとったともいえる。

釈尊在世中の女性出家者の手記詩集である拙訳『テーリー・ガーター——尼僧たちのいのちの讃歌』(角川選書)には、「私は覚りました」「ブッダの教えをなし遂げました」「私は解脱《げだつ》しました」と口々に語り、出家して七日目に覚りを得た女性も出てくる。仏教は、本来女性を差別していなかったのである。

第十二章　勧持品（第十三）＝かんじぼん

相次ぐ娑婆世界以外での弘教の申し出

その時、二百万人の菩薩《ぼさつ》を侍者《じしゃ》とする〝薬の王〟（薬王）と〝大いなる弁才を持つもの〟（大楽説《だいぎょうせつ》）という菩薩が、世尊《せそん》の面前で申し上げた。

「世尊は、滅後の弘通《ぐつう》について心配しないでください。如来《にょらい》の入滅後、私たちが、この法門を衆生《しゅじょう》に説き示しましょう。世尊よ、その恐るべき後の時代において衆生は悪意があり、善い果報をもたらす立派な行ない（善根《ぜんこん》）が乏しく傲慢《ごうまん》で、利得と称讃を得ることに執着していて、善くない果報をもたらす行為（不善根《ふぜんこん》）をなし、制御し難く、信順の志が乏しいでありましょう。けれども、私たちは忍耐の力を現して、この経を解説《げせつ》し、受持《じゅじ》し、説き示し、書写し、尊重し、讃嘆し、供養《くよう》するでありましょう。そして、私たちの身体と生命をなげうって、この経を説き明かしましょう。だから、世尊は、心配しないでください」

さらに、その集会の中のまだ学ぶべきことのある有学《うがく》と、もはや学ぶべきことのない無学《むがく》の五百人の男性出家者たちが、世尊に申し上げた。

「世尊よ、私たちもまたこの法門を説き明かすことに耐えることにしましょう。ただし、このサハー（娑婆《しゃば》）世界以外においてであります」

また、世尊によって未来の成仏《じょうぶつ》の予言をされた八千人の男性出家者たちはすべて、世尊に向かって合掌《がっしょう》して申し上げた。

「世尊は、心配しないでください。如来の入滅後、恐るべき後の時代において、私たちもまた、この法門を説き明かしましょう。ただし、このサハー世界以外においてであります。理由は何か？ このサハー世界にいる衆生は、傲慢で、善い果報をもたらす立派な行ない（善根《ぜんこん》）が乏しく、常に意地が悪く、悪意があり、生まれつき心が歪《ゆが》んでいるからです」

マハー・プラジャーパティー尼らへの未来成仏の予言

その時、世尊の叔母《おば》であるマハー・プラジャーパティー・ゴータミー（摩訶波闍波《まかはじゃは》提憍曇弥《だいきょうどんみ》）尼は、六千人の女性出家者たちとともに立ち上がって、世尊に向かって合掌し、世尊を見つめながら立っていた。

世尊は、マハー・プラジャーパティー・ゴータミーに語りかけられた。

「ゴータミーよ、なぜ、あなたは憂いを抱いて私を見つめているのか？」

「私は、名前を呼ばれて、覚りに到るであろうという予言がなされませんでした」

「しかしながら、ゴータミーよ、すべての聴衆に対する未来の成仏の予言によって、あなたは、既に予言がなされているのだ。従って、あなたは、この私の外に三百八十万・コーティ・ナユタものブッダたちのそばにおいて、説法者としての菩薩となるであろう。これらの六千人の女性出家者たちもまた、あなたとともに、それらの如来たちのもとで、説法者としての菩薩となるであろう。

それからさらに後に、あなたは、菩薩としての修行を成し遂げて、〝あらゆる衆生が喜んで見るもの〟（一切衆生喜見《いっさいしゅじょうきけん》）という名前の如来となるであろう。その如来は、それらの六千人の菩薩たちに対して、次々に連続して予言をなすであろう」

ヤショーダラー尼らへの未来成仏の予言

その時、ラーフラ（羅睺羅《らごら》）の母で、女性出家者のヤショーダラー（耶輸陀羅《やしゅだら》）尼の心に次の思いが生じた。

「世尊は、予言において私の名前を言われなかった」

すると世尊は、ヤショーダラーの心の思いを知って、次のようにおっしゃられた。

「ヤショーダラーよ、あなたもまた、一万・コーティものブッダたちのそばにおいて、称讃、尊敬、供養をなして後に、説法者としての菩薩となるであろう。そして、順次に菩薩としての修行を完成して、〝祝福された国土〟（善国《ぜんこく》）という世界において〝幾百・千の光明で満たされた旗を持つもの〟（具足千万光相《ぐそくせんまんこうそう》）という名前の如来となるであろう。その如来の寿命は、計り知ることができないであろう」

すると、六千人の女性出家者たちに伴われたマハー・プラジャーパティー・ゴータミーと、四千人の女性出家者たちに伴われたヤショーダラーは、世尊のそばで自分に対する予言を聞いて、希有なる思いを抱き、驚くべき思いに満たされた。そこで、それらの女性出家者たちは、世尊に申し上げた。

「世尊よ、私たちもまた、恐るべき後の時代において、この法門を説き明かすことに耐えることにしましょう。ただし、このサハー世界以外においてであります」と。

動揺しながらも師子吼する菩薩たち

すると世尊は、ダーラニーを得て、不退転の真理の車輪を転ずる八百万・コーティ・ナユタもの菩薩たちを注視された。それらの菩薩たちは、世尊によって注視されると直ちに立ち上がって、世尊に向かって合掌して敬礼し、「世尊は、私たちにこの法門を説き示すことを求めておられるのだ」と考えて、動揺し、お互いに語り合った。

「世尊は、私たちに未来の世においてこの法門を説き示すことを求めておられるが、どうしたらいいであろうか？」

そして、その良家の息子たちは、世尊に対する尊敬の念によって、また自分の過去

において　なした修行と誓願によって、世尊の面前で師子吼《しく》をなした。
「世尊よ、如来の入滅後、私たちは、未来の世において十方に赴いて、世尊の威神力によってあらゆる衆生にこの法門を書写させ、読誦《どくじゅ》させ、考えさせ、説き示させるでありましょう。だから、世尊は、私たちと異なる世界にいらっしゃっても、私たちを守護してください」

愚かな者や、悪意と慢心の出家者の誹謗に耐える

そこで、その菩薩たちは、詩を唱和して世尊に申し上げた。
「世尊よ、心配しないでください。あなたが完全なる滅度に入られた後、極めて恐ろしい最後の時代に、私たちはこの最高の経を説き明かしましょう。愚かな者たちの侮辱《ぶじょく》や、罵詈《めり》、棒による威嚇《いかく》を、私たちは耐え忍びましょう。悪智慧を持ち、心が歪《ゆが》んで悪意があり、愚かで、慢心を抱いている男性出家者たちは、未だ到達していないのに、到達したと思い込んでいるでありましょう。彼らは、荒野（阿練若《あれんにゃ》）で生活していて、襤褸《ぼろ》をつなぎ合わせた衣を着ていることで、『われわれは、〔少欲《しょうよく》〕知足《ちそく》を実行しているのだ』と言うでありましょう。美味なるものを貪欲に求め、執着していながら、在家の人（白衣《びゃくえ》）たちに法を説いて、阿羅漢《あらかん》であるかのように振る舞って、敬われようとするでありましょう。また、悪辣《あくらつ》な心を持ち、邪悪で、家や財産のことしか頭になく、そこに住むことで出家者であるかのように思わせることのできる荒野という保身のための場所に住んで、私たちを誹謗《ひぼう》するでありましょう。

『情けないことに、これらの出家者たちは、仏教以外の外道《げどう》を信ずるもので、自分たちの詩的才能を誇示している。自分で諸々《もろもろ》の経典を作って、利得と称讃を求めて、集会の真ん中でそれを説いている』と、私たちを誹《そし》るでありましょう。国王、あるいは王子、大臣、バラモン、資産家、さらにまた他の出家者たちに対しても、私たちのことを、『仏教以外の外道の論議をなすものだ』と、誹謗して言うでありましょう。それでも私たちは、ブッダに対する尊敬の念によって、そのすべてを耐え忍びましょう。

また、愚かな男性出家者たちは、『こいつらは、ブッダになるんだってよ』と〔皮肉を言って〕私たちを誹謗するでありましょう。〔けれども、私たちを誹謗するこれらの愚かな男性出家者たちもまたブッダになるのであり、〕私たちは、あらゆる点で耐え忍びましょう。恐ろしい激動の劫《こう》（濁劫《じょっこう》）において、激しく大きな恐怖の中で、ヤクシャ（夜叉《やしゃ》）の姿をした男性出家者たちが私たちを罵《ののし》るとしても、ブッダに対する尊敬の念によって、私たちは極めてなしがたいことに耐え、忍耐という腹帯（忍辱《にんにく》の鎧《よろい》）を身に着けて、この経を説き示しましょう。

不惜身命の決意で

指導者よ、私たちは身体も、生命も実に惜しむことはありません。ただ、覚りを求めて、この法の弘通《ぐつう》に関するあなたの委嘱《いしょく》（付嘱《ふぞく》）を受持するのです。恐るべき後の時代における邪悪な男性出家者（悪比丘《あくびく》）たちが、深い意味を込めて語られた言葉について、いかに無知であるかは、世尊こそがご存じであります。眉《まゆ》をひそめられたり、集会においてしばしば座席の割当がなかったり、精舎《しょうじゃ》から追放されたり、何度も捕縛されたり、悪口《あっく》されたりすることを、私たちはすべて耐え忍ぶべきであります。世間の保護者の命令を思い出しつつ、私たちは、集会の真ん中で畏《おそ》れることなくこの経を説きましょう。この法を願い求める人たちがあれば、私たちは、それらの町や村に反復して赴いて、この法の弘通をその人にも委嘱しましょう。あなたは、滅後の弘通について心配しないでください」

【解説】

滅後の弘教の呼びかけに、薬王菩薩と、大楽説《だいぎょうせつ》菩薩をはじめとする二百万人の菩薩が名乗り出た。続いて、サハー世界以外でという条件付きで有学と無学の五百人の男性出家者たちや、有学と無学の八千人の男性出家者たちも名乗り出る。サハー世界を除く理由は、サハー世界の衆生が、傲慢で、善根が乏しく、意地が悪く、悪意があり、生まれつき心が歪んでいるからだという。

その途中に女性の出家第一号のマハー・プラジャーパティー（摩訶波闍波提《まかはじゃはだい》）尼と、ヤショーダラー（耶輸陀羅《やしゅだら》）尼が立ち上がり、釈尊《しゃくそん》を見つめた。自分の名前を読んで授記されなかったというのだ。すべての聴衆に対する授記によって、二人も授記されていると答えながらも、釈尊は改めて二人とその侍者一万人の女性に授記する。第九章までは、声聞などの二乗への授記がテーマであり、女性に対する授記を別建てにして目立たせようとしたのであろう。それらの女性たちも滅後の弘教を申し出るが、やっぱりサハー世界以外でだった。

次に釈尊に催促されるようにして、八百万・コーティ・ナユタもの菩薩たちが、滅後の弘教を申し出て（但し、場所を指定せず）、滅後に『法華経』を弘通することには次のような困難さが伴うと語る（勧持品《かんじぼん》の二十行の偈《げ》）。

①在家の愚かな者たちから罵《ののし》られ、棒で威嚇《いかく》される、②悪智慧を持ち、愚かで、慢心を抱く貪欲な男性出家者たちは、阿羅漢であるかのように振る舞っているが、『法華経』信奉者を「自分で経典を作って説いている」と言って誹謗する、③国王、大臣、バラモン、資産家などの前で、「仏教以外の外道の論議をなすものだ」と非難される――中国の妙楽大師《みょうらくだいし》は、この三つをそれぞれ①俗衆増上慢《ぞくしゅうぞうじょうまん》、②道門《どうもん》増上慢、③僭聖《せんしょう》

増上慢の「三類の強敵《ごうてき》」と称した。

それに対して、八百万・コーティ・ナユタもの菩薩たちは、眉《まゆ》をひそめられ、集会で座席が与えられず、精舎《しょうじゃ》から追放され、悪口《あっく》されることを、不惜身命《ふしゃくしんみょう》で耐え忍びましょうと決意を語った。

「愚かな出家者たちが『こいつらは、ブッダになるんだってよ』と〔皮肉を言って〕私たちを誹謗するであろう」（ye câsmān kutsayiṣyanti... durmatī ime buddhā bhaviṣyanti.）という文章は、掛詞《かけことば》になっていて、「私たちを誹謗するこれらの愚かな出家者たちもブッダになるのだ」という意味も含まれている。『法華経』信奉者を誹謗する言葉がそのままで、誹謗する人たちを『法華経』信奉者が尊重する言葉にもなっていて、『法華経』の寛容の思想がうかがわれる。

ここに挙げられていることは、未来の予言の形式で書かれているが、釈尊滅後五百年ごろ『法華経』が編纂された当時、『法華経』信奉者たちが実際に経験したことを描写したものであろう。だから、表現が極めてリアルである。『法華経』編纂当時のことは、釈尊在世中からみれば未来のこととなる。だから未来形で書かれている。

あらゆる人の平等と成仏を明かす『法華経』の主張は、権威主義と差別思想の著しい社会では極めて危険を伴うことであったことが理解できよう。

第十三章　安楽行品（第十四）＝あんらくぎょうぼん

滅後の弘教のための〝四つの在り方〟

その時、マンジュシリー法王子が、世尊《せそん》に申し上げた。

「これらの菩薩《ぼさつ》たちが、世尊に対する尊敬の念によって滅後の弘教のために果敢なる努力をなすことは、最もなし難いことです。世尊よ、これらの菩薩たちは、〔恐るべき〕後の時代において、この法門をどのように説き明かすべきでしょうか？」

このように問われて、世尊はおっしゃられた。

「マンジュシリーよ、恐るべき後の時代において、菩薩は〝四つの在り方〟（四法《しほう》）に立脚してこの法門を説き明かすべきである。四つの在り方とは、何か？

第一の在り方＝〝善い行ない〟と〝適切な交際範囲〟

恐るべき後の時代において、菩薩は〔〝第一の在り方〟として〕〝善い行ない〟（行《ぎょう》処《しょ》）と〝適切な交際範囲〟（親近処《しんごんしょ》）に立脚してこの法門を説き明かすべきである。

では、いかにして〝善い行ない〟と〝適切な交際範囲〟に立脚するのか？　忍耐力を具《そな》え、感情を抑制し、心が制御された境地に達して、驚くことも、恐れおののくこともない心を持ち、怒りをあらわにしないこと、さらに、いかなるものごと（法）にも決して心を奪われず、あらゆるものごと（諸法）に特有の性質をありのままに観察する時、誤った考えを思いめぐらさないこと、誤った憶測で分別しないこと、これが、菩薩にとっての〝善い行ない〟と言われるのだ。

また、菩薩にとっての〝適切な交際範囲〟とは何か？　マンジュシリーよ、王にも、王子、大臣、王の侍者《じしゃ》にも親しく交わらず、仕えず、近付かず、また逍遥《しょうよう》するバラモンの弟子、遊行者《ゆぎょうしゃ》、アージーヴァカ教徒、ニルグランタ教徒といった仏教以外の外道《げどう》のものたちにも、詩書や論書に専念する衆生《しゅじょう》にも親しく交わらず、赴かず、仕えることがなく、世俗に関する呪文《じゅもん》を保持するものたちや、ローカーヤタ派＊のものたちに親しく近づかず、仕えず、親しくなることがなく、〔不可触民とされる〕チャンダーラ（旃陀羅《せんだら》）＊、マウシュティカ＊（魔術師？）、豚肉を売るもの、鶏肉を売るもの、猟師、と畜者、役者と舞踊者、棒術家、力士たちにも近づくことがないし、そのほかの歓楽や遊興の場所にも近づくことがない。その人たちが近づいてきた時には、執着することなく随時に法を説いてやるが、親しくなることはない。

また、声聞《しょうもん》のための乗り物に属する男性出家者・女性出家者・男性在家信者・女性在家信者にも親しく交わらず、赴かず、仕えず、しかも、親しくなることはない。これらの人たちが近づいてきた時には、執着することなく随時に法を説いてやり、そぞろ歩きの場所であれ、精舎《しょうじゃ》の中であれ、その人たちと会う場所を持たない。マンジュシリーよ、これが菩薩の〝適切な交際範囲〟である。

そのほか常に、菩薩は女性の心を得ようとして法を説くことも、女性に会うことを願うこともない。高貴な種姓の家に近づくこともなく、少女や、娘、夫のいない女性に話しかけるべきではないと常に考え、挨拶《あいさつ》することもない。去勢された男性（不《ぶ》男《なん》）に法を説くこともなく、親しくなることも、挨拶をすることもない。食を乞《こ》うためであっても、心に如来《にょらい》を念じ続けることなくして、単独で在家の人の部屋に入ることがない。

女性に法を説くことがあっても、ものごとや、女性に執着しないし、笑って歯の列を見せることも、心の思いを表情に表わすこともないのは言うまでもないことである。見習いの沙弥《しゃみ》や沙弥尼《しゃみに》、男性出家者や女性出家者、少年や少女に興味を持つことなく、親しくなることも、会話をすることもなく、独居して黙想することに専念している。マンジュシリーよ、以上が、菩薩にとっての第一の〝適切な交際範囲〟である。

そのほか、菩薩は、あらゆるものごとを不変の実体がない空《くう》と観察するのである。すなわち、あらゆるものごとは、ありのままに存在し、倒錯《とうさく》せず、動くことも、動かされることも、後退することも、変転することもなく、常にありのままの状態にあり、虚空《こくう》のような本性を持ち、語源的説明や表現を離れていて、生まれることも、生ずることも、因縁《いんねん》や業《ごう》によって生じたのでもなく、因縁や業によって生じていないのでもなく、あるのでもなく、ないのでもなく、言葉で表現されることもなく、執着のない状態にあるけれども、あらゆるものごとは意識の倒錯によって現れていると観察する。このように観察しながら過ごしている菩薩は、第二の〝適切な交際範囲〟に住しているのである。

第二の在り方＝非難せず歓喜と満足を与える

そのほかさらに、マンジュシリーよ、如来の入滅後、〔恐るべき〕後の時代の後の五百年に正しい教えの滅亡が進行しつつある時、〔〝第二の在り方〟を具えて〕この法門を説き示す菩薩は、安楽の境地に住しているのである。安楽の境地に住して、体現されたか、あるいは写本にされた法を説くのだ。

その菩薩は、他の人に教えを説きながら、人を難詰《なんきつ》するようなことはない。説法者としての他の男性出家者たちを非難することも、誹謗《ひぼう》・中傷することもない。声聞のための乗り物に属する男性出家者たちの名前を挙げて誹謗を口にすることも、他者にさせることもなく、男性出家者たちに敵意を抱くこともないのだ。それは、その人が安楽の境地に住しているからである。

その菩薩は、法を聞くことを求めて次々にやって来る人たちを快く受け容れて法を説くのだ。口論することなく、質問をされても、声聞のための教えによって答えることはない。質問した人がブッダの智慧《ちえ》を覚ることができるように答えるのだ」

その時、世尊は次の詩を述べられた。

「聡明《そうめい》なその菩薩は、常に安楽の境地に住していて、心にかなった場所に安らかに坐って、安らかに法を説いている。また、その菩薩は、適切な色の染料で染められた清らかな色の修行者の衣を着て、黒い下衣を身に着け、大きくてゆったりとした〔上着〕を着ている。足をきれいに洗い、頭と顔に油を塗って、足台つきの座席に坐っている。熱心な衆生が集まってきた時、この法座に坐って、多くの種々の話を簡潔にまとめてしてやるがよい。男性出家者や、女性出家者にも、また、男性在家信者や女性在家信者、王や、王子たちにも、賢者は、常に嫌な顔をしないで種々の意味を持つ感動的な話を語るべきである。質問された時も、質問した人が覚りを得ることができるように、適切な意味のすべてを説き示すべきである。

また、賢者は怠慢であることを避け、倦怠感《けんたいかん》を生じることなく、不快感を捨て去って、聴衆のために慈悲の力を起こすべきである。賢者は、多くの譬喩《ひゆ》によって、日夜に最高の法を説いて、聴衆を歓喜させ、満足させるべきである。そこでは決して何も見返りを求めてはならない。堅い食べ物、軟らかい食べ物、飲み物、あるいは衣服、寝具と坐具、乞食《こつじき》修行者の衣、薬のことを考えるべきではないし、聴衆に決して何も要求するべきではない。

他方において、聡明な人は、『私も、これらの衆生も、ともにブッダになりますように』と願って、『私の衆生に安楽をもたらす〝白蓮華《びゃくれんげ》のように最も勝れた正しい教え〟（法華経）という法門を、私は、衆生の幸福のために説き聞かせよう』と常に考えるべきである。私の入滅後、他人を妬《ねた》むことなくこの法を説き明かす男性出家者には、いかなる時にも決して苦しみも、障害も、憂いや悩みもないのだ。その賢者に対して、決して誰も畏《おそ》れさせたり、打撃を加えたり、非難の言葉を浴びせたりすることもないし、追放されることも決してないであろう。それは、その賢者が、このように忍耐力にしっかりと立っているからである。私が言った通りに実践し、安楽の境地に住している賢者には、幾百・コーティもの多くの威徳が具わっており、幾百劫《こう》を経てもその威徳について言い尽くすことはできないのだ。

第三の在り方＝不安な思いを生じさせない

さらに、マンジュシリーよ、如来の入滅後、正しい教えが滅亡に向かっている時、

〔〃第三の在り方〃を具えて〕この経を受持している菩薩は、妬《ねた》みも、偽《いつわ》りも、欺瞞《ぎまん》もない菩薩であって、菩薩のための乗り物（菩薩乗）に属する人たちを非難することも、罵《ののし》ることも、呵責《かしゃく》することもないのだ。

また、声聞であれ、独覚《どっかく》であれ、菩薩であれ、他の男性出家者・女性出家者・男性在家信者・女性在家信者たちに不安な思いを生じさせることはないのだ。『良家の息子たちよ、お前たちは、この上ない正しく完全な覚りから遠く隔たった所にいる。従って、覚りを得ることはないのだ』『お前たちは、あまりにも怠慢に過ごしている。だから、如来の知を覚ることはできないのだ』と言って、誰に対しても不安な思いを生じさせるようなことは決してないのだ。

また、法に関する論争を喜ぶことも、することもなく、あらゆる衆生に対する慈悲の力を捨て去ることもない。如来に対して父という思いを抱き、菩薩に対して師という思いを抱き、常に高潔な心と、尊敬の念をもって敬礼するのだ。法を説くにも、法に対する平等な熱意をもって、より少ないことも、より多いこともなく説くのだ。法に対する熱意からでさえも、特定の人に他より一層勝れた好意を示すことは決してない。

マンジュシリーよ、以上の〃第三の在り方〃を具えた菩薩は、如来の入滅後、正しい教えが滅亡に向かっている時、快い感触を楽しみ、危害を加えられることなく、この法門を説き明かすのだ。また、この菩薩が法を詠唱すると、一緒に詠唱する同伴者たちが現れ、さらに、この菩薩から法を聞こうとする人が出現するであろう。その人たちは、この法門をこの菩薩から聞き、信受し、完全に理解し、自ら書写し、他者にも書写させ、写本になして称讃し、尊敬し、供養《くよう》するであろう。

第四の在り方＝覚りを熱望させる

そのほか、さらにマンジュシリーよ、如来の入滅後、正しい教えが滅亡に向かっている時、この法門を受持することを望んでいる〔〝第四の在り方〟を具えた〕菩薩がいる。その男性出家者は、在家者と出家者たちから遠く離れて過ごすべきであり、慈しみに基づいて過ごすべきである。覚りを目指してまだ出で立っていない衆生のすべてに対して熱望を生じさせるべきであり、この男性出家者は、次のように考えを起こすべきである。

『ああ、これらの衆生は、如来の巧みなる方便《ほうべん》である深い意味を込めて語られた言葉を聞くこともなく、知ることも、理解することも、質問することも、信じることもない極めて愚かなものたちである。この法門に悟入することも、理解することもない。けれども、私は、この上ない正しく完全な覚りを覚って後、誰が、どこに住していようとも、まさにそこでその人を、神通の力によって引きつけ、信じさせ、悟入させ、成熟させるであろう』

マンジュシリーよ、以上の〝第四の在り方〟を具えた菩薩は、如来の入滅後、この法門を説き示しながら他者に苦痛を与えるという過失がなく、男性出家者・女性出家者・男性在家信者・女性在家信者たちによって、また王や、王子、王に仕える大臣、王に仕える高位の人、市民や村人、バラモンや資産家たちによって称讃され、尊敬され、供養されるのだ。空中に住する神々たちは、この菩薩を信じて、法を聞くためにこの菩薩の後に付き従い、神々の子たちは、この菩薩を守護するために常に付き従うであろう。この菩薩が村にいても、精舎にいても、法について尋ねる人たちが昼夜に近づいてきて、その菩薩の解説を聞いて満足し、心が高揚し、歓喜するであろう。理由は何か？　マンジュシリーよ、過去・未来・現在のすべてのブッダたちによって、この法門は常に守護されているからである。

髻中明珠の譬えを説く

多くの世界においてこの法門の説かれる声、あるいは名前を聞くことは得難いのである。それは、あたかも軍隊を統率する転輪王《てんりんのう》がいて、武力によって自分の王国を征服するようなものである。敵の王たちが、その転輪王と戦闘状態に陥り、転輪王の戦士たちはそれらの敵と戦うことになるのだ。

その転輪王は、戦士たちが戦っているのを見て満足し、満足するや否や、喜んで、それらの戦士たちに種々の恩賞、すなわち、村や、町、衣服や、手と足の飾り、首飾り、耳飾り、黄金の糸、真珠の首飾り、金貨、黄金、宝石、象や、馬、戦車、歩兵、召使いでさえも、乗り物や輿《こし》も与える。けれども、決して髻《もとどり》の中の宝石を与えることはない。それは、髻の中の宝石がたった一つしかないからだ。

しかしながら、マンジュシリーよ、王がその髻の中の宝石でさえも与える時、王のその〔歩兵・騎兵・象軍・戦車の〕四種の兵より成る軍隊はすべて、不思議で驚くべき思いを抱くのだ。

まさにこのように、法の所有者で、法の王である如来もまた、自分の腕の力という軍勢によって征服し、福徳の力という軍勢によって征服した法によって、三界《さんがい》における法の王国を支配するのである。

ところが、悪魔のパーピーヤス（波旬《はじゅん》）が、その如来の三界を侵略してくるのだ。そこで、如来の聖なる戦士たちもまた、悪魔と戦うのだ。その時、その聖なる戦士たちが戦っている時、如来もまたそれを見て、四衆《ししゅ》たちを喜ばせるために種々の幾百・千の経を説いた。そして、これらの人たちに涅槃《ねはん》の都城《とじょう》である卓越した法の都城を与え、〔小乗の〕涅槃によってそれらの人たちを誘引した。けれども、〝白蓮華のように最も勝れた正しい教え〟という法門を説くことはなかった。

マンジュシリーよ、それは、あたかも戦士たちが戦っている時、その転輪王が、戦士たちの偉大なる雄々しい行動に驚くや否や、自分の所有するすべてのうちの最後のもので、あらゆる世間の人々にとって信じがたく、驚きである髻の中のその宝石を与えるようなものだ。マンジュシリーよ、あたかもその宝石が、頭頂にあって長い間、保護されてきたように、三界における法の王で、法によって王国を支配している如来もまた、まさにそのように法門を説くのだ。

如来は、声聞たちと菩薩たちが、色《しき》・受《じゅ》・想《そう》・行《ぎょう》・識《しき》の五蘊《ごうん》（五陰《ごおん》*）という魔（陰《おん》魔《ま》）、あるいは煩悩という魔（煩悩魔《ぼんのうま》）と戦っているのを見たり、さらに、それら〔の魔〕と戦っているものたちが、貪愛・憎悪・迷妄〔の三毒《さんどく》〕を滅して、あらゆる三界から出離し、一切の魔を撃退し、偉大なる雄々しい行動をなした時、如来もまた、大いに喜ぶや否や、それらの聖なる戦士たちにすべての世間の人々にとって信じ難く、未だかつて説かれたことも、示されたこともない、この法門を説かれるのだ。如来は、髻の中の卓越した宝石に似た、あらゆる衆生を一切知者にする法門を声聞たちに与えるのだ。

マンジュシリーよ、これは如来たちの最高の説法であり、最後の法門であり、すべての法門の中で全く深遠なもので、すべての人々にとって受け容れ難いものである。その転輪王が、長い間、保護してきた髻の中の宝石を取り出して、戦士たちに与えたように、如来もまた長い間、保護してきた、あらゆる法門の頂点（頭頂）にあり、ただ如来によってのみ知られるべきこの法の秘伝を、如来は今、説き明かされたのである」

〝四つの在り方〟を実践する人の多くの功徳

すると、世尊は以上の意味を重ねて示しつつ次の詩を述べられた。〔長行《じょうごう》に対応していない部分を挙げる〕

「私の入滅後、実践されるべきこの〝四つの在り方〟は以上の通りである。だから、最高の覚りを願い求め、私のために仕事をしてくれる人たちには、憂いも、障害も、醜さも、病もない。その人には皮膚の黒さも、粗末な町に住むこともないのだ。その偉大なる聖仙は、常に麗《うるわ》しい容貌を持ち、如来のように供養されるべきで、その聖仙には常に、侍者として若々しい神々の子たちが伴っているのだ。その偉大なる聖仙の継続する身体には、いかなる時にも短剣や、毒薬、さらには棒や土塊《つちくれ》でさえも及ぶことは決してない。その偉大なる聖仙を罵るようなことがあれば、その人の口は閉ざされてしまうであろう。私の入滅後に、この経を受持する人は、衆生にとっての親族であり、光明《こうみょう》を発し、多くの衆生の暗闇を取り除きながら、活発に遍歴しているのだ。

その偉大なる聖仙は、夢の中で〔自分の〕素晴らしい姿を見るのだ。すなわち、その聖仙は、自己の身体が師子座《しし ざ》に坐って、多くの法を男性出家者や、女性出家者たちに説き明かしているのを見るのだ。夢の中でその聖仙は、合掌《がっしょう》しているすべてのものたちに最高の法を説いているのだ。

その聖仙は、夢の中で、黄金の皮膚の色を持つ如来が多くの衆生に幾千もの光明と甘美な声を発して法を説いているのを見る。その聖仙は、夢の中で、両足で歩くもののうちで最上の人である賢者を称讃しながら合掌して立っていて、偉大なる医者であるその勝利者は、四衆のために最高の法を説いている。その聖仙は、その説法を聞いて歓喜を生じ、その賢者に供養をなす。

さらに、その聖仙は、夢の中でダーラニー（陀羅尼《だらに》）*を得て後に、不退転の知を速やかに獲得するのだ。また、その世間の保護者は、その聖仙の意向を知って、聖仙に牡牛《おうし》のように偉大な人の位に到るであろうと予言をする。『良家の息子よ、あなたもまた、この世で未来において、この上ないめでたい知を得るであろう。あなたのブッダの国土もまた、広大であるだろう。また、あなたの四衆たちは、まさに私の四衆たちと同じように、大変に敬虔《けいけん》であり、合掌して、汚れのない広大な法を聞くであろう』と。

さらにまた、その偉大なる聖仙は、夢の中で岩の洞穴において法を修行している自分の身体を見る。法を修行して後、また〔法を法たらしめる〕根本の理法（法性《ほっしょう》）に到達して後、三昧《さんまい》を得たその偉大なる聖仙は、勝利者に出会うのだ。夢の中で、身が金色《こんじき》で、幾百もの福徳の相を具えているブッダに出会って、法を聞き、その後に、偉大なる聖仙は、集会においてその法を説き明かした。

その偉大なる聖仙の見る夢は、このようなものなのだ。夢の中でも、王国や、後宮《こうきゅう》、同じく親族一同を捨てて、すべての愛欲を捨て去って出家し、このようにして覚りの座に近づいた。覚りを求めるその人は、その菩提樹《ぼだいじゅ》の根もとにあるその師子座に坐り、こうして七日間が経過した後、如来たちの知を獲得するであろう。覚りを獲得して、その偉大なる聖仙は師子座から立ち上がって、汚れのない真理の車輪を転じ、四衆たちに考えることもできない長い間、汚れのない法を説き示す。そして多くの衆生を涅槃に到らせた後に、油がなくなって燈明《とうみょう》が燃え尽きるように、その偉大なる聖仙は涅槃に入って消え去るのだ。その偉大なる聖仙の見る夢は、このようなものである。マンジュゴーシャ（文殊師利）よ、〔恐るべき〕後の時代に、私が巧みに説き示した最高の法であるこの経を説き明かす人には、無限の多くの功徳が常に具わるであろう」

《ローカーヤタ派》インドにおいてアジタ・ケーサカンバリンを代表とする唯物論・快楽論の立場に立つ一学派。「順世外道」と漢訳された。《チャンダーラ》「旃陀羅《せんだら》」と音写される。シュードラの男性とバラモン階級の女性との間に生まれた混血種姓のことで、最も蔑視され、嫌悪された。アーリア人がインド亜大陸に移動してきた当初と異なり、後にアーリア人の純血をたもつことを重視するようになり、このような混血種姓を最も蔑視することによって、混血を避けさせようとした。《マウシュティカ》muṣṭi（握り締められた手）に、接尾辞kaを付したムシュティカ（muṣṭika）は、男性名詞では「手一杯」、中性名詞では「拳闘」を意味する。チベット語訳ではgol ba（魔術師）。鳩摩羅什訳では「兇険戯者」とあり、中央公論社の大乗仏典『法華経II』では「大道芸人の一種」ともとれるとしている。マウシュティカ（mauṣṭika）は、ムシュティカの派生語であり、「魔術師」や「詐欺師」「欺瞞者」という意味も出てくるようだ。以上の意味を含めて、マウシュティカと音写しておく。《五蘊（五陰）》色（物質・肉体）、受（感受作用）、想（表象作用）、行（意志作用）、識（認識作用）の五つの集まり（蘊）のことで、人間存在を肉体と精神の両面からとらえたもの。《ダーラニー（陀羅尼）》①神秘的な力を持つと信じられている呪文。②法を聞いて忘れない勝れた記憶力のこと。③悪をとどめ多くの善をたもつこと——といった意味があるが、ここでは②の意味であろう。

【解説】

漢訳で「安楽行」というのは、「安楽な行」ではなく、「安楽の境地に住するための行」という意味である。仏滅後における『法華経』を実践する菩薩の日常的な心構えをまとめたものであり、『法華経』信奉者にとっての〝戒律〟といえよう。

忍耐、感情の抑制、心の制御をたもち、誤った憶測で判断しない。不正直、高慢、狡《ずる》さ、嫉《しっ》妬をすべて捨て去る……などの「善い行ない」や、「適切な交際範囲」、すなわち自ら近づいて親しくなってはならないものとして国王・王子・大臣などの権力者、歓楽や遊興の場所と、その関係者などが列挙されるとともに、女性に執着して法を説いてはならないことなどが挙げられる。贅沢《ぜいたく》な暮らしや、誘惑に負けて堕落することを戒めている。また、『法華経』を信奉するものとして、あらぬデマを流されたりして、敵対勢力につけ入るスキを与えないという意味もあろう。余計なことに振り回されて修行に専念できなくなることを戒めている。

ただし、向こうから近づいてきた時は、随時に法を説くが執着してはいけない。嫌な顔をしないで意味のある感動的な話を語るべきである。その人が覚りを得ることができるように語って聞かせるべきである。「私もこの人も、ともにブッダになるように」と願って語るべきである。「お前は覚ることはできないのだ」などと、相手に不安な思いを与えてはならない——といったことが挙げられている。これは、当時の仏教界の実情の裏返しであろう。

この章は他の章と違い、奇想天外な巨大数など全く出てこない。日常的な実践面においては、『法華経』編纂者たちは極めて現実的であったことがうかがわれる。

ただ、「皮膚の黒さもなくなる」という箇所は、当時のインド社会の価値観の範囲内での〝功徳〟を論じたものであり、時代的制約をまぬかれていないといえよう。

第十四章　従地涌出品（第十五）＝じゅうじゆじゅっぽん

他の世界からやって来た菩薩たちを却下

その時、他の世界からやって来ていた八つのガンジス河の砂の数に等しい多くの菩《ぼ》薩《さつ》たちが、立ち上がり、世《せ》尊《そん》に向かって合掌《がっしょう》し、敬礼しながら申し上げた。

「もしも、許してくださるならば、世尊よ、私たちもまた、如来《にょらい》の入滅後、このサハー（娑婆《しゃば》）世界においてこの法門のために努力したいと思います」

世尊は、それらの菩薩たちにおっしゃられた。

「やめなさい。良家の息子たちよ、あなたたちのその仕事が何の役に立とうか。このサハー世界には、六十のガンジス河の砂の数に等しい幾百・千・コーティ・ナユタもの菩薩たちがいる。その一人ひとりの菩薩には、さらに全く同数の侍者《じしゃ》たちがいて、私の入滅後の時代において、この法門を受持《じゅじ》し、読誦《どくじゅ》し、説き示すであろう」

大地の下から出現した無数の菩薩たち

世尊が以上の言葉を語られるやいなや、サハー世界の大地が遍《あまね》く裂けて、その裂け目から幾百・千・コーティ・ナユタもの多くの菩薩が出現した。それらの菩薩たちは、金色《こんじき》の身体と、偉大な人が具《そな》える三十二種類の身体的特徴（三十二相）を具えていた。大地の下の虚空界《こくうかい》にいたそれらの菩薩たちは、世尊の言葉を聞いて、大地の下から出現したのだ。

さらに、五十のガンジス河の砂の数に等しい多くの菩薩たちを侍者とする菩薩たち、四十のガンジス河の砂の数に等しい多くの菩薩たちを侍者とする菩薩たち、三十のガンジス河の砂の数に等しい多くの菩薩たちを侍者とする菩薩たち〔……と、徐々に侍者の数が少なくなっていき〕、五十人、四十人、三十人、二十人、十人、五人、四人、三人、二人、一人の侍者を連れた菩薩たち、さらには侍者のいない独りでいることを楽しんでいる菩薩まで、その数は計り知れないものであった。

それらの菩薩たちは次々に出現すると、空中に留まっている大きな宝石造りのストゥーパ（宝塔）に近づいた。そして、〝多くの宝を持つもの〟（多宝）という如来と、シャーキャムニ如来の両足を頭におしいただいて挨拶《あいさつ》し、十方から集合した如来の分身たちに挨拶し、種々の讃辞によってほめたたえてから、一隅《いちぐう》に立ち、合掌して、二人の如来に敬礼した。こうして、五十中劫《ちゅうこう》もの時間が過ぎ去った。その間にシャーキャムニ如来も、四衆《ししゅ》たちも、沈黙したままだった。その時、世尊が神通力を発揮されたことによって、四衆たちは、過ぎ去ったその五十中劫を、午後の半日ぐらいにしか思わなかった。

その菩薩の大群衆には、指導者である四人の菩薩がいた。すなわち、〝卓越した善行をなすもの〟（上行《じょうぎょう》）、〝際限なき善行をなすもの〟（無辺行《むへんぎょう》）、〝清らかな善行をなすもの〟（浄行《じょうぎょう》）、〝よく確立された善行をなすもの〟（安立行《あんりゅうぎょう》）という名前の菩薩である。

この四人の菩薩は、大群衆の最前に立って、世尊に向かって合掌して尋ねた。

「世尊におかれましては、病もなく、ご機嫌麗《うるわ》しく過ごしておられるでしょうか？　あなたのもとにいる衆生《しゅじょう》は、化導《けどう》しやすいでありましょうか？」

そこで世尊は、その四人の菩薩におっしゃられた。

「これはその通りである。良家の息子たちよ、私は、病もなく、快適に過ごしている。また、私のもとにいる衆生は、勝れた性質を持ち、化導しやすい。だから、私に心労を生じさせることはないのだ。これらの衆生は、過去のブッダたちのもとで修行をなしていて、私を見て、私から教えを聞くだけで、ブッダの知に通達し、悟入するからである。声聞《しょうもん》の位、あるいは独覚《どっかく》の位においてブッダに付き従った人たちであるといえども、私は今、それらの人たちをブッダの智慧《ちえ》に通達せしめ、最高の真理を聞かせるのである」

マイトレーヤをはじめとする菩薩たちの疑問

その時、マイトレーヤ（弥勒《みろく》）菩薩と、八つのガンジス河の砂の数に等しい菩薩たちに次の思いが生じた。

「大地の裂け目から出現し、世尊の面前に立って、世尊を称讃し、尊重し、挨拶《あいさつ》しているこの菩薩の大群衆を私たちはかつて見たことも、聞いたこともない。これらの菩薩たちは、どこからやって来たのであろうか？」

その時、マイトレーヤ菩薩は、自分も疑念を抱き、それらの八つのガンジス河の砂の数に等しい菩薩たちの心の思いを察知して、世尊に対して合掌して詩を諳《そら》んじて、その意味を尋ねた。

「幾千・コーティ・ナユタもの多くの無限の菩薩たちは、かつて見たことも、聞いたこともないものです。世尊よ、これらの菩薩たちについて説明してください。これらの大いなる神通を持つ菩薩たちは、どこから、何故にやって来たのでしょうか？　卓越した身体を持ち、決意が堅く、思慮深く、姿形の点でも勝れた容貌を具えているこれらの菩薩たちは、どこからやって来たのでしょうか？

それにしても、偉大なる精神を持ち、努力精進《しょうじん》に励み、救済者で、勇者であることれらの菩薩たちは、どこから出現したのでしょうか？　誰が、これらの菩薩たちに法を説いたのでしょうか？　誰が、これらの菩薩たちを覚りに向けて確立させたのでしょうか？　これらの菩薩たちは、誰の教えを好み、誰の教えの受持者なのでしょうか？　大いなる智慧を持ち、神通を具えた聡明な菩薩たちが、実にすべての大地を引き裂いて出現されました。賢者（牟尼《むに》）よ、何ものも畏《おそ》れることのないこれらの菩薩たちの出現によって、この世界は遍く引き裂かれてしまったのです。これらの菩薩たちを、私たちは、かつていかなる時にも決して見たことがありません。指導者よ、これらの菩薩たちの住むその世界の名前を私たちに教えてください。

私たちは、実に十方をしばしば歴訪いたしました。けれども、これらの菩薩たちを私たちはいかなる時にも決して見たことがありません。今、これらの菩薩たちは突然、出現したのです。賢者よ、〔それらの菩薩たちの過去の〕行ないについて教えてください。私たち、幾百・千・ナユタもの菩薩たちのすべては、興味を持って、世尊を見ています。偉大なる勇者よ、計り知れない人よ、執着心のない人よ、これらの英雄にして、畏《おそ》れることのない菩薩たちが、どこからやって来たのか、説明してください」

分身の如来の侍者たちが抱いた疑問

その時、シャーキャムニ如来の分身たちが、他の幾百・千・コーティ・ナユタもの世界からやって来て、宝石作りの樹の根もとにある師子座《ししざ》に坐っておられた。

その分身の如来たちの侍者たちもまた、菩薩の大群衆が、大地の裂け目から出現し、虚空界《こくうかい》に留まったのを見て、不思議な思いにとらわれ、それぞれの如来たちに、次のように申し上げた。

「世尊よ、無量で数えることもできないこれほど多くの菩薩たちは、どこから来たのでしょうか？」

このように言われて、それらの如来たちは、各々自分の侍者たちに次のようにおっしゃられた。

「良家の息子たちよ、しばらく待ちなさい。このマイトレーヤという菩薩は、『シャーキャムニ世尊の後で、直ちにこの上ない正しく完全な覚りに到るであろう』と予言されている人である。そのマイトレーヤ菩薩が、シャーキャムニ如来にこの意味を尋ねている。だから、シャーキャムニ如来は、この意味を説明されるであろう。それを聞くがよい」

「これらの菩薩は私が成熟させたのだ」

すると、世尊はマイトレーヤ菩薩に語りかけられた。

「アジタ（弥勒《みろく》）よ、素晴らしいことである。あなたが私に尋ねたことは、最も重要なことである」

そこで世尊は、菩薩の一切の群衆に語りかけられた。

「良家の息子たちよ、あなたたちはすべて、敬虔《けいけん》な心を持つがよい。鎧《よろい》でよく身を固め、意志の力を堅固に保つがよい。如来の私は今、如来の知見、如来の威厳、如来の行為、如来の振る舞い、如来の勇敢さ、如来の勇猛ぶりを説き明かそうとしているのだ。

アジタよ、数えることも、考えることもできず、あなたたちがかつて見たこともないこれらの大地から出現した菩薩たちは、私がこのサハー世界において覚りを得て後、私がこの上ない正しく完全な覚りに向けて成熟させたものたちなのだ。

アジタよ、これらの菩薩たちは、このサハー世界の下方にある虚空界を住処としている。経典を暗誦《あんしょう》、解説《げせつ》、熟慮することに専念し、快楽に執着せず、交際を喜ばず、努力精進に励んでいるのだ。孤独を楽しみ、修行することを喜びとし、法を聞く楽しみ（法悦《ほうえつ》）を喜び、ブッダの知の獲得に向けて専念しているのである」

マイトレーヤ菩薩の説法要請

すると、マイトレーヤ菩薩と、ガンジス河の砂の数に等しい多くの菩薩たちは、不思議で驚くべき思いに満たされ、驚異の念を抱いた。

「世尊は、どのようにしてわずかな時間のうちに、これほど無数の菩薩たちをこの上ない正しく完全な覚りへ向けて成熟させられたのか？」

そこで、マイトレーヤ菩薩は、世尊に尋ねた。

「世尊よ、どういうことでしょうか？　王子であった時の如来は、シャーキャ族の首都であるカピラ・ヴァストゥ（迦毘羅衛《かびらえ》）を出て、ガヤーという都城からそれほど遠くないところにある覚りの座に至って、この上ない正しく完全な覚りを覚られました。その時から四十年しか経っていません。

これほど短い時間のうちに如来は、どのようにしてこの計り知ることのできない勇猛ぶりを遂行されたのでしょうか？　世尊よ、それほど短い時間のうちに、如来が、成熟させられたこの菩薩の群衆は、幾百・千・コーティ・ナユタ劫もの間、数え続けても、終わりを見いだせません。この無数の菩薩たちは、長い間、純潔の行ないを遵《じゅん》守《しゅ》し、幾百・千もの多くのブッダたちのもとで善い果報をもたらす立派な行ないを積み、幾百・千もの多くの劫を経て完成されています。

例えば、髪は黒く、卓越した力強さを具えた、生まれて二十五年のある青年が、百歳に達した人たちを指して、『これは、私の息子たちである』と言うとしましょう。また、それらの百歳に達した人たちも、二十五歳の男を指して、『これは、私たちの父です』と言うとしましょう。世尊よ、その男の言葉は、世間の人々にとって信じ難いものです。

まさにこのように、あなたは覚りを得てまだ久しくないのに、この菩薩たちは、幾百・千・コーティ・ナユタ劫もの長い間、純潔の行ないを実践し、ブッダの知において確定し、幾百・千もの三昧《さんまい》に出入りすることに熟練し、大いなる神通を既に身につけております。ブッダの地位について熟知し、如来の法を詠唱して聞かせるのに巧みで、大いなる努力精進の力と威力を獲得しています。

それなのに世尊は、『私はこの菩薩たちを菩薩の位に向けて鼓舞し、励まし、成熟させ、完成させたのである』とおっしゃられます。

世尊よ、私たちは、『如来は、誤謬《ごびゅう》なく真実を語るものである』という如来の言葉を信によって理解するでしょう。如来こそが、この意味をご存じであるはずです。しかしながら、世尊よ、新たに菩薩のための乗り物によって出で立った新発意《しんぼっち》の菩薩たちは、疑惑に陥るでありましょう。如来の入滅後、このことについて、新発意の菩薩たちは、信ずることができず、法の破滅を招くような考えを心に抱き、実行するでしょう。

それ故に、世尊よ、私たちが、この法に対して疑いがなくなり、未来の世の菩薩のための乗り物に属する良家の息子たち、あるいは良家の娘たちが、この法を聞いて、疑惑に陥ることがないように、この意味を適切に説いてください」

【解説】

これまで滅後の弘教を申し出るものがあっても、サハー世界でと言うものは一人もいなかった。ここで初めて、サハー世界での弘教を名乗り出る人が現れた。他の世界からやって来ていた八つのガンジス河の砂の数に等しい菩薩たちである。ところが、釈尊《しゃくそん》はそれをきっぱりと退けた。

これまでに名乗り出た滅後の弘教の志願者を【表】にまとめると次頁のようになる。サハー世界での弘教の申し出が却下され、大地が裂け、そこから①上行《じょうぎょう》（卓越した善行をなすもの）、②無辺行《むへんぎょう》（際限なき善行をなすもの）、③浄行《じょうぎょう》（清らかな善行をなすもの）、④安立行《あんりゅうぎょう》（よく確立された善行をなすもの）――の四人をリーダーとする無数の菩薩（地涌《じゆ》の菩薩）が出現する。ブッダが具えるとされる身体的特徴（身は金色、三十二相）を既に具えていて、その数が幾何級数的に列挙される。

その卓越した姿を見て、マイトレーヤ（弥勒）菩薩やそこに列座していた八つのガンジス河の砂の数に等しい菩薩たちは、圧倒されるとともに、どこから来たのか？誰が教化《きょうけ》したのか？　誰の教えを受持したのか？　と疑問を抱く。

その疑問に答えて、釈尊は「私は、遥かな昔に最高の覚りを獲得していたのであり、これらの菩薩を最高の覚りへ成熟させたのは私なのだ」と答えた。

【滅後の弘教の志願者と釈尊の対応】

章　名	志　願　者	弘教の場所	釈尊の応え
勧　持　品	薬王菩薩、大楽説《だいぎょうせつ》菩薩ら200万人の菩薩	場所を指定せず	な　し
	500人と8000人の有学・無学の男性出家者	サハー世界以外	〃
	マハー・プラジャーパティー尼とヤショーダラー尼ら1万人の女性出家者	〃	〃
	800万・コーティ・ナユタもの菩薩	場所を指定せず	〃
従地涌出品	他の国土からやって来た八つのガンジス河の砂の数の菩薩	サハー世界で	却下される

マイトレーヤ菩薩は、釈尊が覚りを開いたのは四十数年前のことで、そんな短期間にこれだけの無数の地涌の菩薩をどうやって教化されたのかという疑問を抱く。それに対する答えが次の第十五章如来寿量品（第十六）で明かされる。

第十五章　如来寿量品（第十六）＝にょらいじゅりょうぼん

釈尊の三度の呼びかけにマイトレーヤが応える

その時、世尊《せそん》はすべての菩薩《ぼさつ》の群衆に語りかけられた。

「良家の息子たちよ、私を信じなさい。真実の言葉を語っている如来《にょらい》を信じなさい」

世尊は、同じ言葉を三度、菩薩たちに語りかけられた。

その時、すべての菩薩の群衆は、マイトレーヤ（弥勒《みろく》）菩薩を先頭にして合掌《がっしょう》して

三度、世尊に申し上げた。

「世尊は、この意味をお話しください。私たちは、如来の語られたことを信ずるでありましょう」

久遠における成道を明かす

世尊は、それらの菩薩たちが三度までも懇請するのを知って、菩薩たちに語りかけられた。

「それならば、聞くがよい。良家の息子たちよ、神々や、人間、アスラに伴われてい

ることの世間の人々は、私のことを次のように了解している。『シャーキャ（釈迦《しゃか》）族出身の聖者（牟尼《むに》）である如来は、シャーキャ族の高貴な家から出家して、ガヤーという都城《とじょう》（伽耶城《がやじょう》）において覚りの座に至って、この上ない正しく完全な覚りを得られたのだ』と。

けれども、そのように見なすべきではない。それどころか、私が覚りを得て以来、幾百・千・コーティ・ナユタ劫《こう》もの長い時間が経っているのだ。

良家の息子たちよ、譬《たと》えば五百万・コーティ・ナユタもの世界が大地の構成要素（地大《ちだい》）＊である原子（極微塵《ごくみじん》）から成っているとしよう。誰かある人が、一つの原子の粒をつかみ、東の方向に五百万もの無数（阿僧祇《あそうぎ》）＊の世界を過ぎ去って、その一つの原子の粒を下に置くとしよう。このようにして、すべての大地を構成する原子の粒を東の方角に行きながら、目印として一つずつ下に置いていって、幾百・千・コーティ・ナユタ劫にわたって、その人が、それらのすべての世界を大地の構成要素がなくなった状態にするとしよう。良家の息子たちよ、それらの世界を、考えることや、数えること、量ること、あるいは観察することが可能であろうか？」

世尊からこのように問われて、マイトレーヤ菩薩と、菩薩の群衆は申し上げた。

「世尊よ、それは思考の範囲を超越していて、できないでありましょう」

「久遠以来、私は法を説いている」

このように言われて、世尊は、菩薩の群衆におっしゃられた。

「良家の息子たちよ、私はあなたたちに告げよう。その人が原子の粒を下に置いた世界、そして置かなかった多くの世界──それらの幾百・千・コーティ・ナユタものすべての世界における原子の粒は、私がこの上ない正しく完全な覚りを覚った後に経過した幾百・千・コーティ・ナユタ劫もの多くの数に比べて、それほど多くはないのだ。その時以来、私はこのサハー（娑婆《しゃば》）世界、および他の幾百・千・コーティ・ナユタもの世界において、衆生《しゅじょう》に法を説いているのである。

その間において、私が宣説してきたディーパンカラ如来（燃燈仏《ねんとうぶつ》）をはじめとする如来たちの完全なる滅度は、私が、巧みなる方便《ほうべん》によって法を教授するために作り出したものである。

如来はひっきりなしにやって来る衆生の智慧《ちえ》の能力差や、努力精進《しょうじん》の実施期間の違いを洞察して、それぞれの国土で如来としての名前をそれぞれに名乗るのだ。それぞれの国土で自分の完全なる涅槃《ねはん》について述べ、種々の法門によってそれぞれのやり方で衆生を喜ばせるのだ。そこにおいて、善い果報をもたらす立派な行ない（善根《ぜんこん》）が乏しく、多くの煩悩《ぼんのう》を持ち、種々の信順の志を持つ衆生に、如来は、はるかな昔（久《く》遠《おん》）に覚りに達していても、『男性出家者たちよ、私は年若くして出家した。私が覚りを得たのは、久しからざる過去であったのだ』と語るのだ。

これは、衆生を成熟させ、覚りに入らせるため〔であり、それ〕以外にはないのだ。如来はすべての法門を、衆生を教化《きょうけ》するために説かれたのである。

如来は三界をありのままに見ている

如来が、自分のことを〔、あるいは他者のことを〕明瞭《めいりょう》に示すことによって、あるいは自分を、あるいは他者を拠《よ》り所として語られることが何であれ、衆生を教化するために語る言葉は、真実の法門であり、如来に虚言はないのである。理由は何か？如来は、〔衆生が輪廻《りんね》する迷いの世界である欲界《よっかい》・色界《しきかい》・無《む》色界《しきかい》の〕三界《さんがい》をありのままに見ている（如実知見《にょじつちけん》）からである。

三界は、生まれることなく、死ぬこともなく、消滅することもなく、生ずることもなく、生存領域の循環（輪廻）を繰り返すこともなく、涅槃することもなく、真実でもなく、虚妄《こもう》でもなく、あるのでもなく、ないのでもなく、このようであるのでもなく、別のようであるのでもなく、虚偽でもなく、真理でもない。如来は、愚かな凡人たちが見るような見方で三界を見ることはないのだ。如来は、三界を明らかに見るものであり、見誤ることはないのだ。

如来がいかなる言葉を語るとしても、それはすべて真実である。衆生は、さまざまな行ないをなし、さまざまな願望を持ち、誤った考えによって行動する。その衆生に善い果報をもたらす立派な行ないを生じさせるために、如来は種々の法門をさまざまに説くのである。

永遠のブッダによる永遠の菩薩道

如来は、如来がなすべきことをなすのである。如来は、遥かな昔に覚りに達し、量ることのできない寿命を持ち、常に〔サハー世界に〕存在し続けて〔説法して〕いるのである。如来は、完全なる滅度に入ったことはなく、〔衆生を〕教化することを願って完全なる滅度を示してみせるのである。私は、過去における菩薩としての修行を今なお完成させていないし、寿命も未だに満たされていない。私の寿命が満たされるまで、今なおその〔久遠《くおん》以来の〕二倍、すなわち幾百・千・コーティ・ナユタ劫にわたるであろう。

方便として涅槃を現ずる

だから今、私は完全なる滅度に入ることはないのに、完全なる滅度に入るだろうと告げるのだ。理由は何か？　私は、次のようにして衆生を完成させるからだ。私がこの世に長く存在し続けると、私にいつでも会うことができることで、衆生は善い果報をもたらす立派な行ないをなさず、福徳を欠き、愛欲を貪り、盲目のために誤った見解の網に覆われるのだ。

願わくは、衆生が『如来は常に存在し続けている』と考えて、如来を求める思いが鈍ったり、如来に対して会い難い思いを生じなかったり、三界から出離するための努力精進《しょうじん》をなさなかったりすることがないように。

ゆえに、良家の息子たちよ、如来は巧みなる方便によってそれらの衆生に、『男性出家者たちよ、如来が、この世に出現するのは実にまれなことである』と述べたのである。それは、それらの衆生にとって、幾百・千・コーティ・ナユタ劫もの長い時間が経過しても、如来に会うことが可能であるか否か分からないからである。

それらの衆生は、如来がこの世に出現するのはまれであることを知って、不思議な思いと、憂いの思いを生じ、如来に会うことを渇望するようになるであろう。如来の拠《よ》り所に熟慮をなすことによって、衆生が積む善い果報をもたらす立派な行ないは、長期間にわたって衆生を利益と善と安楽とに導くであろう。この道理を考えて、如来は、完全なる滅度に入ることがないのに、如来は完全なる滅度に入るだろうと告げるのだ。このように言うことが、如来のこの法門であって、ここにおいて虚言は存在しないのだ。

良医病子の譬え

例えば医学に精通した人が、学識を具《そな》え、明晰《めいせき》で、賢く、すべての病を治すことに巧みであって、その人には多くの息子たちがいるとしよう。その医者が他の国に出かけた留守中に、その息子たちが、毒物による苦しみを受けているとしよう。息子たちは大地に倒れて悶《もだ》え苦しんでいる。その時、父であるその医者が他の国から帰ってきた。

息子たちのある者たちは意識が倒錯《とうさく》していて、ある者たちは正常であった。息子たちは、その苦しみに苛《さいな》まれていたが、父の姿を見て喜び、父に言った。

『ありがたいことです。お父さん、無事にお帰りになりました。毒物の苦しみから解放して、私たちに生命を与えてください』

その医者は、卓越した薬物を集め、挽《ひ》いて粉にし、息子たちに与えて言った。

『息子たちよ、あなたたちは、色も香りも味も具えたこの卓越した薬を飲むがよい。この薬を飲めば、直ちにこの毒物から解放されて、元気になるであろう』

意識が倒錯していない息子たちは、薬物の色を見て、香をかぎ、味を味わって、直ちに口にした。そして、苦痛からことごとく解放された。

ところが、意識が倒錯した息子たちは、父の帰りを喜んだものの、与えられた薬を飲もうとしなかった。理由は何か？　それは、意識が倒錯していて、薬の色も香りも味も気に入らなかったからだ。その時、その医者は、次のように考えるであろう。『息子たちは、毒物によって意識が倒錯してしまって、この卓越した薬を飲もうとしない。けれども、私を歓迎している。そういうわけで、私はこの息子たちに巧みなる方便を用いて、この薬を飲ませるとしよう』

そこで、その医者は、言うであろう。『良家の息子たちよ、私は老衰した老人で、死の時が迫っている。息子たちよ、悲しんではならない。落胆してはならない。あなたたちのために、この卓越した薬を与えた。望むならば、その薬を飲むがよい』

その医者は、息子たちを、このように巧みなる方便によって教え導くと、ある国へと出発し、旅先から息子たちに自分が死んだことを伝えた。その時、息子たちは大変に悲しみ、大いに泣いた。『私たちの父で、保護者で、私たちに同情してくださるただ一人の人さえも亡くなってしまった。今、私たちは、寄る辺なきものとなってしまった』

息子たちは、寄る辺なきもの、保護者なきものとなった自分を見つめながら、悲しみにくれた。それによって、倒錯した意識状態が正常になった。息子たちは、その薬が色も香りも味も具えていることに気づき、薬を口にした。息子たちは、その苦悩から解放された。その時、その医者は、息子たちが苦悩から解放されたことを知って、再び自分の姿を現した。

良家の息子たちよ、巧みなる方便として虚偽を告げたことで、誰かが、その医者を責めることはないであろうか？」

「世尊よ、それはありません」

「良家の息子たちよ、私は、幾百・千・コーティ・ナユタ劫ものはるかな過去において、覚りを得ていたけれども、衆生を教化するために、このような諸々《もろもろ》の巧みなる方便を示すのである。この点において、私には虚言は決して存在しないのだ」


「私は、繰り返して衆生の世界に出現する」


そこで、世尊は、以上のことを重ねて示しながら詩を述べられた。

「その時、私はこの最高の覚りを得た。そして、計り知ることのできない幾千・コーティ劫もの長い間、私は常に法を説いているのだ。私は多くの菩薩たちを教化して、ブッダの知において確立させ、幾コーティ・ナユタもの多くの衆生を、幾コーティもの多くの劫にわたって成熟させるのである。

衆生を教化するために、私は巧みなる方便を示して、完全なる滅度の境地を現すのだ。けれども実際には完全なる滅度に入るのではなく、この世において法を説き続けているのである。私は自分に神通力をかけてここに示現《じげん》している。私は、すべての衆生にも神通力をかけている。そのため、愚かな人々は、私がここに存在し続けているにもかかわらず、私を見ることがないのだ。私自身の身体が、完全に消滅したのを見て、それらの衆生は、遺骨に対して種々の供養《くよう》をなす。私に会うことがないので、衆生は渇望する心を生じて、心に素直さを得る。衆生が素直で、温和で、愛欲を離れた状態になった時、私は、声聞《しょうもん》たちの集団を形成して、霊鷲山《りょうじゅせん》（グリドラクータ山）に自分の姿を現すのだ。そして、私はそれらの衆生に告げるのだ。『私は、完全なる滅度に入ったのではない。そのように見せるのは、私の巧みなる方便なのだ』と。男性出家者たちよ、私は、繰り返して衆生の世界に出現するのだ。他の国土の衆生は、私を尊敬している。私は、それらの他の国土の衆生に私の最高の覚りを示すのだ。ところが、あなたたちは、私の声を聞くことがなく、『保護者は涅槃に入られた』と思っている。私は、衆生が悲しみに打ちひしがれているのを見る。しかしながら、まだ自分の身体を現すことはない。まず第一に、それらの衆生に私を見ることを熱望させているのだ。渇望した者たちには、正しい教えを説き示すであろう。私の神通の力は、このようなものである。考えることもできない幾千・コーティ劫もの間、私は幾コーティもの寝台や座席を具えたこの霊鷲山から別の所へと去ることはない。

「私のブッダの国土は、常に存在し続けている」

衆生が、この世界を焼かれていると見たり、想像したりする時にも、私のこのブッダの国土は、神々と人間たちで満たされているのだ。それらの衆生には、いろいろな娯楽の楽しみや、幾コーティもの遊園、楼閣、宮殿があり、私のブッダの国土は、宝石でできた山々や、宝石でできた花や果実をつけた諸々の樹木で飾られている。上方では、神々が楽器を鳴り響かせ、マンダーラの花（曼陀羅華《まんだらけ》）の雨を私にふり注ぎ、そして声聞たちや、覚りに向かって出で立った他の賢者たちに注ぎかけている。私のこの国土は、このように常に存在し続けている。けれども他の人たちは、この国土が焼かれていると思い、世界を極めて恐ろしく、幾百もの憂いが満ちている所だと見るのである。それらの衆生は、幾コーティもの多くの劫を経ても、私の名前や、タターガタ（如来）、ダルマ（法）、あるいはサンガ（僧伽《そうぎゃ》）〔、すなわち三宝《さんぼう》という言葉〕さえも決して聞くことがない。悪い行ない（悪業《あくごう》）の結果は、このようなものである。しかし、素直で温和な衆生は、人間の世界に生まれるや否や、立派な行ないの結果によって、私が法を説いているのを見るのである。

「私は医者であり、それぞれに応じて法を説く」

ブッダの仕事がこのように終わりなきものであることを、私は、衆生に対していかなる時にも決して話していない。久しい時間の後に姿を現し、『勝利者たちは極めて会い難い』と私は説くのだ。私のこの知の力は、限界がなく、最も輝かしいものである。しかも、私の寿命は長く、無限の劫にわたっている。私は昔、それを修行して獲得した。賢者たちよ、あなたたちは、疑いを抱いてはならない。疑惑を残らず捨て去るがよい。私は、真実の言葉を語るのだ。決して偽りはない。巧みなる方便を習得した医者が、倒錯した意識状態の息子たちに、自分のことを、『死んだ』と告げたとしても、虚偽という理由で賢者がその医者を責めないようなものである。このように私は世間の人々の父であり、独立自存するものであり、医者であり、すべての衆生の保護者である。凡夫たちが意識の倒錯した愚者であると知って、私は、完全なる滅度に入ることはないけれども、完全なる滅度に入った姿を示すのである。理由は何か？　私を常に見ることで、愚かな無知の人々は浄信がなく、依存して愛欲に酔いしれて、怠惰のゆえに悪しき境遇（悪趣《あくしゅ》）に堕《だ》するからである。私は、常に衆生のそれぞれの行ないを知って、それぞれに応じたやり方で衆生に教えを説くのだ。『いったい、どうやって衆生を覚りに到達させようか。どうしたら、衆生がブッダの性質を得るものとなるであろうか』と」

《大地の構成要素（地大）》地《ち》・水《すい》・火《か》・風《ふう》・空《くう》の五大（五元素）の中の「地大」のこと。**《阿僧祇》**「数えることができない」という意味のアサンクィェーヤを音写して「阿僧祇」、漢訳して「無数」とされた。十の五十九乗、または五十六乗を意味する。

【解説】

マイトレーヤ菩薩の疑問に答えて釈尊《しゃくそん》が語り出した。「世間の人々は、私がこの上ない正しく完全な覚り（阿耨多羅三藐三菩提《あのくたらさんみゃくさんぼだい》）を得たのは四十数年前のことだと思っている。けれども、そのように見なすべきではない。私が覚ってから遥かな時間を経ているのだ」と告げた。

第七章の化城喩品では〝一〟個の三千大千世界を構成する原子（塵《じん》）の数を用いた「三千塵点劫」という時間の概念が出てきたが、ここではそれとは比較にならない程の時間の長さが出てくる。ただし、サンスクリット原典からは意味を読み取りにくいので、鳩摩羅什訳で比較することにしよう。寿量品では〝五百・千・万・億《のく》・那由《なゆ》他《た》・阿僧祇《あそうぎ》〟個（$=10^{87}$個）の三千大千世界を構成する原子の数を用いた時間が出てくる。それは、筆者の計算では、三千塵点劫の10^{170}倍の過去ということになる（詳細は植木著『思想としての法華経』第十章、『ほんとうの法華経』第十五章参照）。釈尊が覚りを得て、それほどの遥かな時間が経過しているというのだ。

このように釈尊が〝永遠〟のブッダであったことを明かしたことの意味は何か？　それは、釈尊滅後に相次いで考え出された多くの仏・菩薩たちを釈尊に統一するためであったといえよう。歴史的に実在した人物は釈尊のみであった。「神が人間を作ったのではなく、人間が神を作ったのだ」という西洋の言葉と同様に、釈尊以外の仏・菩薩は人間が考え出した架空の人物である。

『法華経』が編纂される頃には、このように過去・未来・現在の三世にわたり、四方・八方・十方における多くの仏・菩薩が論じられていた。それに対して、『法華経』は「それらは、いずれも実在しない架空の存在にすぎない」と無下に否定することなく、「それらの仏・菩薩は、久遠以来成仏《じょうぶつ》していた私が、名前を変えて種々の国土に出現していたのであり、それは私だったのだ」と説くことによって釈尊に収束させ、統一した。その際、中途半端な過去に成道《じょうどう》の時点を定めると、それより前に成仏していた如来がいたと言いだされかねない。それを封じるために、とてつもない遥かな過去としたのであろう。

また、イランのミトラ（mitra）神がマイトレーヤ（maitreya、弥勒）菩薩となるなど、外来の神格が仏・菩薩として仏教に取り込まれることもあった。それに伴い、西洋の一神教的絶対者のような永遠だが抽象的な如来（法身仏《ほっしんぶつ》）が考え出され、本来の仏教の人間観・ブッダ観とは異なるものになる傾向が出てきた。

仏教では人間からかけ離れた絶対者的存在を立てない。中村元《はじめ》先生は「西洋の絶対者（＝神）は人間から断絶しているが、仏教において絶対者（＝仏）は人間の内に存し、人間そのものである」と言われた。決して個々の人間から一歩も離れることはない。仏教は、人間を原点に見すえた人間主義であり、人間を〝真の自己〟（人《にん》）と「法《ほう》」に目覚めさせるものであった。

「人」は具体的な人格的側面、「法」は普遍的な真理の側面を捉えたものである。これは、人間と真理との関係を捉える仏教独自のものの見方だと言えよう。仏教は、「人」と「法」は一体であるべきだと説いた。「法」は宙ぶらりんの状態では価値を生じない。「人」の生き方に具現されてはじめて価値を生じる。原始仏典に「私（釈尊＝人）を見るものは法を見る。法を見るものは私を見る」（『サンユッタ・ニカーヤ』）とあるように、その「法」を覚ったことで釈尊という「人」はブッダ（目覚めた人）となった。その「法」は、釈尊が発明したものでもなく、専有物でもない。誰にも開かれている。その「法」を「人」に体現して、「真の自己」に目覚めることが仏教の目指したことであった。

ところが後世になって、普遍的真理であった「法」が人格化されて、宇宙の背後にいる「法身如来《ほっしんにょらい》」（法身仏）という特別の存在にされてしまい、各自が体現すべきものとしてあった「法」が、崇《あが》め、すがるべき対象にされてしまう。その法身如来は、我々の現実世界とはかけ離れた存在であり、一神教的絶対者（人格神）と類似した構造になる。そうなると、仏教の「人」と「法」の関係が崩れてしまう。

さらに、その一神教的絶対者と我々との間に介在者が出てくると、その人は特権階級になる。仏教は、そのような絶対者や、特権階級を必要とせず、「人」と「法」の関係として、あらゆる人が横並びとなる平等思想を説いていたことを知るべきである。

一神教的絶対者のような如来を導入する傾向に対して、『法華経』は、〝歴史上の人物である釈尊〟のブッダとしての永遠性を強調して、その流れに歯止めをかけようとした。久遠実成《くおんじつじょう》の釈尊とは、現実世界にかかわり続けるブッダ（歴史的人物）であった。決して、久遠仏が宇宙の背後にいて、その化身として釈尊が仮の姿で現実世界に現れてきたというのではない。

この寿量品で釈尊は、ブッダとしての永遠性を強調するとともに、「菩薩としての修行を今なお未だに完成させていない」とも語っている。常にブッダとして娑婆世界にあり続けると同時に、永遠の菩薩道に専念しているという。

宇宙の背後など、人間とかけ離れたところではなく、あくまでも娑婆世界にあり続ける。人間として、人間の中にあって、人間に語りかけ、菩薩行を貫く存在としてある。

法師品《ほっしぼん》の法師としての菩薩も、「衆生を憐れむために、このジャンブー洲《しゅう》（閻浮提《えんぶだい》）の人間の中に再び生まれてきた」「ブッダの国土への勝れた誕生も自発的に放棄して、衆生の幸福と、憐れみのために、この法門を顕示する」ということが強調された。

薬草喩品でも、「如来は（中略）世間に出現して、世間のすべての人々を声をもって覚らせるのである」ともあった。

あくまでも人間として生まれ、人間対人間の関係性の中で言葉（対話）によって救済する在り方を貫くブッダなのだ。仏に成ることがゴールなのではなく、人間の真っただ中で善行を貫くことが目的であり、菩薩行は手段でもあり目的でもあった。

「成仏」（仏に成る）という言葉には、仏に成る前は「劣ったもの」で、仏に成ることが「勝れたもの」というイメージが伴う。このイメージは、権威主義的部派仏教が、ブッダを人間離れしたものにしてしまった残滓《ざんし》であろう。ブッダは、「真の自己」に目覚め、人間としてあるべき普遍的真理（法）に目覚めた存在で、人間からかけ離れた在り方ではなかった。成仏とは、「真の自己に目覚めること」「失われた自己の回復」であり、中村元先生の表現を借りれば「人格の完成」であったのだ。

「人間であること」と、「ブッダであること」とは二者択一の関係ではなく、同時である。久遠以来、ずっと仏であり、久遠以来、ずっと菩薩の修行をやり続けている。

それは、永遠に人間としてあり、人間を離れてブッダがあるのではなく、人間として完成された存在であることを意味している。原始仏典を見ても、釈尊は「私は人間として生まれ、人間として成長し、人間としてブッダとなることを得た」と語っていた。

そうは言っても、〝永遠のブッダ〟であるはずの釈尊は亡くなったではないか？という疑問が出てくる。それに対する答えが「方便現涅槃《ほうべんげんねはん》」（方便として涅槃を現ず）であった。衆生を仏道に入らせるために方便としての涅槃を現じたというのだ。

如来が存在し続けていると、如来に会いたいという思いを抱くことがない。敢《あ》えて、涅槃に入ったように見せて、姿が見えないようにして、仏を渇仰《かつごう》する思いを生じさせる。涅槃を現ずるのは方便である。あくまでも現実世界に在って、説法教化《せっぽうきょうけ》している存り方を真実としている。

以上のことが、留守中に毒物を飲んで苦しむ子どもたちに、良薬を作って与えた父親（医者）の譬《たと》え話（良医病子《ろういびょうし》の譬え）として再説された。

第十六章　分別功徳品（第十七）＝ふんべつくどくぼん

〝如来の寿命の長さの教説〟を聞く功徳

この〝如来《にょらい》の寿命の長さについての教説〟が説かれているうちに、無量の衆生《しゅじょう》が、利益《りやく》を生じた。

その時、世尊《せそん》は、マイトレーヤ（弥勒《みろく》）菩薩《ぼさつ》に話しかけられた。

「アジタ（弥勒）よ、この〝如来の寿命の長さについての教説〟という法門が説かれているうちに、多くの菩薩たちに、何ものも生ずることはないという真理を認める知（無生法忍《むしょうぼうにん》）が生じた。また、その千倍もの多くの菩薩たちにダーラニー（陀羅尼《だらに》）の獲得があった。この法門を聞いて、一千世界を構成する原子の数の菩薩たちが滞ることのない雄弁さを獲得した。

さらに、百・千・コーティ・ナユタ回も旋回するダーラニー（旋陀羅尼《せんだらに》）*を獲得したもの、不退転の真理の車輪を転ずるもの、汚れのない輝きを持つ真理の車輪を転ずるものがあった。

さらに、この法門を聞いて八度の誕生を経た後に、あるいは四度の誕生を経た後に、あるいは三度、あるいは二度、あるいは一度の誕生を経た後に、この上ない正しく完全な覚りに到ることが確定された。

さらに、八つの三千大千世界を構成する原子の数に等しい菩薩たちは、この法門を聞いて、この上ない正しく完全な覚りに向けて心を発《おこ》したのだ」

マイトレーヤによる釈尊の無限の寿命の讃嘆

以上のことを世尊が説かれると、直ちに空中からマーンダーラヴァの花の雨が降ってきて、宝樹の根もとの師子座《ししざ》に坐っておられる幾百・千・コーティ・ナユタものブッダたちのすべてと、シャーキャムニ如来と、〝多くの宝を持つもの〟という如来、さらに菩薩の群衆と四衆《ししゅ》たちに注がれた。そして、天上の栴檀《せんだん》と沈水香《じんすいこう》の粉末が空から降り、心にかなった甘美な音のする太鼓が、誰も打ち鳴らしていないのに空中で鳴り響いた。

そして、天上の衣が空から舞い降り、真珠の首飾りや、宝石が空中に遍《あまね》く垂れ下がった。また、幾千もの宝石造りの香炉が、ひとりでに空中を遍く動き回った。また菩薩たちは、幾百・千・コーティ・ナユタものブッダたちのために、宝石で造られた日傘を空中に差しかけ、詩を創作して如来たちを称讃した。

そこで、マイトレーヤ菩薩は、次の言葉で始まる詩によって以上のことを繰り返して述べた。

「人格を完成された人は、希有なる法を説き聞かせてくださりました。指導者にいかに偉大なる本性が具《そな》わっているのか、また、指導者（釈尊《しゃくそん》）の寿命の長さがいかに無限であるのか、私たちは、かつて聞いたことがありません。ブッダの無限の寿命の長さが示されたことによって、これらのすべての衆生は、歓喜を得ております」

五波羅蜜の修行よりも一念信解の功徳

そこで世尊は、マイトレーヤ菩薩に話しかけられた。

「〝如来の寿命の長さについての教説〟という法門を聞く功徳は、計り知れない。それは、次の通りである。

この上ない正しく完全な覚りを渇望しつつ、八十万・コーティ・ナユタ劫もの間、智慧《ちえ》の完成を除いた布施《ふせ》・持戒《じかい》・忍辱《にんにく》・精進《しょうじん》・禅定《ぜんじょう》の五種類の完成（五波羅蜜《ごはらみつ》）に向けて修行する人がいる。

一方、〝如来の寿命の長さについての教説〟という法門を聞いて、良家の息子であれ、良家の娘であれ、一度でさえも覚りを求める心を発《おこ》す信順の志（一念信解《いちねんしんげ》）を生じ、あるいは浄信を生ずる人がいる。

〔この〕二つの場合に生ずる福徳と善根を比べれば、前者は後者の百分の一にも、千分の一にも、あるいは百・千・コーティ・ナユタ分の一にも及ぶことはないのだ。アジタよ、このような福徳の生成を具えた良家の息子、あるいは良家の娘が、この上ない正しく完全な覚りから退くということはありえないのだ。

一念信解よりも深心信解の功徳

次にアジタよ、この〝如来の寿命の長さについての教説〟という法門を聞いて、通達し、信順の志（深心信解《じんしんしんげ》）を抱き、覚る人は、先の一度でも信順の志を生じるものの場合よりもさらに無量の、ブッダの知へと導くべき福徳を生ずるであろう。ましてや、この法門を聞いて、人に聞かせたり、読誦《どくじゅ》したり、受持《じゅじ》したり、書写したり、書写させたり、さらには写本にして花や、薫香《くんこう》、花環、衣、日傘、旗、幟《のぼり》によって、あるいは燈明《とうみょう》によって恭敬し、供養《くよう》し、尊重させる人が、さらに多くのブッダの知へと導く福徳を生じることとは、言うまでもないことである。

また、アジタよ、良家の息子であれ、良家の娘であれ、この〝如来の寿命の長さについての教説〟という法門を聞いて、高潔な心をもって信順の志（深心信解）を抱く時、その良家の息子、あるいは良家の娘は、私が霊鷲山《りょうじゅせん》（グリドラクータ山）にいて菩薩の群衆に伴われ、声聞《しょうもん》の集団の真ん中で法を説いているのを見るであろう。しかも、私のブッダの国土であるサハー（娑婆《しゃば》）世界が、琉璃《るり》で造られ、平坦《へいたん》で、八方に道が延びるロータリーに黄金の糸が張られ、宝樹で飾られているのを見るであろう。また、菩薩たちが、楼閣で楽しみながら暮らしているのを見るであろう。

アジタよ、このように見ることが、高潔な心をもって信順の志を抱く良家の息子、あるいは良家の娘の高潔な心の特徴なのだ。

この法門を受持する人はストゥーパを造る必要はない

しかるにまた、アジタよ、私の入滅後、この法門を聞いて謗《そし》ることなく、むしろ喜んで受け容れる人たちをも、私は、高潔な心をもって信順の志を抱いた良家の息子たちと言うのである。ましてや、この法門を受持《じゅじ》し、読誦《どくじゅ》する人たちは、言うまでもないことである。

その上、この法門を写本にして肩に担う人は、如来を肩に担っているのである。それ故に、良家の息子、あるいは良家の娘は、私のためにストゥーパを建てる必要はないし、精舎《しょうじゃ》を建てる必要もない。男性出家者の集団のために薬品などの生活必需品を布施《ふせ》する必要もないのだ。理由は何か？　その良家の息子、あるいは良家の娘は、既に私の遺骨に対して遺骨供養をなしたことになるのであり、ストゥーパを建てたことになるからである。また、遺骨を安置したストゥーパに対して、花や、薫香、花環、衣、日傘、旗、幟によって種々に恭敬をなし、甘美で心にかなった冴《さ》えた音のする種々の太鼓、楽器、歌や、舞踊、歌舞によって、計り知ることのできない多くの劫の間、恭敬をなしたことになるからである。

アジタよ、私の入滅後、この法門を受持《じゅじ》し、読誦《どくじゅ》し、書写し、解説《げせつ》するならば、その人は、広大な精舎をも建てたことになるのである。その精舎は、赤い栴檀《せんだん》でできた八層からなる三十二の高楼があり、幾千人もの男性出家者たちの房舎があり、園林《おんりん》や花で飾られ、そぞろ歩きのための森を有し、寝台と座具を具《そな》え、飲食物、薬品などの生活必需品で満たされ、安楽をもたらすあらゆる用具で飾られているのだ。それらの精舎の数は、幾百、あるいは幾千、さらには幾百・千・コーティ・ナユタで、多くて計り知ることができないのだ。

それらの精舎は、私の入滅後であっても、私の面前で声聞《しょうもん》の集団に与えられたのであり、私が享受するのだと知るべきである。従って、私は『如来の私が完全なる滅度に入った後で、この法門を受持・読誦・解説・書写したり、書写させたりする人は、私の遺骨を安置《あんち》したストゥーパを造る必要はなく、声聞の集団への供養もなす必要はない』と言うのだ。

この法門を受持し六波羅蜜を行ずる人の功徳

ましてや、この法門を受持しつつ、布施・持戒・忍辱・精進・禅定・智慧の六つによって修行を完成しようとするその良家の息子、あるいは良家の娘が、さらに多くの無量で無限のブッダの知へと導くべき福徳を生ずることは言うまでもないのだ。あたかも虚空界《こくうかい》が、東・南・西・北・下・上の方角と、〔南東、南西、北東、北西の四つの〕方位（四維《しい》）において無限であるように、無量で数えることもできないブッダの知へと導くべき福徳を生じるであろう。

その人は、如来のチャイティヤ（塔廟、経塔）の恭敬に専念し、声聞たちを称讃し、菩薩たちの徳性を讃嘆し、他の人々のために解説するであろう。そして、忍辱（忍耐）によって修行を完成し、戒律を持《たも》ち、善良な性格で、快く共に暮らすものとなるであろう。また、耐え忍び、感情を抑制し、不機嫌であることなく、怒ることもなく、錯乱《さくらん》した心のないものとなるであろう。意識をしっかりとし、気力に満ち、努力精進と修行に常に専念するものとなるであろう。ブッダの法を探究することで禅定に励み、独居して沈思黙考することに旺盛なものとなるであろう。また、質問を分析するのに巧みで、幾百・千・コーティ・ナユタもの質問に答える人となるであろう。

アジタよ、私の入滅後、この法門を受持する菩薩は、このような徳性が具わるであろう。その良家の息子、あるいは良家の娘は、覚りの座へと出で立ったのであり、覚りを得るために菩《ぼ》提樹《だいじゅ》の根もとに赴いているのである。〔その説法者には、『この人は如来である』という思いを生じるべきである。〕

また、良家の息子、あるいは良家の娘が、立ったり、坐ったり、そぞろ歩きをしたりするところには、如来のためにチャイティヤが造られるべきで、それは、神々に伴われた世間の人々によって、『これは、如来のストゥーパ（仏塔）である』と言われるべきである」

《旋回するダーラニー（旋陀羅尼）》ダーラニー（陀羅尼）の持つ力を勢いよく回転する車輪に譬えたものか？

【解説】

本章では、「如来の寿命の長さについての教え」を聞いて信受する功徳が明かされる。寿命の長さが大事なのではなく、釈尊がそれだけの長い寿命をもってこのサハー（娑婆）世界で常に説法教化《せっぽうきょうけ》し、菩薩行を貫いているブッダであり、三世十方の諸仏菩薩の根本であるということが重要である。

諸仏菩薩の一人がマイトレーヤ（弥勒）菩薩であり、小乗仏教や、一部の大乗仏教では五十六億七千万年後に釈尊に代わってブッダになると待望されていた。その菩薩が言う。「指導者の寿命の長さがいかに無限であるのか、私たちは、かつて聞いたことがありません」と。これは、マイトレーヤ菩薩の出番はないということをマイトレーヤ菩薩自身に語らせたものだ。

前章で外来の仏・菩薩信仰への批判について述べた。マイトレーヤ菩薩は、序品では「名声ばかりを追い求めるもの」「怠け者」という不名誉な過去の姿で紹介されていた。涌出品でも釈尊が〝永遠〟のブッダであるという答えを引き出す質問役をさせられていた。『法華経』の少し前に編纂された『維摩経』でもマイトレーヤ菩薩は、道化師《どうけし》的な役回りを演じさせられていた。

ガンダーラで編纂された『増譬喩経《ぞうひゆきょう》』では、五十六億七千万年後に出現するとされるマイトレーヤ菩薩に会うまでは死ぬに死ねないとする長老を皮肉った経典も作られていた。それだけ、マイトレーヤ菩薩待望論に対して疑問を抱く人たちも多かったのであろう。

本章では、この法門を聞いて信受する人の福徳がいかに無量であり、甚大であるかが、いろんな観点から詳細に論じられた。

①八十万・コーティ・ナユタ劫の間、智慧の完成を除く布施・持戒・忍辱・精進・禅定の五種類の完成（五波羅蜜《ごはらみつ》）に向けて修行する人、②〝如来の寿命の長さについ

ての教説〟という法門を聞いて、一度でさえも覚りを求める心を発《おこ》す信順の志（一念《いちねん》信解《しんげ》）を生じる人、③〝如来の寿命の長さについての教説〟という法門を聞いて、高潔な心をもって信順の志（深心信解《じんしんしんげ》）を抱く人、④この法門を受持しつつ、布施・持戒・忍辱・精進・禅定・智慧の六つによって修行を完成しようとする人――の四段階を挙げ、①よりも②、②よりも③が勝れているとする。③による功徳として、霊鷲山（グリドラクータ山）で菩薩の群衆に伴われ、声聞の集団の真ん中で釈尊が法を説いているのを見ることになり、サハー（娑婆）世界が、ブッダの国土の様相となるのを見るであろうと語る。

　さらに③よりも④のほうが勝れていると語られる。智慧の完成なき五波羅蜜は、最も劣ったものだが、根本のブッダを見誤らないことが大事で、その上で智慧の完成を根本とした五波羅蜜の修行がベストであるということだ。

第十七章　随喜功徳品（第十八）＝ずいきくどくぼん

この法門を聞いて喜び受け容れる福徳

その時、マイトレーヤ（弥勒《みろく》）菩薩《ぼさつ》は、世尊《せそん》に尋ねた。

「世尊よ、良家の息子であれ、良家の娘であれ、この法門が説き示されるのを聞いて、喜んで受け容れるならば、その人は、どれほどの福徳を生み出すでしょうか？」

「アジタ（弥勒）よ、良家の息子であれ、良家の娘であれ、誰であっても、私の入滅後、この法門が説き示され、解説《げせつ》されているのを聞くとしよう。男性出家者であれ、女性出家者であれ、男性在家信者であれ、女性在家信者であれ、学識ある人であれ、少年であれ、少女であれ、この法門を聞いて後に、喜んで受け容れるであろう。

その人が、その法を聞いて席から立ち上がり、出かけていって、精舎《しょうじゃ》であれ、家であれ、荒野であれ、街道であれ、村であれ、地方であれ、どこにいても、聴聞したその法を、聞いた通りに、受け止めた通りに、能力に応じて他の衆生《しゅじょう》に語るとしよう。母であれ、父であれ、親戚縁者であれ、親友であれ、親密な人であれ、他の誰かに語るとする。この法門が語られるのを聞いて、その人もまた喜び、その法門を喜んで受け容れて後に、さらにまた他の人に語るとしよう。

連続して語り継いだ五十人目の福徳

この法門を聞いて、次のその人もまた喜び、その法門を喜んで受け容れて後に、その人もまた他の人に語るとしよう。その法門を聞いて、他のその人もまた、喜ぶとしよう。このようにして、五十人に至るまで中断なく連続して、この法門が語り継がれるとしよう。その場合、実にアジタよ、この五十番目の人も、連続して順次に聞いて喜んで受け容れるとしよう。

アジタよ、私はまず第一に、その良家の息子、あるいは良家の娘が、この法門を喜んで受け容れることに伴って生ずる福徳について説き示そう。あなたは、それを正しく聞いて、よく考えるがよい。

アジタよ、それは、あたかも無量の世界において生存し、六種の生存領域（六道）の中に生まれた衆生――すなわち卵から生まれたもの（卵生《らんしょう》）、あるいは母胎から生まれたもの（胎生《たいしょう》）、あるいは湿ったところから生まれたもの（湿生《しっしょう》）、あるいは両親なしに自然発生したもの（化生《けしょう》）、あるいは形を持つもの、あるいは形を持たないもの、あるいは意識を持つもの、あるいは意識を持たないもの、あるいは意識を持つものでないもの、あるいは意識を持たないものでないもの、あるいは足を持たないもの、あるいは二本足を持つもの、あるいは四本足を持つもの、あるいは多くの足を持つものに至るまで――それらの衆生が、一堂に集合して衆生の世界にやって来るようなものである。

八十年布施し阿羅漢に到らせる大施主の福徳

その時、誰かが現れて、衆生の福徳と幸福を願って、多くの衆生が願い求めている楽しく、心にかなったあらゆる快楽、遊び、喜び、享楽を与えるとしよう。その快楽、遊び、喜び、享楽のために、一人ひとりの衆生にジャンブー洲《しゅう》に満ちるほどの金貨、黄金、銀、宝石、真珠、琉璃《るり》、螺貝《らがい》、碧玉《へきぎょく》、珊瑚《さんご》や、馬の車、牛の車、象の車、そして宮殿や、楼閣を与えたとしよう。

このようにして、大施主であるその人は、八十年にわたって施物《せもつ》を与えて、考えた。『私は、これらのすべての衆生を楽しませ、安楽に生活させた。しかしながら、これらの衆生は、白髪頭《しらが》となり、生まれて八十歳の年をとった高齢の老人で、死に近づいている。そういうわけで、私は今、これらの人たちを如来《にょらい》によって説かれた法（真理の教え）と律（出家者の守るべき規則）に悟入させ、導こう』

その人は、それらの衆生を教化《きょうけ》し、如来によって説かれた法と律に悟入させ、理解させるとしよう。それらの衆生は、その人からその法を聞いて、瞬時にして、〝聖者としての流れに入ったもの〟(預流《よる》＝須陀洹《しゅだおん》)、〝天界から人間界にもう一度だけ還ってきて覚りを得るもの〟(一来《いちらい》＝斯陀含《しだごん》)、〝二度と迷いの世界に還ってこないもの〟(不還《ふげん》＝阿那含《あなごん》)となり、〝二度と迷いの世界に還ってこないもの〟の果(不還果《ふげんか》)を得て、煩悩を滅し、禅定《ぜんじょう》に専念し、阿羅漢《あらかん》になるであろう。

アジタよ、あなたはどう考えるか。このような大施主であるその人は、多くの福徳を生み出すであろうか？」

「世尊よ、これはその通りです」

大施主よりも五十番目の人

「アジタよ、大施主であるその人が、すべての衆生に安楽をもたらすあらゆるものによって、無数の世界を満たし、すべての衆生を阿羅漢の位に立たせて、多くの福徳を生み出すかもしれないが、この法門を連続して語り継いで達した五十番目の人が、この法門から一つの詩(偈《げ》)でも、一つの句でも聞いて、喜んで受け容れることに伴う福徳のほうが、大施主の場合よりもずっと内容が富んでいるのである。

この法門の一つの詩でも、一つの句でも喜んで受け容れることに伴って生じる福徳、および善い果報をもたらす善根《ぜんこん》に比べれば、布施《ふせ》することや、阿羅漢の位に立たせることに伴って生じる福徳は、その百分の一にも及ばないし、千分の一にも、さらには百・千・コーティ・ナユタ分の一にも及ぶことはないのだ。その差は、計り知ることができないのだ。

私の面前で聞く人は言うまでもない

アジタよ、ましてや、私の面前でこの法門を聞き、聞いて後に喜んで受け容れる人は、言うまでもないことである。アジタよ、その人の生み出す福徳は、さらに数えることもできないのだ。

さらに、良家の息子であれ、良家の娘であれ、この法門を聞くために、自分の家を出て、精舎に行って、立ったままか、坐ったままで、この法門を瞬時でも聞くとしよう。その人は、それだけ多くの福徳を生じて蓄積し、現在の生存を終え、生まれ変わって、第二の人生で第二の自己の身体を獲得する際に、牛の車を獲得したものとなるであろう。また馬の車、象の車、輿《こし》、牝牛《めうし》の乗り物、牡牛《おうし》の乗り物、神々の天上の乗り物を獲得したものとなるであろう。

さらに、法を聞くその場において、瞬時の間でも坐ってこの法門を聞いたり、あるいは他者を坐らせたり、あるいは他の衆生のために座席を譲り与えることをなすならば、その人は、その福徳によってシャクラ神（帝釈天《たいしゃくてん》）の座席、ブラフマー神（梵天《ぼんてん》）の座席、転輪王《てんりんのう》の師子座《ししざ》を獲得するであろう。

一人に勧めただけでも多くの福徳

さらに、良家の息子であれ、良家の娘であれ、誰かが他の男に、『友よ、あなたは、来るがよい。そして、〝白蓮華《びゃくれんげ》のように最も勝れた正しい教え〟（法華経）という法門を聞くがよい』と言うとしよう。そのように言われたその男が、その人の勧めに従って、瞬時の間でもこの法門を聞くならば、その法門を聞くことを勧めた人は、その行為によって形成された善い果報をもたらす善根によって、ダーラニーを獲得した菩薩たちと出会うであろう。

その人は、愚鈍《ぐどん》でなく、明敏《めいびん》な能力（利根《りこん》）を持ち、智慧《ちえ》を具《そな》えていて、幾百・千もの生存のうちにも、口が悪臭を発することもなく、舌の病もなく、口の病もない。その人は、黒ずんだ歯、不揃《ふぞろ》いの歯、黄ばんだ歯、形の悪い歯、隙間《すきま》のある歯、抜け落ちた歯、湾曲した歯を持つことがない。垂れ下がった唇《くちびる》、内側にめり込んだ唇、分厚い唇、裂けた唇、歪んだ唇、黒い唇、醜い唇を持つこともない。その人は、扁平《へんぺい》になった鼻、湾曲した鼻を持つこともない。その人は、長い顔、歪んだ顔、黒い顔、醜い顔を持つこともないのだ。

その人は繊細《せんさい》で美しい舌や、歯、唇を持ち、高い鼻を持ち、卓越した顔を持ち、美しい眉《まゆ》を持ち、大変に広い額《ひたい》を持っている。その人は、完全に満たされた人の特徴を具えているのだ。そして、教化し指導してくれる如来に会うことを得て、速やかにブッダたちと出会うことを得るであろう。

アジタよ、一人の衆生にこの法門を勧めただけでさえも、これほど多くの福徳を生み出すのである。ましてや、恭《うやうや》しく聞き、恭しく読誦《どくじゅ》し、恭しく説き示し、恭しく説き明かす人については言うまでもないことである」


【解説】

「随喜」は、サンスクリット語のアヌムッド（anu-√mud、共に喜ぶ、喜んでよしとする）から造られたアヌモーダナー（anumodanā）の漢訳で、「歓喜して受け入れること」といった意味である。この法門を聞いて喜んで受け容れて、他の人に語る功徳がここで明かされる。

次々に語り継いで五十人に至り、その五十番目の人が、たった一つの詩句（偈《げ》）だけでも喜んで受け容れる功徳は、大施主が多くのものを八十年間、布施し、小乗仏教の最高の覚りである阿羅漢に到らせた福徳よりもはるかに大きいと説かれる。これは、「五十展転《ごじゅうてんでん》の功徳」と呼ばれてきた。

伝言ゲームでは、人数が増えるほど伝言する内容にズレを生じやすいものだが、ここには、「この法門」の勝れていることと併せて、「この法門が語られるのを聞いて、その人もまた喜び、その法門を喜んで受け容れて後に、さらにまた他の人に語る」とあるように、感動の連鎖があることを見逃してはならない。「真の自己」と「法」に目覚める感動の連鎖は、五十人の伝言ゲームでも衰えないというのだ。

ここで、比較の対象として大施主の布施が挙げられている。これは、当時の小乗仏教が社会の上層階級の支援を当てにして、教団への莫大な富の布施は功徳が大きいと言って奨励し、王侯・貴族・大地主から広大な土地、ローマ帝国などと海外貿易を手掛ける豪商からは高額の現金の寄進を受けていたことを意識してのことであろう。

莫大な布施よりも、自らも感動し、人々をも感動させて、この『法華経』を語り継ぐことこそが仏教にとって重要なことだと主張しているのであろう。

第十八章　法師功徳品（第十九）＝ほっしくどくぼん

この法門を受持する人の六根清浄の功徳

その時、世尊《せそん》は〝絶えることなく常に専念するもの〟（常精進《じょうしょうじん》）という菩薩《ぼさつ》におっしゃられた。

「誰であれ、この法門を受持《じゅじ》・読誦《どくじゅ》・教示・書写する良家の息子、あるいは良家の娘は、八百の眼の功徳、千二百の耳の功徳、八百の鼻の功徳、千二百の舌の功徳、八百の身体の功徳、千二百の意《こころ》の功徳を得るであろう。これらの多くの功徳によって、その人の眼《げん》・耳《に》・鼻《び》・舌《ぜっ》・身《しん》・意《い》の六つからなる感覚の能力（六根《ろっこん》）は、完全に清らかになるであろう。

八百の眼の功徳

その人は、母と父から生じた生まれつきの通常の肉眼《にくげん》ではあるが、〔八百の眼の功徳を具《そな》え〕完全に清らかになった視覚の能力（眼根《げんこん》）によって、山や森林をともなった三千大千世界《さんぜんだいせんせかい》を、内外ともに下はアヴィーチ（阿鼻《あび》）大地獄から上は世界の最上部である有頂天《うちょうてん》まで、そのすべてを見るであろう。また、そこに生まれた衆生《しゅじょう》のすべてを見て、それらの衆生の行ない（業《ごう》）の結果を知るであろう。

千二百の耳の功徳

さらにまた、この法門を他の人々に説き示し、説き聞かせているものは、千二百の耳の功徳を具えるのだ。

三千大千世界におけるアヴィーチ大地獄から有頂天まで、その内外では多種多様の多くの音声が現れる。例えば、象の声、馬の声、ラクダの声、牛の声、山羊《やぎ》の声、人民の声、車の音、泣き声、悲しみの声、恐怖の声、螺貝《らがい》の音、鈴の音、太鼓の音、遊びの声、歌の声、踊りの音、楽器の音、演奏の調べ、女の声、男の声、少年の声、少女の声、正義の声、不正義の声、快楽の声、苦悩の声、凡人の声、聖者の声、心地よい声、不快な声、神々の声、龍の声、ヤクシャの声、ラークシャサの声、ガンダルヴァの声、アスラの声、ガルダの声、キンナラの声、マホーラガの声、人間の声、人間以外のものの声、火の音、風の音、水の音、村落の音、都市の音、男性出家者の声、声聞《しょうもん》の声、独覚《どっかく》の声、菩薩の声、如来《にょらい》の声――どれほど多くの、どんな音声が現れても、それらの音声を浄化された生まれつきの聴覚の能力（耳根《にこん》）によってその人は聞き分けるのだ。それぞれの衆生の声を聞いて後に、それぞれの衆生の声を知り、熟慮し、分析する。けれども、それらの音声によって、その人の聴覚の能力が圧倒されることはない。

八百の鼻の功徳

さらにまた、この法門を受持し、説き示し、読誦し、書写している菩薩の嗅覚の能力（鼻根《びこん》）は、八百の功徳を具えていて、完全に清められているのだ。その人は、完全に清められた鼻による嗅覚の能力によって三千大千世界の内外における多種多様の匂《にお》い、例えば、腐敗した臭《にお》い、快い匂い、さまざまな種類の花の香り、例えば、ジャーティカ（闍提華《じゃたいけ》）や、マッリカー（末利迦《まつりか》）、チャンパカ（瞻蔔《せんぼく》）、パータラ（波羅羅《はらら》）の花の香り、それらの香りを嗅《か》ぎ分けるのだ。水の中から生ずる蓮《はす》の花、例えば青スイレンや、紅蓮華《ぐれんげ》、白スイレン、白蓮華《びゃくれんげ》の多種多様な香りも、その人は嗅ぎ分けるのだ。

多種多様な樹木の花や果実の香り、例えば栴檀《せんだん》や、タマーラ樹の葉、タガラの樹、沈水香《じんすいこう》の甘美な香りをその人は嗅ぎ分けるのだ。さまざまな変化を持つ幾百・千もの異なった香り、そのすべてをその人は一カ所にいて嗅ぎ分けるのである。

衆生の多種多様な匂い、例えば、象や、馬、牛、羊、獣《けもの》の匂い、また多種多様な生き物たちの身体の匂い、女性や男性の身体の匂い、男の子や女の子の身体の匂い、遠くの場所にある草、灌木《かんぼく》、薬草、樹木の匂いをもまた、その人は嗅ぎ分けるのだ。その人は、現実にある匂いを感受するけれども、それらの匂いによって圧倒されることも、困惑することもないのだ。

その人はこの世にいて、神々の匂いをもまた嗅ぎ分けるのである。天上の沈水香、栴檀の香り、また、パーリジャータカ（波利質多羅《はりしったら》）や、コーヴィダーラ（拘鞞陀羅《くべいだら》）、マーンダーラヴァ、マンジューシャカといったさまざまな種類の幾百・千もの天上の花々の香りを、その人は嗅ぎ分ける。しかも、これらの香りの名前をよく知っているのだ。

また、神々の帝王であるシャクラ神（帝釈天《たいしゃくてん》）の身体の匂いを、その人は嗅ぎ分け、そのシャクラ神がヴァイジャヤンタ宮殿で遊び戯《たわむ》れていても、あるいはスダルマー（妙法）神殿で三十三天（忉利天《とうりてん》）の神々のために法を教示していても、あるいは遊園に遊びに出かけていても、その人は、匂いによってシャクラ神が何をしているのか分かるのだ。

また、神々の息子や、娘（天女）たちや、神々の妻たちの身体の匂いも、神々の少年や、少女たちの身体の匂いもまた、その人は嗅ぎ分けるのである。けれども、それらの匂いによって圧倒されることはないのだ。このようにして、世界の最上部である有頂天に生まれた衆生の身体の匂いまでをも、その人は嗅ぎ分けるのだ。

ブラフマー神群に属する神々の子たちや、大ブラフマー神たちの身体の香りも、その人は嗅ぎ分けるのだ。このように、あらゆる神々の集まりの身体の匂いもまた、その人は嗅ぎ分けるのである。

その人は、声聞や、独覚、菩薩、如来たちの身体の匂いを嗅ぎ分けるし、如来の座の匂いも嗅ぎ分けるのだ。また、如来たちが過ごされている場所を、その人は匂いによって知るのである。

この人の嗅覚の能力(鼻根《びこん》)は、種々の匂いによって圧倒されたり、損なわれたり、悩まされたりすることもない。それどころか、その人は自ら願って、それぞれの匂いについて他の人々にも説明するし、この人の記憶は、種々の匂いによって損なわれることはないのだ」

そこで、世尊は以上のことを重ねて詩で述べられた。〔その中から、重複していない部分を挙げる。〕

「妊娠している女性たちが、疲れた体で男の子、あるいは女の子を母胎に孕《はら》んでいる時、その人は、匂いによって女性が妊娠しているかどうか、母胎にいるのは男女のどちらか、胎児が死にそうであるかどうか、苦痛を伴わずに福徳を具えた男の子を産むことができるかどうかをも識別するのだ。

その人は、人々の抱く多くの願望の匂いを識別し嗅ぎ分ける。執着した人や、悪意を抱く人、意地の悪い人、心の和らいでいる人たちの匂いもまた、その人は嗅ぎ分けるのだ。

また、大地の中にある秘宝、財宝、黄金、金、銀などを、その菩薩は匂いによって嗅ぎ分けるのだ。

千二百の舌の功徳

また次に、この法門を受持し、教示し、解説し、書写しているその良家の息子、あるいは良家の娘は、千二百の舌の功徳を具えた味覚と言語の能力（舌根《ぜっこん》）を得るであろう。

その人が、舌の上に置く味のすべては天上界の素晴らしい風味を放つであろう。また、どんなにまずい味のものでも、その人の舌の上に置かれると、天上界の味を放つのだ。

また、その人が集会の真ん中で説く法によって、衆生は諸々《もろもろ》の感覚器官を最高に満足させ、歓喜を生じることになるであろう。また、この人の深く、美しく、心にかなった声は、人々の心に触れ、愛されるべきものとして発されるであろう。それによって、衆生は、満足し心が高まるであろう。さらに、その人が法を説き示すならば、その声を聞いて、神々でさえもその人にお会いし、敬礼し、尊敬し、法を聞くためにその人に近づきたいと考えるであろう。

神々の息子や、娘たちも、シャクラ神やブラフマー神、龍やその娘たちも、アスラやその娘たちも、ガルダやその娘たちも、キンナラやその娘たちも、マホーラガやその娘たちも、ヤクシャやその娘たちも、〔屍肉《しにく》を食らう〕ピシャーチャ（毘舎闍《びしゃじゃ》）鬼やその娘たちもまた、その人にお会いし、敬礼し、尊敬し、法を聞くためにその人に近づきたいと考えるであろう。そして、この人に称讃をなし、尊重、尊敬、供養《くよう》、恭敬をなすであろう。

男性出家者・女性出家者・男性在家信者・女性在家信者たちも、王や、王子、王の臣下、大臣、軍隊を統率する転輪王《てんりんのう》や、七宝を身に着けた転輪王たちもまた、王子や臣下、後宮《こうきゅう》や侍者《じしゃ》たちを引き連れてその人にお会いすることを願い、恭敬することを求めるであろう。

その説法者は、如来が説かれたように、それほどに好ましく、ありのままに法を説くであろう。その説法者は、寿命が尽きるまで常に他のバラモンや、資産家、都市や地方に住む人たちをもまた従えるであろう。如来の弟子である声聞たちも、独覚たちも、世尊であるブッダたちもまた、この人にお会いすることを願い求めるであろう。

また、〔十方の〕どの方角であれ、その良家の息子、あるいは良家の娘は、自分の住するところの如来の面前で法を説き示すであろうし、またブッダの法を受け容れるための真の器となるであろう。このように、心にかなった深い法を説くその人の声が放たれるであろう。

八百の身体の功徳

さらにまた、この法門を受持し、あるいは読誦し、解説し、説き示し、書写している菩薩は、八百の身体の功徳を得るであろう。その人の身体は、瑠璃《るり》のように完全に清められた皮膚の色を持ち、見るも美しいものとなるであろう。その人は、完全に清められたその人自身の身体の表面に三千大千世界のすべてを見るであろう。

三千大千世界において死んだり生まれたり、劣っていたり卓越していたり、きれいな色であったり汚い色であったり、善き境遇にあったり悪しき境遇にあったりする衆生、またチャクラヴァーダ山や大チャクラヴァーダ山の山々、山々の王であるメールル山やスメール山の山々に住む衆生、また下にアヴィーチ地獄、上に世界の最上部である有頂天に至るまで、そこに住む衆生のすべてをその人は自己の身体の表面に見るであろう。

また、この三千大千世界に住む声聞、独覚、菩薩、あるいは如来たちのすべて、また、如来たちが説き示す法のすべてを、その人は自分の身体の表面に見るであろう。また、それらの如来たちにお仕えしている衆生のすべてが自己の身体を獲得するのを、その人は自分の身体の表面に見るであろう。理由は何か？　それは、その人の身体が完全に清らかであるからだ。

千二百の心の作用の功徳

さらにまた、如来の私の入滅後、この法門を受持し、教示し、解説し、書写し、読誦している菩薩の知覚の能力（意根《いこん》）は、それらの千二百の心（意）の作用の功徳を具え、完全に清められたものとなるであろう。その人が、その知覚の能力によって、たとえ一つの詩でさえも聞くならば、その一つの詩に多くの意味があることを了解するであろう。

その人は、その一つの詩を理解して後に、それらの多くの意味に基づいて一ヵ月間も、四ヵ月間も、一年間も法を説き示すであろう。また、その人が説く法は、その人によって記憶され、その法は忘却されるに至ることはないであろう。日常の世間の慣例、あるいは講説、あるいは呪文の何であれ、それらのすべてをその人は、法の道理によって意味づけして止揚《しよう》するのである。

また、三千大千世界の中の六種の生存領域に生まれ、その中を循環（六道輪廻《ろくどうりんね》）している多くの衆生の心によってなされた活動のすべてを、その人は知るであろう。それらの衆生が動揺し、慢心し、誤って議論していることを知り、深く思いをめぐらすであろう。また、聖なる智慧《ちえ》を未だ得ていないのに、この人の知覚の能力はこのように完全に清められているであろう。

また、何であれ、真理（法）と語源的説明について熟考して後に、その中にあるすべてのことを、その人は説き示すであろう。如来によって説かれたすべてのこと、過去の勝利者の経文に説かれたすべてのことを、その人は説くのである」

【解説】

本章では、この法門を受持し、読誦し、教示し、書写する人の六根清浄《ろつこんしょうじょう》の功徳が明かされる。六根清浄とは、眼《げん》・耳《に》・鼻《び》・舌《ぜつ》・身《しん》・意《い》の六つの感覚器官（六根）の能力がそれぞれの対象に対して執着しなくなり、清らかになるということだ。

しかし、本章に挙げられた具体例は、匂いで神々が何をしているか分かるとか、匂いによって母胎にいる胎児の性別が分かるとか、地中の秘宝、財宝、黄金、金、銀などを匂いで嗅ぎ分けるとか、皮膚に三千大千世界の姿が映し出される――などといった奇抜なものが多く理解に苦しむ。

その一方で、納得できるものもある。例えば、舌根には味覚のほかに声の働きも含まれていて、舌根の清浄を得た人は、深く、美しく、心にかなった声を、心に触れ、愛されるべきものとして発して、衆生を満足させる。さらに、その人が法を説き示すならば、その声を聞いて、神々でさえもその人を尊敬し、法を聞くためにその人に近づきたいと考えるであろう。意根が清浄となった人は、一つの詩を聞いただけで、そこに多くの意味があることを了解し、それらの多くの意味に基づいて何カ月も、一年間も法を説き示すであろう。また、その人が説く法は、その人に記憶され、その法は忘却されることはない――といったことが挙げられている。

法華経の経典名サッダルマ・プンダリーカ・スートラ（saddharma-puṇḍarīka-sūtra）に含まれるプンダリーカ（白蓮華）という語が、経典名以外で出てくるのは、本章の一カ所のみであることも指摘しておかなければならない。それは、鼻根の清浄を得た人の功徳として、「水の中から生ずる蓮の花、例えば青スイレンや、紅蓮華、白スイレン、白蓮華《びゃくれんげ》の多種多様な香りも、その人は嗅ぎ分ける」という箇所である。「はじめに」でも触れたように、これまでサンスクリット語のタイトルの現代語訳として坂本幸男・岩本裕訳注『法華経』上巻（岩波文庫、一九六二年）の「正しい教えの白蓮」（九頁）という岩本訳が広く普及してしまっている。もしも、この訳が正しければ、経典名に用いられた「白蓮華」が何を意味するか、本文中に言及されてあるべきだ。けれども、この一カ所からはタイトルに用いるほどの深い意味は全く読み取れない。

菅野《かんの》博史《ひろし》博士は、『法華経入門』（岩波新書）において、「プンダリーカも釈尊自身を象徴するという説の方が私には興味深く思われる」（八四頁）と述べておられるが、興味で論ずるのは自由だが、『法華経』本文のどこにもそんなことは書かれていないことを指摘しておく。

鳩摩羅什が「妙法蓮華経」と訳した「蓮華」の意味も、平川彰博士をはじめ多くの研究者が涌出品第十五の「如蓮華在水《にょれんげざいすい》」（蓮華の水に在るが如し）から説明してきたが、そこに用いられているのはパドゥマ（paduma ≒ padma、紅蓮華《ぐれんげ》）であって、プンダリーカ（puṇḍarīka）ではない。従って、「如蓮華在水」から意義づけることもできない。いずれもサッダルマ・プンダリーカ・スートラの現代語訳、意義づけとしては誤りといえよう。サンスクリット文法に忠実に「白蓮華のように最も勝れた正しい教え」と訳すべきである。その詳細は、拙著『思想としての法華経』（岩波書店）の第二章「白蓮華のシンボリズム」を参照していただきたい。

第十九章　常不軽菩薩品（第二十）＝じょうふきょうぼさつぼん

釈尊の得大勢菩薩への語り掛け

その時、世尊《せそん》は〝大いなる勢力をかち得たもの〟（得大勢《とくだいせい》）という菩薩《ぼさつ》に語りかけられた。

「〝大いなる勢力をかち得たもの〟よ、以上のようなことからまず第一に、このような法門を未来に謗《そし》ったり、またこのような経を受持《じゅじ》する男性出家者・女性出家者・男性在家信者・女性在家信者たちを罵《ののし》ったり、非難したり、真実ならざる粗暴な言葉で話しかけるものたちには、言葉で表現することができないほど好ましくない結果が生じるであろうと、知るべきである。

ところが、この経を受持《じゅじ》し、読誦《どくじゅ》し、教示し、理解し、そして他人のために詳細に説き明かす人たちには、私がこれまで既に説いたように望ましい結果が生ずるであろう。そして、〔前章で述べた〕眼《げん》・耳《に》・鼻《び》・舌《ぜっ》・身《しん》・意《い》の六つからなる感覚の能力（六根《ろっこん》）の完全なる浄化（六根《ろっこん》清浄《しょうじょう》）に達するであろう。

二百万・コーティ・ナユタもの威音王如来

〝大いなる勢力をかち得たもの〟よ、数えることのできない無量の劫《こう》の過去の世よりさらに過去において、〝恐ろしく響く音声の王〟（威音王《いおんのう》）という名前の如来《にょらい》が、〝享楽を離れた〟（離衰《りすい》）という劫に〝偉大なる創成〟（大成《だいじょう》）という世界において出現したのだ。

その〝恐ろしく響く音声の王〟という如来は、声聞《しょうもん》たちのためには、四つの聖なる真理（四聖諦《ししょうたい》）に結びついた法、および生《しょう》・老《ろう》・病《びょう》・死《し》・悲愁《ひしゅう》・悲嘆《ひたん》・苦悩《くのう》・悲哀《ひあい》・憂悩《うのう》の超越のための涅槃《ねはん》に達する縁起《えんぎ》（十二因縁《じゅうにいんねん》）の在り方を説いた。* 菩薩たちのためには、六種類の完成（六波羅蜜《ろくはらみつ》）に結びついた如来の知見に達する法を説いた。

ところで、〝大いなる勢力をかち得たもの〟よ、その〝恐ろしく響く音声の王〟という如来の寿命の長さは、幾百・千・コーティ・ナユタ劫であった。その如来の入滅後、ジャンブー洲《しゅう》〔を構成する〕原子（極微塵《ごくみじん》）の数と等しい幾百・千・コーティ・ナユタ劫にわたって正しい教え（正法《しょうほう》）が存続し、四大洲《しだいしゅう》〔を構成する〕原子の数と等しい幾百・千・コーティ・ナユタ劫にわたって正しい教えに似た教え（像法《ぞうほう》）が存続した。

その〝恐ろしく響く音声の王〟という如来の入滅後、正しい教えに似た教えが衰亡（隠没《おんもつ》）して、〝恐ろしく響く音声の王〟という同じ名前の別の如来が世間に出現した。

このように〔滅度と出現を〕繰り返して、その〝偉大なる創成〟という世界に二百万・コーティ・ナユタもの〝恐ろしく響く音声の王〟という名前の如来が出現した。

「私は軽んじない」と語りかける菩薩

〝大いなる勢力をかち得たもの〟（得大勢）よ、そこには、最初の如来であるその〝恐ろしく響く音声の王〟という名前の如来がいた。その世尊の入滅後、正しい教えが衰亡し、また正しい教えに似た教えも衰亡しつつあり、その教えが増上慢《ぞうじょうまん》の男性出家者たちによって攻撃されている時に、サダーパリブータという名前の男性出家者の菩薩がいた。

いかなる理由で、その菩薩は、サダーパリブータと呼ばれたのか？

その菩薩は、男性出家者であれ、女性出家者であれ、男性在家信者であれ、女性在家信者であれ、まさに出会う人には、誰にでも近づいて告げた。

『尊者がたよ、私は、あなたがたを軽んじません。あなたがたは、軽んじられることはありません。理由は何か？　あなたがたは、すべて菩薩としての修行を行ないなさい。あなたがたは、正しく完全に覚った尊敬されるべき如来になるでありましょう』

このように、その菩薩は男性出家者でありながら、他者に対して教理の解説《げせつ》もなさず、自分自身のための聖典の学習もなすことがない。その一方で、遠くにいる人でさえも、誰であっても、出会う人のすべてに近づいて、先のように語って聞かせるのだ。男性出家者であれ、女性出家者であれ、男性在家信者であれ、女性在家信者であれ、誰にでも近づいて告げるのだ。

『ご婦人がたよ、私は、あなたがたを軽んじません。あなたがたは、軽んじられることはありません。理由は何か？　あなたがたは、すべて菩薩としての修行を行ないなさい。あなたがたは、正しく完全に覚った尊敬されるべき如来になるでありましょう』

嫌悪し罵り危害を加える四衆たち

このように語って聞かせられた四《し》衆《しゅ》たちは、この菩薩に対して、ほとんどすべてが嫌悪感を生じ、怒り、罵り、非難し、危害を加えた。

『聞かれてもいないのに、どうしてこの男性出家者は、軽んじない心を持っているとわれわれに説き示すのであろうか？　望まれてもいないのに、この上ない正しく完全な覚りに到るであろうという虚偽の予言（授記《じゅき》）を私たちにすることは、私たち自身を軽んじることになるのだ。〔それとともに、その菩薩は、自分自身を軽んじられることになすのだ〕』と。

〝大いなる勢力をかち得たもの〟よ、その菩薩が、このように罵られたり、非難されたりしているうちに、多くの歳月が経過した。けれども、その菩薩は、誰に対しても決して怒ることはなく、憎悪（瞋恚《しんに》）の心を生じることもなかった。

この菩薩が、このように語って聞かせる時、人々は土塊《つちくれ》や、棒切れをこの菩薩に投げつけたが、その菩薩は遠くに走り去り、大きな声を出して『私は、あなたがたを軽んじません』と語って聞かせたのだ。

常にその菩薩からこのように語って聞かせられていたそれらの増上慢の男性出家者・女性出家者・男性在家信者・女性在家信者たちが、その菩薩にサダーパリブータという名前をつけたのである。

誰も語っていない法華経を受持

ところで、命の終わりが迫った時、そのサダーパリブータ菩薩は、〝白蓮華《びゃくれんげ》のように最も勝れた正しい教え〟（法華経）という法門を聞いた。その法門は、かつて〝恐ろしく響く音声の王〟という如来によって、二十百万・コーティ・ナユタの二十倍の偈《げ》（詩句）をもって説かれたものであった。

サダーパリブータ菩薩は、誰も語っていない空中からの声を聞き、この法門を受持し、〔前章で述べた〕眼〔による視覚の能力〕の清らかさ、耳〔による聴覚の能力〕の清らかさ、鼻〔による嗅覚の能力〕の清らかさ、舌〔による味覚と言語の能力〕の清らかさ、身〔による触覚の能力〕の清らかさ、意〔による知覚の能力〕の清らかさ、すなわち六根清浄《ろっこんしょうじょう》を獲得した。そして、直ちに自身の生命を存続させる働きに神通力をかけて、さらに二百万・コーティ・ナユタ年もの間、〝白蓮華のように最も勝れた正しい教え〟という法門を説いた。

増上慢の四衆に法華経を説法

そして、それらの増上慢の衆生《しゅじょう》で、以前にこの菩薩から『私は、あなたがたを軽んじません』と語って聞かせられ、この菩薩にサダーパリブータという名前をつけた男性出家者・女性出家者・男性在家信者・女性在家信者たちのすべてが、その菩薩の具《そな》えるすぐれた神通力や、人に理解させる雄弁の力、智慧《ちえ》の力の威力を見て、教えを聞くためにその菩薩に随従するものとなった。

そして、その菩薩は、増上慢のすべての四衆たちと、その他の幾百・千・コーティ・ナユタもの多くの衆生を、この上ない正しく完全な覚りへ向けて教化《きょうけ》したのだ。

さて、〝大いなる勢力をかち得たもの〟よ、その菩薩は、その〝偉大なる創成〟という世界で死亡して後に〝月の音の王〟（日月燈明《にちがっとうみょう》）という共通の名前を持つ二千・コーティもの如来に出会い、すべての場合にこの法門を説き示した。

さらにその菩薩は、過去から積み重ねてきた善い果報をもたらす立派な行ない〔の果報〕によって、順次に〝太鼓の音の王〟という共通の名前を持つ二百万・コーティ・ナユタもの如来に出会い、すべての場合に〝白蓮華のように最も勝れた正しい教え〟という法門に出会い、四衆たちにこの法門を説き示した。

さらにその菩薩は、過去の善い果報をもたらす立派な行ない〔の果報〕によって順次に〝雲の音の王〟（雲自在燈王《うんじざいとうおう》）という共通の名前を持つ二百万・コーティもの如来に出会い、すべての場合に〝白蓮華のように最も勝れた正しい教え〟という法門に出会い、四衆たちにこの法門を説き示したのである。そして、その菩薩はすべての場合に眼、耳、鼻、舌、身、意の完全な清らかさを具えていた。

さて、〝大いなる勢力をかち得たもの〟よ、そのサダーパリブータ菩薩は、幾百・千・コーティ・ナユタもの、これほど多くの如来たちを恭敬し、尊敬し、供養《くよう》をなして後に、さらに他の幾百・千・コーティ・ナユタもの多くのブッダたちを恭敬し、尊敬し、供養をなして後に、すべての場合に〝白蓮華のように最も勝れた正しい教え〟という法門に出会った。その後、その菩薩は、過去の善い果報をもたらす立派な行ないが十分に成熟したことによって、この上ない正しく完全な覚りを覚ったのだ。

サダーパリブータは現在の釈尊

さて、〝大いなる勢力をかち得たもの〟よ、その〝恐ろしく響く音声の王〟という如来の教えのもとで、サダーパリブータという〔言葉が意味する①〝常に軽んじない〟と主張して、②〝常に軽んじている〟と思われ、その結果、③〝常に軽んじられる〟ことになるが、最終的には、④〝常に軽んじられない〟ようになった――〕ものであると、このように四衆たちに是認されていた菩薩、またそれほど多くのそれらの如来たちに出会った菩薩、その時その情況でサダーパリブータという名前の菩薩は、誰か別の人であったというこのような考え違いが、あなたに生ずるかもしれない。

しかしながら、〝大いなる勢力をかち得たもの〟よ、あなたは、そのように見なすべきではない。理由は何か？　この私、シャーキャムニ（釈尊《しゃくそん》）こそが、その時その情況でサダーパリブータという名前の菩薩であったからだ。

もしも、私が以前、この法門を会得《えとく》することがなく、受持《じゅじ》していなければ、私はこのように速やかにこの上ない正しく完全な覚りを覚ることがなかったであろう。私は、過去の如来たちのもとでこの法門を受持し、読誦《どくじゅ》し、説き示した。その故に私は、このように速やかにこの上ない正しく完全な覚りを覚ったのだ。

その世尊の教えのもとで、幾百人もの男性出家者、幾百人もの女性出家者、幾百人もの男性在家信者、幾百人もの女性在家信者であったそれら〔の四衆たち〕にも、そのサダーパリブータ菩薩は、この法門を説き聞かせた。

『私は、あなたがたを軽んじません。あなたがたは、すべて菩薩としての修行を行ないなさい。あなたがたは、正しく完全に覚った尊敬されるべき如来になるでありましょう』と。

その菩薩に対して憎悪の心を抱いた人たちは、二百万・コーティ・ナユタ劫の間、決して如来を見ることもなく、ダルマ（法《ほう》）という語も、サンガ（僧伽《そうぎゃ》、僧団）という語も聞くことがなかった。そして、それらの四衆たちは、一万劫の間、アヴィーチ大地獄において過酷な苦痛を受けた。そして、それらの四衆たちは、すべてその行ないに起因する障害（業障《ごうしょう》）から解放されて、その菩薩によって、この上ない正しく完全な覚りへ向けて成熟させられた。

その菩薩を罵りあざ笑った衆生の今

ところで、〝大いなる勢力をかち得たもの〟よ、その時その情況で、その菩薩を罵り、嘲笑《あざわら》った衆生が誰であったのかという疑惑が、あなたに生ずるかもしれない。

それは、この集会の中の〝吉祥なる守護者〟（跋陀婆羅《ばっだばら》）以下、五百人の菩薩たち、〝月のように美しい師子〟（師子月《ししがつ》）以下、五百人の女性出家者たち、〝人格を完成したという思いを持つもの〟（思仏《しぶつ》）以下、五百人の女性在家信者たちであり、そのすべてが、この上ない正しく完全な覚りへ向けて、不退転の者となされたのだ。

このように、この大いなる利益のある法門の受持、読誦、解説は、菩薩にこの上ない正しく完全な覚りをもたらすのだ。この故に、〝大いなる勢力をかち得たもの〟よ、如来の入滅後、菩薩は、この法門を間断なく受持し、読誦し、解説し、説き示すべきである」

《四聖諦と十二因縁》「ケルン・南条本」では「四聖諦」も「十二因縁」も声聞のために説かれたことになっているが、鳩摩羅什訳では声聞のために「四聖諦」、辟支仏《びゃくしぶつ》（独覚《どっかく》）のために「十二因縁」が説かれたとなっている（拙訳『梵漢和対照・現代語訳　法華経』下巻、三六四頁）。

【解説】

本章の主人公であるサダーパリブータ（sadāparibhūta）菩薩の名前を鳩摩羅什は「常不軽《じょうふきょう》」（常に軽んじない）、竺法護は「常被軽慢《じょうひきょうまん》」（常に軽んじられる）と漢訳した。この名前は、過去受動分詞 paribhūta と、それに否定を意味する a を頭に付けた aparibhūta を用いて、

sadā（常に）＋paribhūta（軽んじられた）

sadā（常に）＋aparibhūta（軽んじられなかった）

の二通りの複合語と考えることができる。前者は竺法護訳に相当するが、鳩摩羅什訳

はいずれでもない。そこで、鳩摩羅什訳は誤りだとして、岩波文庫『法華経』下巻の岩本裕訳では「常に軽蔑された男」（一二九頁）、中央公論社の大乗仏典『法華経Ⅱ』では「常に軽んぜられた」（二六四頁）と訳された。

ところが、これは〝教科書的〟文法からの解釈である。さらに高度な実践的文法書には、過去受動分詞は能動の意味でも用いられると明記されている。そうなると、この菩薩の名前は、〈肯定と否定〉、および〈能動と受動〉の組み合わせ方によって次の四通りに解釈することができる。

①常に軽んじない（能動と否定）＝鳩摩羅什訳に相当
②常に軽んじた（能動と肯定）
③常に軽んじられた（受動と肯定）＝竺法護訳、岩波文庫の岩本裕訳に相当
④常に軽んじられなかった（受動と否定）

この四つの意味は掛詞《かけことば》になっていたのだ。掛詞のすべての意味を反映させて外国語に翻訳するのは不可能に近い。そこで、鳩摩羅什は中心的意味の①で、竺法護は末節の③で漢訳した。鳩摩羅什の訳のほうが勝れている。

それよりもっと勝れた訳は、四つの意味をすべて訳すことであろう。そこで私は、次のように現代語訳した。

「常に軽んじない〔のに、常に軽んじていると思われ、その結果、常に軽んじら

れることになるが、最終的には常に軽んじられないものとなる」菩薩」（拙訳『サンスクリット原典現代語訳　法華経』下巻、一五一頁）

これは、「常不軽品」のストーリーそのままである。この命名は天才的なものである。渡辺照宏《わたなべしょうこう》氏が『法華経』について『日本の仏教』（岩波新書）で「一見してあまり教養のない人たちの手で書かれたものである」と書かれていることに首を傾げたくなる。

この菩薩は、出家の男女、在家の男女の誰であれ、出会う人ごとに近づいて、次のように告げた。「尊者がたよ」「ご婦人がたよ」と呼びかけては、「私は、あなたがたを軽んじません。（中略）あなたがたは、正しく完全に覚った尊敬されるべき如来になるでありましょう」と語りかけた。「変成男子《へんじょうなんし》」を必要とすることなく、女性も平等に如来になれると主張したところだ。ただ、鳩摩羅什は、この二つの呼びかけを訳していない。その点は惜しまれるところである。

この菩薩は、あらゆる人にこのように語りかけるのみで、他者に対して教理の解説もなさず、自分自身のために聖典を学習することもなかった。鳩摩羅什は、これを「経典を読誦《どくじゅ》するを専《もっぱ》らにせずして、但礼拝《ただらいはい》を行ず」（不専読誦経典但行礼拝《ふせんどくじゅきょうてんたんぎょうらいはい》）と漢訳した。受持とともに読誦・解説の実践を『法華経』ほど重視し、強調していた経典はない。その『法華経』でこの菩薩は経典を読誦していなかった。仏道修行の基本ともいえる〝形式〟を満たしていなかったというのだ。
四衆たちは、この菩薩に対して嫌悪感を生じ、怒り、罵り、非難し、危害を加えた。その菩薩は、何をされても怒ることも憎悪の心を生じることもなく、危害の及ばないところへ走り去り、「私はあなたがたを軽んじません」と主張し続けた。増上慢の四衆たちは、そこをとらえてサダーパリブータというニックネームを付けた。

長い間、このような実践を続け臨終間際になった時、『法華経』の法門が空から聞こえてきた。鳩摩羅什訳では誰かがしゃべったとも、しゃべっていないとも書かれていない。岩波文庫『法華経』下巻の岩本裕訳では「誰かが語った空中からの声」（一三七頁）となっている。

それに対して私は「誰も語っていない空中からの声を聞き」（na kena-cid bhāṣitam antarīkṣān nirghoṣaṃ śrutvā）と訳した。「ケルン・南条本」は、この箇所の冒頭を yena kena-cid（誰かが〜したところの）と校訂しているが、その底本である英国・アイルランド王立アジア協会本でも、カシュガル本でも na kena-cid（誰も〜していない）となっている。チベット語訳もそうなっている。H・ケルンと南条文雄《なんじょうぶんゆう》は、誰も語っていないのに聞こえるはずがないと気を回し na（英語の not）に ye を付け加えて関係代名詞 yena に書き換えた。岩本裕氏は、それに何の疑問も抱かずに「誰かが語った」と訳されたのであろう。

従ってこの箇所に関して、私は「ケルン・南条本」を採用せず、元に戻した（拙訳『梵漢和対照・現代語訳　法華経』下巻、三七〇頁）。誰も語っていない声を聞いたということは、渡辺照宏氏の言われるように、サダーパリブータ菩薩の振る舞い自体が『法華経』の精神に適《かな》っていて、サダーパリブータ菩薩が『法華経』を自得したことを意味しているのであろう（詳細は、拙著『思想としての法華経』第八章を参照）。

この菩薩は、空中から聞こえてきた『法華経』を信受して、六根清浄の功徳を得るとともに寿命を延ばし、ここから初めて経典としての『法華経』を説き始めた。これまで誹謗していた人たちは、その菩薩の具えるすぐれた神通力や、雄弁の力、智慧の力の威力を見て、その菩薩に随従するものとなった。これで「常に軽んじられない」ものとなった。

仏道修行の基本である経典読誦をやっていなかったこの菩薩の振る舞いが、『法華経』に適っていて自得したということになると、ここには重要なメッセージが込められていることになる。「誰人も軽んじない振る舞いこそが、法華経」であったということになる。経典読誦などの仏道修行の〝形式〟を満たしていなくても、法華経の教えを知らなくても、人間尊重の振る舞いを貫いているならば、その人は既に『法華経』を行じていることになる。逆に仏道修行の〝形式〟を満たしていても、人間を軽視したり、睥睨《へいげい》しているならば、それは仏教とは言えない。

一宗一派や、イデオロギー、セクト主義の壁を乗り越える視点が、ここに提示されている。薬草喩品には、千差万別の植物が同一の大地に根差し、同一の雨に潤されてそれぞれに繁茂しているように、共通の基盤に立って違いを尊重し合うという在り方も説かれていた。

もう一つ、この章に込められた重大なメッセージを読み解いてみたい。釈尊が、この菩薩について語って聞かせる相手は〝大いなる勢力をかち得たもの〟(mahā-sthāma-prāpta)である。これを鳩摩羅什は、「得大勢《とくだいせい》」と漢訳した。ところが、康僧《こうそう》鎧《がい》は『無量寿経《むりようじゆきよう》』において「大勢至《だいせいし》」と漢訳している。これは阿弥陀《あみだ》如来の脇侍《わきじ》である。どうして、このサダーパリブータ菩薩について語って聞かせる対象が大勢至菩薩なのか？

それは、大勢至菩薩の働きが「智慧の光で一切を照らし、衆生が地獄界や餓鬼界に堕ちるのを防ぐ」とされていることがヒントになるであろう。サダーパリブータ菩薩は、敢えて人間関係に関わって、言葉によって語りかけ、誤解されても感情的にならず、自らの主張を貫き、誤解を理解に変えて、ともどもに覚りに到るという在り方を貫いた人である。これは、原始仏教以来、変わってはならない実践形態であろう。それからすれば、「光で照らすだけで人が救えるのか？」。人は、人間対人間の対話によってしか救うことはできない——ということを語って聞かせているように見える。

原始仏教で強調されていたように、神がかり的な救済を否定する意図が大勢至菩薩を聞き役とする場面設定自体に込められていたのだ。

第二十章　如来神力品（第二十一）＝にょらいじんりきぼん

地涌の菩薩と文殊師利菩薩の申し出

その時、大地の裂け目から出現した小千世界を構成する原子の数に等しい幾百・千・コーティ・ナユタもの菩薩《ぼさつ》たちのすべては、世尊《せそん》に向かって合掌《がっしょう》して申し上げた。

「世尊よ、如来《にょらい》の入滅後、世尊のすべてのブッダの国土において、それがどこであっても、世尊が完全なる滅度に入られた所で、私たちはこの法門を説き示すでありましょう。私たちは、受持《じゅじ》、読誦《どくじゅ》、教示、解説《げせつ》、書写の実行のために、このように勝れたこの法門を願い求めています」

すると、マンジュシリーをはじめとする、サハー（娑婆《しゃば》）世界に住む幾百・千・コーティ・ナユタもの多くの菩薩たちや、男性出家者・女性出家者・男性在家信者・女性在家信者、神々、龍、ヤクシャ、ガンダルヴァ、アスラ、ガルダ、キンナラ、マホーラガといった人間、人間以外のものたち、さらにはガンジス河の砂の数に等しい多くの菩薩たちが、世尊に申し上げた。

「世尊よ、如来の入滅後、私たちもこの法門を説き明かしましょう。私たちは、目に見えない身体で空中に立ち、声を聞かせましょう。そして、よい果報をもたらす立派な行ないを積んでいない衆生《しゅじょう》に立派な行ないを積ませましょう」*

上行をはじめとする菩薩への付嘱

その時、世尊は、大地の裂け目から出現した菩薩の大群衆を率いた群衆の師である四人の偉大な菩薩たちのうち、師である〝卓越した善行をなすもの〟（上行《じょうぎょう》）という名前の一人の指導者におっしゃられた。

「〝卓越した善行をなすもの〟よ、素晴らしいことである。この法門のために、あなたたちは、そのようになすがよい。如来は、既にあなたたちを完成させているのだ」

その時、シャーキャムニ如来と、〝多くの宝を持つもの〟（多宝）という如来は、ストゥーパの中央の師子座《ししざ》に坐っておられた。二人とも微笑《ほほえ》みを浮かべ、口から舌（舌根《ぜっこん》）を出された。二人の舌は、ブラフマー神の世界にまで達し、その舌から幾百・千・コーティ・ナユタもの多くの光明《こうみょう》が出現した。

その光明の一つひとつから、金色《こんじき》の身体と、偉大な人が持つ三十二の身体的特徴を具《そな》えた幾百・千・コーティ・ナユタもの多くの菩薩たちが出現し、紅蓮華《ぐれんげ》の胎《たい》の中にある師子座に坐った。そして、その菩薩たちは、四方八方にある幾百・千もの世界に散らばって、全方向で空中に立って法を説き示した。

シャーキャムニ如来と、〝多くの宝を持つもの〟という如来が、舌による奇跡をなしたように、幾百・千・コーティ・ナユタもの他の世界からやって来て、宝樹の根もとの師子座に坐っている如来たちのすべても、舌による奇跡をなした。シャーキャムニ如来と、すべての如来たちは、幾百・千年もの間、その神力の顕現をなした。

その後、如来たちは、舌を再び納めて、一瞬のうちに、すべての如来が、師子《しし》のように大きな咳払《せきばら》いの音を同時に発し、また指を弾いて音を立てられた。その咳払いの音と、指を弾いた音によって、十方の幾百・千・コーティ・ナユタもの多くのブッダの国土のすべてが、九種類に震動した。

しかも、〔十方にある〕すべてのブッダの国土には、あらゆる衆生や、神々、龍、ヤクシャ、ガンダルヴァ、アスラ、ガルダ、キンナラ、マホーラガ、人間、人間以外に至るものまでもがいて、そのすべてが、ブッダの威神力によって、そこにいるままでサハー世界で起きていることを見た。

すなわち、幾百・千・コーティ・ナユタもの如来たちが、宝樹の根もとの師子座に坐り、〝多くの宝を持つもの〟という如来が、シャーキャムニ如来とともに宝石造りの大きなストゥーパの真ん中の師子座に坐っているのを見た。また四衆《ししゅ》たちも見えた。それらの衆生は、それを見て、驚くべき思いに満たされ、大いなる歓喜を得た。そして、空中から次のような声を聞いた。

「皆さん、幾百・千・コーティ・ナユタもの無数の世界を通りすぎると、そこにサハーという名前の世界がある。そこには、シャーキャムニという如来がおられ、今、菩薩のために広大なる菩薩のための教えであり、すべてのブッダが把握している〝白蓮《びゃくれん》華《げ》のように最も勝れた正しい教え〟（法華経）という経を説き明かしておられる。あなたたちは、その法門を高潔な心をもって喜んで受け容れるがよい。そして、シャーキャムニ如来と、〝多くの宝を持つもの〟という如来に敬礼するがよい」

空中からこのような声を聞いて、すべての衆生はそこにいるまま合掌して、「正しく完全に覚られた尊敬されるべきシャーキャムニ如来に敬礼いたします」と唱えた。そして、二人の如来と、〝白蓮華のように最も勝れた正しい教え〟という法門の供《く》養《よう》のために、多種多様の花や、薫香《くんこう》、花環《はなわ》、衣、日傘、旗、幟《のぼり》、さらに種々の装飾品や服飾品をサハー世界へと投じた。その品々は、サハー世界に到達し、そこに坐っているすべての如来たちの頭上の虚空《こくう》を大いなる花の天上の日傘（天蓋《てんがい》）となって遍《あまね》く覆った。

そこで、世尊は、その〝卓越した善行をなすもの〟をはじめとする菩薩たちにおっしゃられた。

「良家の息子たちよ、正しく完全に覚った尊敬されるべき如来たちは、考えることもできない威神力を持っている。この法門の付嘱のために、私は、幾百・千・コーティ・ナユタもの多くの劫にわたり、種々の法によってこの法門の功徳について語っても、その功徳は語りつくすことができないのだ。

私は、この法門において、すべてのブッダの法、すべてのブッダの威神力、すべてのブッダの秘要〔の教え〕、すべてのブッダの深遠な領域を要約して説いたのである。それ故に、良家の息子たちよ、如来の私の入滅後、あなたたちは、この法門を恭敬して、受持し、説き示し、書写し、読誦し、解説し、修行し、供養するべきである。

この法門を受持する人のいる所が聖地

良家の息子たちよ、果樹園であれ、精舎《しょうじゃ》であれ、在家の家であれ、森であれ、町であれ、木の根もとであれ、宮殿であれ、住房であれ、洞穴であれ——この法門が読誦され、解説され、説き示され、書写され、考察され、語られ、朗詠され、写本になって存在する地上の場所には、どこであれ如来のためにチャイティヤ（塔廟、経塔）が造られるべきである。

理由は何か？　地上のその場所は、すべての如来の覚りの座であると知られるべきであるからだ。また、地上のその場所において、すべての如来が、この上ない正しく完全な覚りを得られ、真理の車輪を転じられ、入滅されたのだと知るべきである」

滅後にこの経を受持する菩薩の功徳

その時、世尊は次の詩を述べられた。〔長行に対応していない部分を挙げる〕

「世間の指導者の入滅後、この最高の経を受持するブッダの息子たちについての称讃の言葉を、幾千・コーティもの多くの劫にわたって私は語るとしよう。諸々《もろもろ》の方角の虚空界に限りがないように、その人たちの功徳には限りがなく、勝れたこの経を常に受持する人たちの功徳は思議することもできないのだ。

この経を常に受持する人は、私、シャーキャムニや、これらのすべての指導者たち、そして〝多くの宝を持つもの〟という如来を見ているのだ。また、これらの多くの菩薩たちのすべてや、四衆たちを見ているのだ。この経を受持する人は、この世において今、私、シャーキャムニや、これらのすべての指導者たち、そして〝多くの宝を持つもの〟という如来、さらには、十方のブッダたちを喜ばせているのだ。この経を受持する人は、未来と過去のブッダたち、現在、十方におられるブッダたちのすべてを見て、よく供養するであろう。

しかも、真実の法であるこの経を受持する人もまた、覚りの座において熟考された人間の中の最高の人たちの秘要の教えの知を、速やかに思い出すであろう。この卓越した経を受持する人には、風が何ものにもとらわれることのないように、無限の理解力があり、法と、意味と、語源的説明をもまた知るのである。その人は、指導者たちが深い意味を込めて語った諸々の経の間の関連を常に了解するのだ。私の入滅後でさえも、その人は諸々の経の真実の意味を知るのである。その人は、月や太陽のように光と輝きを生ずるものである。その人は、大地の上を歩き回りつつ、それぞれの所で多くの菩薩たちを鼓舞するのだ。それ故に、この世においてこのような功徳を聞いて、私の入滅後、私のこの経を受持する賢明なる菩薩たちは、覚りにおいて疑いはないであろう」

《マンジュシリーをはじめとする……衆生に立派な行ないを積ませましょう》この八行は、鳩摩羅什訳には存在しない。これらの人たちへの付嘱は、第二十七章　嘱累品（第二十二）で行なわれるのであって、ここにはないほうが自然である。

【解説】

第十一章の宝塔品で滅後の弘教の呼びかけに対して、場所を指定しなかったり、「サハー世界以外で」との条件付きであったりして、多くの人たちが名乗り出たけれども、釈尊《しゃくそん》は何も応えなかった。第十四章でやっとサハー世界での弘教を名乗り出るものが現れたが、直ちに却下されてしまった。そこで登場するのが地涌の菩薩であった。本章ではその地涌の菩薩に対して付嘱がなされる。

鳩摩羅什訳にはないが、サンスクリット原典では地涌の菩薩たちが名乗り出たのに続きマンジュシリー菩薩も名乗り出ている。

しかし釈尊は、それにも応じず、菩薩の大群衆を率いた師である〝卓越した善行をなすもの〟（上行《じょうぎょう》）という一人の指導者に向かって、「私は、すべてのブッダの法、すべてのブッダの秘要の教えを要約して説いた」「私の入滅後、あなたたちは、この法門を受持し、説き示し、書写し、読誦し、解説し、修行し、供養するべきである」として、『法華経』のエッセンスを付嘱した。

地涌の菩薩に滅後の弘教を託すと、釈尊は果樹園、僧院、在家の家、森、町、木の根もと、宮殿、住房、洞穴などの場所を列挙し、次のように語り出した。「〔どこであれ〕この法門が読誦され、解説され、説き示され、書写され、考察され、語られ、朗詠され、写本になって存在する〔中略〕地上のその場所は、すべての如来たちが、覚りを開いて仏道を完成され（成道《じょうどう》）、真理の教えの車輪を転じられ（転法輪）、逝去（涅槃《ねはん》）された所だと知るべきである」。

つまり、どんな場所であれ『法華経』を実践する人のいる所こそが、如来の成道・転法輪・涅槃の地であるというのだ。

道元（一二〇〇～一二五三）は、自ら「妙法蓮華経庵」と名付けた庵《いおり》で、漢訳のこの箇所を瀕死《ひんし》の病の時に口ずさんでいたという。

インドを大統一したアショーカ王（在位、前二六八〜前二三二）は、①誕生、②成道、③転法輪、④涅槃――など釈尊ゆかりの地を巡礼し、記念の石柱を建てた。この四カ所が聖地化され、四つの場面を四コマ漫画のように一枚の石に彫った四相図《しそうず》も造られた。こうしてストゥーパ信仰とともに聖地崇拝も奨励された。

それに対して、『法華経』は次の立場を取った。釈尊がかつて滞在した場所が聖地なのではない。特定の場所が聖地なのではなく、この『法華経』を実践している人のいる所こそが聖地なのだ。

日蓮は『南条殿御返事』の中でこの一節と併せて、天台大師智顗《ちぎ》の『法華文句《ほっけもんぐ》』から「法、妙なるが故に人貴《とうと》し。人、貴きが故に所尊し」という一節を引用している。最初に出てくるのは「法」であって場所ではない。「法」に則った「人」の振る舞いによって、その「人」自身も、その「人」のいる「所」も尊くなるという関係である。

釈尊ゆかりの場所よりも、「法」とそれに則った「人」の行ないこそが重要なのだ。上行《じょうぎょう》（卓越した善行をなすもの）、無辺行《むへんぎょう》（際限なき善行をなすもの）、安立行《あんりゅうぎょう》（よく確立された善行をなすもの）、浄行《じょうぎょう》（清らかな善行をなすもの）――四菩薩の名前にすべて「行」（cāritra、善い行ない）という文字があるように「人間としての立派な振る舞い」「善い行ない」が重視されている。一人ひとりの置かれた場所・情況で「法」に基づいていかに振る舞うかが大事だということであろう。

第二十一章　陀羅尼品（第二十六）＝だらにぼん

薬王菩薩の問い

その時、〝薬の王〟（薬王）という菩薩《ぼさつ》は、座席から立ち上がって、上衣の左肩を残して右側の一方の肩だけ露《あらわ》にし、右の膝頭を地面につけて、世尊《せそん》に向かって合掌《がっしょう》して敬礼し、世尊に尋ねた。

「世尊よ、良家の息子であれ、良家の娘であれ、この〝白蓮華《びゃくれんげ》のように最も勝れた正しい教え〟（法華経）という法門を体現するか、あるいは写本にするかして、受持《じゅじ》する人は、どれほどの福徳を生ずるのでしょうか？」

このように問われて、世尊は、〝薬の王〟という菩薩におっしゃられた。

「〝薬の王〟よ、良家の息子であれ、良家の娘であれ、八十のガンジス河の砂の数に等しい幾百・千・コーティ・ナユタもの如来《にょらい》たちを称讃し、尊敬し、供養《くよう》するならば、どれほど多くの福徳を生ずるであろうか？」

「世尊よ、それは多いでしょう」

「〝薬の王〟よ、私はあなたに告げよう。良家の息子であれ、良家の娘であれ、この

〝白蓮華のように最も勝れた正しい教え〟という法門から、四つの句で構成された詩(偈《げ》)をただ一つでさえも受持《じゅじ》し、読誦《どくじゅ》し、理解し、その後さらに修行によって完成するならば、その人はより多くの福徳を生ずるであろう」

薬王菩薩の陀羅尼

すると、〝薬の王〟という菩薩は世尊に申し上げた。

「世尊よ、私たちは、〝白蓮華のように最も勝れた正しい教え〟というこの法門を体現したり、あるいは写本にしたりする良家の息子、あるいは良家の娘たちに、守護と、擁護と、防護のためのダーラニー(陀羅尼)の神呪《じんしゅ》を与えるでありましょう。

アニイェー、マニイェー、マネー、ママネー、チッテー、チャリテー、サメー、サミターー、ヴィシャーンテー〔中略〕アマニヤナターイェー、スヴァーハー。

世尊よ、これらのダーラニーの神呪の句は、六十二のガンジス河の砂の数に等しい多くのブッダたちによって説かれたものです。このような説法者《せっぽうしゃ》や、経の受持者《じゅじしゃ》たちを凌駕《りょうが》しようとするものは、すべてのブッダに敵意を抱いていることになるでありましょう」

そこで、世尊は、〝薬の王〟という菩薩に讃嘆の言葉を与えられた。

「〝薬の王〟よ、素晴らしいことである。あなたは、説法者である衆生《しゅじょう》のために利益をなしたのだ。衆生に対する憐《あわ》れみの故にダーラニーの句を告げて、守護と、擁護と、防護をなしたのである」

勇施菩薩の陀羅尼

そこで、〝施すことに勇敢なもの〟（勇施《ゆぜ》）という菩薩が、世尊に申し上げた。

「世尊よ、ヤクシャや、ラークシャサ、プータナ（富単那《ふたんな》）、クリティヤ（吉遮《きっしゃ》）、クンバーンダ鬼、そして餓鬼《がき》たちが、説法者たちの欠点を探し求めようとしても、決してつけ入る機会を得ることがないように、私も説法者たちのために、ダーラニーの句を与えることにしましょう。

ジュヴァレー、マハー・ジュヴァレー、ウッケー、トゥッケー、ムッケー、アデー、アダーヴァティ〔中略〕ヌリティヤニ、ヌリティヤーヴァティ、スヴァーハー。

世尊よ、このダーラニーの句は、ガンジス河の砂の数に等しい如来たちによって説かれ、喜んで受け容れられたものであります」

多聞天と増長天の陀羅尼

すると、ヴァイシュラヴァナ大王（多聞天王《たもんてんのう》）が、世尊に申し上げた。

「世尊よ、私も説法者たちの幸福と安寧《あんねい》のため、守護と防護のためにダーラニーの句を説くことにしましょう。

アッテー、タッテー、ナッテー、ヴァナッテー、アナデー、ナーディ、クナディ、スヴァーハー。

世尊よ、このダーラニーの句によって、私は百ヨージャナの距離のところにあって、説法者のために守護をなしましょう」

その時、クンバーンダ鬼たちに囲まれてその集会に参加していたヴィルーダカ大王（増長天王《ぞうちょうてんのう》）が、座席から立ち上がり、世尊に合掌して申し上げた。

「世尊よ、私も、説法者たちや、この経の受持者たちの守護と防護のために、ダーラニーの神呪を説くことにしましょう。

アガネー、ガネー、ガウリ、ガンダーリ、チャンダーリ、マータンギ、プッカシ、サンクレー、ヴルーサリ、シシ、スヴァーハー。

世尊よ、このダーラニーの神呪は、四十二・コーティものブッダたちによって説かれたものであります」

羅刹女たちの陀羅尼

すると、ランバー（藍婆《らんば》）という名前のラークシャシー（羅刹女《らせつにょ》）や、ヴィランバー（毘藍婆《びらんば》）、クータ・ダンティー（曲歯《こくし》）、プシュパ・ダンティー（華歯《けし》）、マクタ・ダンティー（黒歯《こくし》）、ケーシニー（多髪《たほつ》）、アチャラー（無厭足《むえんぞく》）、マーラー・ダーリー（持瓔珞《じようらく》）、クンティー（皐諦《こうたい》）、サルヴァ・サットヴォージョーハーリー（奪一切衆生《だついっさいしゆじよう》精気《しようき》）、そして息子や、従者に伴われたハーリーティー（鬼子母神《きしもじん》）——それらのすべてのラークシャシー（羅刹女）たちが、世尊に近づいて、声をそろえて申し上げた。

「世尊よ、その説法者たちの欠点を探し求めようとしても、決して誰もつけ入る機会を得ることがないように、私たちもまた、この経の受持者や、説法者の守護と、擁護と、防護をなしましょう。その人たちのために好運の増進を図りましょう」

　そこで、そのラークシャシーたちは、すべて声をそろえて世尊にダーラニーの神呪を捧げた。

「イティ、メー、イティ、メー、イティ、メー、イティ、メー、イティ、メー。

　ニメー、ニメー（中略）ストゥヘー、ストゥヘー、ストゥヘー、スヴァーハー。

　誰であれ、説法者たちに敵対する意志を抱いてはなりません。ヤクシャであれ、ラークシャサであれ、餓鬼であれ、ピシャーチャ鬼などの鬼であれ、一日おきに起こる熱病であれ、あるいは二日おきに、三日おきに、四日おきに、あるいは連続して起こる熱病であれ、不規則に起こる熱病であれ、たとえ夢の中の女や、男、少年、少女の姿であっても、説法者を悩ますことをしてはなりません」

そこで、それらのラークシャシーたちは、声をそろえて詩によって世尊に語りかけた。

「この呪文を聞いて、それでも説法者を凌駕しようとするならば、その人の頭はアルジャカ樹（阿梨樹《ありじゅ》）の花房のように七つに裂けるでありましょう。*

説法者を凌駕しようとする人は、母を殺害するもの、父を殺害するもの、胡麻《ごま》の油を搾《しぼ》るもの、胡麻を打ち砕くもの、*秤《はかり》によって重量を偽るもの、測定の際に数量を偽るものに属する〔悪〕道を突き進むでしょう。

世尊よ、私たちも説法者たちの守護をなしましょう。好運を増進させ、棒で殴られる刑罰を受けないように、毒の効能を消失させるように私たちはなしましょう」

釈尊による羅刹女たちの讃嘆

そこで世尊は、ラークシャシーたちにおっしゃられた。

「ご婦人方よ、素晴らしいことである。この法門の名前だけでさえも受持する説法者たちの守護と防護をあなたたちがなそうということは。ましてや、この法門を完全に会得して受持するか、あるいは写本に作りなして恭敬し、花や、薫香《くんこう》、花環《はなわ》、衣、日傘、旗、幟《のぼり》によって、あるいは胡麻油《ごまあぶら》、酥油《そゆ》、香油、チャンパカ油、ヴァールシカ油、青スイレン油、スマナス油の燈明《とうみょう》――このような幾百・千もの多くの種類の供養によって、恭敬し、尊重する説法者たちについては言うまでもないことである。クンティーよ、あなたは、説法者たちを侍者《じしゃ》たちとともに守護するべきである」

以上の「ダーラニーの章」が説かれている間に、六万八千の衆生に何ものも生ずることはないという真理を認める知（無生法忍《むしょうぼうにん》）の獲得があった。

《頭はアルジャカ樹（阿梨樹）の花房のように七つに裂けるでありましょう》「頭が七つに裂けよ」（頭破作七分《ずはさしちぶ》）という言葉は、バラモンの呪詛《じゅそ》の言葉として用いられていた。『スッタニパータ』には、歯が汚れ、頭に塵をあびたバラモンがやってきて、バーヴァリという人に五百金を乞うという話が記されている。バーヴァリが「施しをした直後なので布施ができない」と許しを請うと、バラモンは「七日の後に頭が七つに裂けてしまえ」と呪詛の作法を行ない恫喝《どうかつ》した。食事も喉を通らないほど苦しみ悩んだバーヴァリは、ゴータマ・ブッダと会い、ブッダから「無明が頭であると知れ、明知が信仰と念《おも》いと精神統一と意欲と努力と結びついて、頭を裂け落とさせるものである」とその呪詛の言葉を別の意味に転じて、安心させ、「そなたは楽しくあれ。永く生きよ」と励ましたとある（中村元訳『ブッダのことば』、岩波文庫、二一〇～二一七頁）。仏教は、本来、人々に安らぎ（nirvāṇa）をもたらすものであり、安心を施すこと（無畏施《むいせ》）は説かれても、人を恫喝するようなことは決してあってはならない。**《胡麻の油を搾るもの、胡麻を打ち砕くもの》**「胡麻の油を搾る」ことと、「胡麻を打ち砕く」ことが罪とされる理由は、よく分からないが、渡辺照宏氏は、胡麻についている虫類を一緒に殺してしまう殺生罪《せっしょうざい》になるからだという（渡辺照宏著『法華経物語』岩波現代文庫、三六四頁）。

【解説】

鳩摩羅什訳では、前章の神力品の次に「嘱累品」が来ている。法華経の原型は、その「嘱累品」で完結していたと思われる。後世になって、陀羅尼品から普賢品までの六つの章が付け足される際に、「嘱累品」の後ろに六つの章を付け足したものが鳩摩羅什訳に用いられたのであろう。ところが、その後、「嘱累品」は最後に来るのが決まりだというので、最後に移された形式になっているのが「ケルン・南条本」などであろう。だからその六つの章は、法華経の原型部分とは異質なものである。

この陀羅尼品は、法華経信奉者を守護する各種のダーラニー（呪文）が列挙される。薬王菩薩、勇施《ゆぜ》菩薩、多聞天王《たもんてんのう》、増長天王《ぞうちょうてんのう》、鬼子母神《きしもじん》などの羅刹女《らせつにょ》たちが、「この経の受持者や、説法者たちの守護と、擁護、防護をなしましょう」と語り、そのためのダーラニー（陀羅尼）の神呪《じんしゅ》を説く。

ところが、最古の原始仏典『スッタニパータ』で釈尊《しゃくそん》は、「わが徒は、アタルヴァ・ヴェーダの呪法《じゅほう》と夢占いと相の占いと星占いとを行なってはならない」（中村元訳『ブッダのことば』、二〇一頁）と呪法を行なうことを禁じていた。ところがいつのまにか、それが仏教に入り込んでしまった。

ダーラニーについての中村元先生の記述（『古代インド』、講談社学術文庫）を要約しながら以下に引用する。初期の大乗仏教には、積極的に民衆を教化《きょうけ》し導こうとする機運が満ちていたが、「一般民衆は、あいかわらず太古さながらの呪術的な祭祀を行ない、迷信を信じていた」（三六七頁）のが実情で、「当時の愚昧な一般民衆を教化するのは容易でないことを痛感した。〔中略〕そこで、大乗仏教では、民衆のこのような傾向に注目して、いちおう呪術的な要素を承認して、漸次に一般民衆を高い理想にまで導いていこうとした。だからダーラニー（dhāraṇī、陀羅尼）すなわち呪文の類が多くつくられた〔中略〕また、仏教自身も当時の民間信仰を、そのまま、あるいは幾分か変容したかたちでとり入れた」（三六八頁）。さらに密教化して、「男女の性的結合を絶対視」（三六九頁）したり、「強烈な刺激を与える薬品だとかを用いるようになり、〔中略〕仏教そのものがいちじるしく変容し、堕落してしまう」（同）。

陀羅尼品から普賢品までの六つの章は、このような情況下で追加されたのであろう。本章に鬼子母神の名前が出てくるが、その彫刻が西北インドで多数発掘されていることから、中村元先生は、少なくとも『法華経』後半部は西北インドで成立したと述べておられる。

第二十二章　薬王菩薩本事品（第二十三）＝やくおうぼさつほんじぼん

薬王菩薩の行ないについての問い

その時、〝星宿の王によって花で飾られた神通を持つもの〟（宿王華《しゅくおうけ》）という菩薩《ぼさつ》が、シャーキャムニ如来《にょらい》に申し上げた。

「世尊《せそん》よ、いかなる理由で〝薬の王〟（薬王）という菩薩は、このサハー世界を遍歴するのでしょうか。この菩薩には多くのなし難いことが見られます。世尊は、〝薬の王〟という菩薩の行ないの一端だけでも説いてください。それを聞いて、神々や衆生《しゅじょう》、そのほかの世界からやって来た菩薩たち、さらには声聞《しょうもん》たちのすべてが満足するでありましょう」

世尊は、その菩薩におっしゃられた。

「良家の息子よ、かつて、ガンジス河の砂の数に等しい劫《こう》を隔てた過去の世に〝月と太陽の汚れのない光明によって吉祥であるもの〟（日月浄明徳《にちがつじょうみょうとく》）という名前の如来が出現した。その如来には、八十・コーティもの菩薩の大集団と七十二のガンジス河の砂の数に等しい声聞の集団が属していた。その説法の場に女性はいなくて、*地獄や、畜生、餓鬼、アスラといった四つの悪しき境遇（四悪趣《しあくしゅ》）の群衆もいなかった。そのブッダの国土は、掌《てのひら》のように平坦《へいたん》で、喜ばしく、大地が天上の琉璃《るり》で造られていて、宝樹や栴檀《せんだん》の木で飾られ、宝石の網が風に揺れ動き、宝石の香炉で香が焚《た》かれていた。すべての宝樹の根もとには、宝石造りの高楼がそびえ立ち、その頂上では神々の子たちが、その如来に対する供養《くよう》のために、楽器や合唱を演奏していた。

一切衆生喜見菩薩の焼身供養

その世尊は、〝あらゆる衆生が喜んで見るもの〟（一切衆生喜見《いっさいしゅじょうきけん》）という菩薩を足がかりとして、声聞や、菩薩のために、この〝白蓮華《びゃくれんげ》のように最も勝れた正しい教え〟（法華経）という法門を詳しく説き明かした。

その菩薩は、その世尊のもとで困難な修行（苦行）に専念し、一万二千年の間、精神を統一し、〝あらゆる姿を顕現すること〟（現一切色身《げんいっさいしきしん》）という三昧《さんまい》を得た。その時、その菩薩は歓喜して、『この〝白蓮華のように最も勝れた正しい教え〟のおかげで、私はこの三昧を得た。だから私は、世尊と〝白蓮華のように最も勝れた正しい教え〟に供養しよう』と考えた。

その菩薩が三昧に入るやいなや、上空からマーンダーラヴァの花の雨とウラガ・サーラ栴檀の雨が降った。

その菩薩は、しっかりとした意識をもって、その三昧から立ち上がって考えた。

『神力の奇跡の顕現による供養は、自己の身体を喜捨《きしゃ》する供養には、はるかに及ばない』

そこで、その菩薩は、絶えることなく沈水香《じんすいこう》などの樹液と、チャンパカの花の油を飲み続けて、十二年が過ぎた。そして、自分の身体を天上の衣で包んで香油の中に浸《つ》け、自らに願力を加えて、如来と〝白蓮華のように最も勝れた正しい教え〟に対する供養のために、自分の体に火を着けた。その菩薩の身体の燈火の光と焔《ほのお》に照らされて、八十のガンジス河の砂の数に等しい世界が出現し、その世界のブッダたちが、感嘆の言葉を発した。

『素晴らしいことである。良家の息子よ、これこそが、菩薩にとって真の努力精進《しょうじん》であり、如来と法に対する真実の供養である。花や、薫香《くんこう》、花環《はなわ》、衣、日傘、旗、幟《のぼり》、ウラガ・サーラ栴檀による供養も及ぶことはないのだ。これこそが、最高の布施《ふせ》であり、王国を喜捨する布施も、愛する息子と妻を喜捨する布施も、それに及ぶことはないのだ。自己の身体を喜捨することは法に対する最高で卓越した供養なのだ』

そのブッダたちは、以上の言葉を語ると沈黙してしまった。

死して化生し如来と再会

その菩薩の身体は、千二百年の間、燃え続けて消えた。その菩薩はそこで死んで、その〝月と太陽の汚れのない光明によって吉祥であるもの〟という如来の説法のもとにある〔国土の〕〝清らかな布施をなすもの〟（浄徳）という王の膝の上に〔母胎を経ることなく忽然《こつぜん》と〕結跏趺坐《けっかふざ》して化生《けしょう》した。

生まれると直ちに、その菩薩は自分の母と父に詩によって語りかけた。

『最も勝れた王よ、これが私のそぞろ歩きの場所であり、そこに立って、私は三昧を得ました。自分の身体を喜捨して、努力精進と、大いなる誓戒とに取り組んだのです。

母よ、父よ、その世尊は、今も法を説いておられます。その世尊に供養を行なって、私は〝すべての音声に精通している〟というダーラニー（解一切衆生語言陀羅尼《げいっさいしゅじょうごごんだらに》）を得ました。そして、この〝白蓮華のように最も勝れた正しい教え〟を、八百万・コーティ・ナユタのカンカラ・ヴィヴァラ・アクショービア*倍もの詩によって、その世尊から直接聞きました。それ故に、私は、その世尊のもとに行ってさらに供養をなしましょう』

すると、その菩薩は、ターラ樹の七倍の高さの空中に上昇し、七宝で造られた楼閣の上で結跏趺坐して、その世尊に近づいた。そして、世尊の両足を頭におしいただいて敬意を表し、詩によって讃嘆した。

『清らかな顔を持つ賢明な人間の王よ、あなたの光明は十方に輝いています。あなたのために自らの身体を喜捨する最高の供養をなして、私は〔今、再び〕あなたに会うためにまいりました』

すると、世尊はその菩薩に言った。

『良家の息子よ、私の入滅の時が来た。あなたは、私のために臥床《ふしど》を用意しなさい。私は入滅するであろう。良家の息子よ、私はあなたにこの教えを付嘱しよう。この菩薩たち、声聞たち、ブッダの覚り、この世界、宝石でできた堂閣、宝石の樹木、さらには私の侍者《じしゃ》である神々の子たちも、私はあなたに付嘱しよう。また私の入滅後、私の遺骨をあなたに付嘱しよう。あなたは、私の遺骨に供養をなし、遺骨を流布《るふ》させ、何千ものストゥーパを建てるべきである』

入滅した如来のために腕を燃やして供養

そこで、その如来は、その菩薩にこのように教示して、その夜の夜半から朝方にかけての後夜《ごや》に、煩悩を余すことのない涅槃《ねはん》（無余依涅槃《むよえねはん》）の境地において入滅された。その菩薩は、世尊が入滅されたのを知って、ウラガ・サーラ栴檀を薪《たきぎ》として積み重ね、その如来の身体に点火した。如来の身体が燃え尽き、その菩薩は、遺骨を手に取って号泣した。その菩薩は、七宝で作られた八万四千個の壺《つぼ》を作らせて、その中に如来の遺骨を納めて、七宝で作られた八万四千のストゥーパを建てさせた。そして、『私は、世尊の遺骨に供養を行なったが、私は、これよりいっそう勝れた供養を行なおう』と考えた。

そこで、その菩薩は、すべての菩薩の群衆や、声聞たち、神々、龍、その他の衆生に告げた。

『良家の息子たちよ、あなたたちはすべて、〈私たちは、世尊の遺骨に対して供養を行なおう〉と念ずるがよい』

その菩薩は、如来の遺骨を納めた八万四千のストゥーパの前で、幾百もの福徳の相で飾られた自分の腕に火を着け、七万二千年の間、腕を燃やして供養を行なった。その菩薩は供養を行ないながら、その集会の無数の声聞たちを教化《きょうけ》し、すべての菩薩は〝あらゆる姿を顕現すること〟という三昧を得た。

現在の薬王菩薩

すべての菩薩の群衆と、すべての声聞たちは、〝あらゆる衆生が喜んで見るもの〟という菩薩が、身体に障害を持つものとなったのを見て、涙で顔を濡《ぬ》らし号泣しながら互いに言った。

『この菩薩は、私たちの師であり、教化者である。その人が今、腕のないものとなってしまわれた』

すると、その〝あらゆる衆生が喜んで見るもの〟という菩薩は、それらの菩薩や、声聞たちに告げた。

『良家の息子たちよ、あなたたちは、私が身体に障害を持つのを見て、号泣してはいけない。十方の際限のない世界に滞在しておられるすべてのブッダたちを証人として、私は、その面前で真実の誓いを立てよう。〈如来の供養のために私の腕を喜捨《きしゃ》して後、私の身体を金色《こんじき》にする真実と真実の言葉によって、この腕は元のようになれ。そして、この大地は六種類に震動せよ。空中にいる神々の子たちは、大いなる花の雨を降らせよ〉と』

その菩薩が、この真実の誓いを立てたその時、三千大千世界《さんぜんだいせんせかい》が六種に震動し、上方の空中から大いなる花の雨が降った。そして、菩薩の腕は元通りになった。それは、その菩薩が知の力と、福徳の力を獲得していたからである。

ところで、〝星宿の王によって花で飾られた神通を持つもの〟よ、あなたは、誰か別の人がその〝あらゆる衆生が喜んで見るもの〟という菩薩であったと決して見なすべきではない。この〝薬の王〟という菩薩こそが、その〝あらゆる衆生が喜んで見るもの〟という菩薩であったからだ。

法華経はすべての経の王

良家の息子であれ、良家の娘であれ、菩薩のための乗り物によって出で立った人が、如来のチャイティヤにおいて一本の手の指、足の指、一本の足、あるいは腕を燃やすならば、その人はより多くの福徳を生ずるのだ。王国や、愛する息子、娘、妻、あるいは三千大千世界を喜捨することも、それには及ばないのである。

また、三千大千世界を七宝で満たして、すべてのブッダ、菩薩、声聞、独覚《どっかく》に布施するとしても、〝白蓮華のように最も勝れた正しい教え〟の中からただ一つの詩でさえも受持《じゅじ》する福徳には及ばないのだ。

大海が、すべての泉、池、湖の中で第一であるように、スメール山が、すべてのカーラ山や、チャクラヴァーダ山、大チャクラヴァーダ山の中で第一であるように、月が、すべての星宿の最高のものであるように、〝白蓮華のように最も勝れた正しい教え〟は、幾百・千・コーティ・ナユタもの月にも勝って輝くものであり、すべての経の最高のものである。日輪が、すべての暗黒を消滅させるように、〝白蓮華のように最も勝れた正しい教え〟は、あらゆる暗黒を消滅させるのである。シャクラ神が、三十三天の神々の王であるように、〝白蓮華のように最も勝れた正しい教え〟は、すべての経の王である。

サハー世界の主であるブラフマー神が、ブラフマー神群に属するすべての神々の王であって、父親のなすべきことをなすように、〝白蓮華のように最も勝れた正しい教え〟は、まだ学ぶべきことのある有学《うがく》と、もはや学ぶべきことのない無学《むがく》のすべての衆生、すべての声聞、独覚、菩薩たちのために父親のなすべきことをなすのである。あたかも〝聖者としての流れに入ったもの〟（預流《よる》＝須陀洹《しゅだおん》）や、〝天界から人間界にもう一度だけ還ってきて覚りを得るもの〟（一来《いちらい》＝斯陀含《しだごん》）、〝二度と迷いの世界に還ってこないもの〟（不還《ふげん》＝阿那含《あなごん》）、〝一切の煩悩を断じ尽くして、もはや学ぶことのなくなった阿羅漢《あらかん》〟、師なくして独自に覚りを得た独覚が、すべての愚かな人や凡人たちに勝《まさ》っているように、〝白蓮華のように最も勝れた正しい教え〟は、すべての経に勝って、群を抜くものだと知るべきである。この一切経の王を受持する衆生もまた、〔同様に〕第一であると知るべきである。

菩薩が、すべての声聞と独覚のうちの最高のものと言われるように、〝白蓮華のように最も勝れた正しい教え〟は、すべての経のうちの最高のものである。如来が、すべての声聞、独覚、菩薩たちにとって、法の王であるように、〝白蓮華のように最も勝れた正しい教え〟は、菩薩のための乗り物によって出で立ったものたちにとって真の如来である。

この〝白蓮華のように最も勝れた正しい教え〟は、すべての衆生をあらゆる恐怖と苦しみから解放するものだ。喉《のど》が渇《かわ》いた人にとっての池、寒さに悩まされている人にとっての火、裸の人にとっての衣服、商人にとっての隊商長、息子にとっての母親、向こう岸へ渡ろうとする人にとっての船、病人にとっての医者、暗黒に取り囲まれている人にとっての燈明《とうみょう》、財産を求めている人にとっての宝石、すべての城の王にとっての転輪聖王《てんりんじょうおう》、河川にとっての大海、すべての暗黒を打ち破る松明《たいまつ》のように、〝白蓮華のように最も勝れた正しい教え〟は、すべての苦しみから解放し、すべての病を断ち切り、すべての生存領域の循環（輪廻《りんね》）における恐怖や、束縛から解放するものである。

また、〝白蓮華のように最も勝れた正しい教え〟を聞き、書写し、他者に書写させる人に生ずる福徳は、ブッダの知によっても計り知ることはできないのだ。

この法門を受持し、読誦《どくじゅ》し、説き示し、聞き、書写し、写本の形にして、花や、薫香、花環、衣、日傘、旗、幟によって、あるいは楽器の演奏や、衣服、あるいはチャンパカ油などの燈明によって讃嘆・供養をなす人は、ブッダの知によっても計り知ることのできないほど多くの福徳を生ずるであろう。この『〝薬の王〟の過去との結びつきの章』（薬王菩薩本事品）を受持し、読誦し、聞く人は、多くの福徳を生ずるであろう。

浄土教の思想の混入

女性がこの法門を聞いて、受持するならば、その人にとって、現在、女性であることは最後となるであろう。この『〝薬の王〟の過去との結びつきの章』を聞いて修行する女性は、ここで死亡して、スカーヴァティー（極楽《ごくらく》）世界*に男性となって生まれるであろう。

〝無量の寿命を持つもの〟（阿弥陀《あみだ》）という如来が、菩薩の群衆に囲まれて滞在している国土の紅蓮華の胎《たい》の中の師子座《ししざ》に坐って、その人は生まれるであろう。貪愛・憎悪・迷妄〔の三毒〕や、自分を自慢すること、もの惜しみ、怒り、悪意が、その人を煩《わずら》わせることはないであろう。その人は、そこに生まれると同時に、五つの神通を得て、何ものも生ずることはないという真理を認める〔無生法忍《むしょうぼうにん》の〕知も得るであろう。

しかも、その菩薩は、多くの如来に会うであろう。その人には、完全に清められた視覚の能力（眼根《げんこん》）が具《そな》わり、それによって、そのブッダたちを見るであろう。それらのブッダたちは、この人に対して感嘆の言葉を発するであろう。

『素晴らしいことである。良家の息子よ、*あなたは、〝白蓮華のように最も勝れた正しい教え〟を聞いて、シャーキャムニ如来の教えのもとで、読誦し、他の衆生のためにこの法門を説き明かした。あなたの生じた福徳は、火で焼き尽くすことも、水で運び去ることもできないのだ。その福徳は、千人のブッダたちでさえも説き尽くすことはできない。あなたは、悪魔を打ち破り、恐怖を克服し、敵を粉砕したのだ。あなたは、幾百・千ものブッダたちによって加護されている。

神々、悪魔、ブラフマー神に伴われた世界において、沙門《しゃもん》やバラモンに伴われた衆生の中で、声聞であれ、独覚であれ、菩薩であれ、福徳、智慧《ちえ》、あるいは三昧《さんまい》の点で、あなたに勝る人は、如来を除いて誰もいないのだ』

その菩薩は、このようにして知の力を獲得するに到るであろう。

誰であれ、この『〝薬の王〟の過去との結びつきの章』を聞いて、感嘆の言葉を発するならば、その人の口からは青スイレンの香りが漂い、身体からは栴檀の香りが生ずるであろう。その人には、このような現世的な功徳と称讃があるであろう。

それ故に、恐るべき後の時代において後の五百年が進行している間に、このジャンブー洲《しゅう》（閻浮提《えんぶだい》）においてこの章が流布して、消失することがないように、また悪魔や、悪魔の集団に属する神々たちもつけ入る機会を得ることがないように、私はこの『〝あらゆる衆生が喜んで見るもの〟という菩薩の過去との結びつきの章』を付嘱しよう。

それ故に私は、このジャンブー洲においてこの法門を神通力によって加護するのだ。病気の衆生にとって真の薬となるであろう。この法門を聞いて後、病も、老衰も、不時の死も身体に近づくことはないのだ。

もしも菩薩のための乗り物によって出で立った人が、この経を受持する男性出家者を見るならば、その男性出家者に栴檀の粉末や、青蓮華《しょうれんげ》をふりかけて、『この良家の息子は、覚りの座に赴き、覚りの座に草の敷物をしつらえ、悪魔を征服し、法の螺貝《らがい》を吹き鳴らし、法の鼓《つづみ》を打ち鳴らして、生死《しょうじ》という生存の大海を渡るであろう』と思うべきである。

以上のように、如来の私が説いたそのような功徳と称讃が、その人に生じるであろう」

さて、以上の「〝薬の王〟の過去との結びつきの章」が説かれている間に、八万四千人の菩薩たちに、すべての音声に精通し随順するダーラニーの獲得があった。そして、〝多くの宝を持つもの〟という如来は、感嘆の言葉を発した。

「素晴らしいことである。〝星宿の王によって花で飾られた神通を持つもの〟よ、ここにおいて、あなたは、このように考えも及ばない威徳と美徳を具えた如来に質問をしたのだ」

《その説法の場に女性はいなくて》『法華経』の冒頭に挙げられた参列者の名前を見ると、女性の出家第一号のマハー・プラジャーパティー（摩訶波闍波提《まかはじゃはだい》）と、ヤショーダラー（耶輸陀羅《やしゅだら》）が参列していて、それぞれに六千人と四千人の女性出家者を伴っていた。『法華経』より少し前に編纂された『維摩経』にも四衆《ししゅ》のすべてが参列していたとある。それに対して、『維摩経』よりも先に編纂された『八千頌般若経《はっせんじゅはんにゃきょう》』冒頭の会座《えざ》には千二百五十人の男性出家者しか挙げられていない。『無量寿経』には三万二千人の男性出家者とマイトレーヤ（弥勒《みろく》）をはじめとする菩薩のみで、『観無量寿経』でも千二百五十人の男性出家者と三万二千人の菩薩のみ、『阿弥陀経《あみだ》』でも千二百五十人の男性出家者とマンジュシリー（文殊師利）をはじめとする菩薩、シャクラ神、ブラフマー神などの神々しか挙げられていない。浄土三部経のいずれにも、説法の場に女性は含まれていない。『無量寿経』で阿弥陀如来の極楽浄土《ごくらくじょうど》には、女性が皆無とされていることと関係があるかもしれない。**《カンカラ・ヴィヴァラ・アクショービア》**カンカラ（恒迦羅）は千万億、ヴィヴァラ（毘婆羅）は不明、アクショービア（阿閦婆）は千兆を意味する。**《スカーヴァティー（極楽）世界》**この語は、観世音菩薩普門品（三八五頁）と、ここだけに見られるが、これは浄土教系の思想を割り込ませたものであろう。本章では、鳩摩羅什訳にない偈《げ》の部分に含まれていて、後世に挿入されたと思われる。何の脈絡もなく阿弥陀如《あみだ》来が出てきて、唐突さが否めない。**《良家の息子よ》**ここで「良家の息子よ」と呼びかけられている人は、少し前のほうに出てくる『〝薬の王〟の過去との結びつきの章』を聞いて修行する女性（mātṛgrāma）」のことであり、阿弥陀仏のスカーヴァティー（極楽）世界に男性として生まれ変わった人のことである。

【解説】

薬王菩薩の過去世の話が語られ、如来のために身を焼いたり、腕を焼いたりして供養する話が出てきて、これこそが最高の供養だと讃嘆される。不惜身命を象徴する表現とされるが、あまりにも即物的で真に受ける人が出た。中国でも日本でも身を焼いたり、指を焼いたりする人が出て、禁令が出るほどだった。これは、『法華経』の思想、仏教本来の思想とも異なるものである。

日蓮は『佐渡御書』で「肉をほしがらざる時、身を捨つ可きや。紙なからん世には身の皮を紙とし、筆なからん時は骨を筆とすべし」と論じている。それが必要とされている時なら、その供養は意味があるだろう。しかし、この薬王菩薩の焼身供養（自殺）は、誰が何を必要としていたのか。誰に何の益があったのか。蛮勇の礼賛にすぎない。「身軽法重《しんきょうほうじゅう》」（身は軽く法は重し）も、法隆寺の玉虫厨子《たまむしのずし》に描かれている「捨身《しゃしん》飼虎《しこ》」であれば飢えたトラの親子を救うためという已むに已《や》まれぬ情況で意味があるが、無《む》暗《やみ》に身を軽んじるのは愚かである。いたずらに死ぬよりも、ボランティアで奉仕活動をしたほうが、人々のためになるというものだ。

もう一点、気になることがある。本章の終わりの方に、女性がこの法門を聞いて、受持するならば、現在、女性であることは最後となり、ここで死亡して、〝無量の寿命を持つもの〟（阿弥陀《あみだ》）という如来のいるスカーヴァティー（極楽《ごくらく》）世界に男性となって生まれるとある。これは、極楽浄土に女性はいないとする浄土教系の思想（『無量寿経』）の挿入である。

『法華経』といえども、このように本来の思想と異なる思想が混入されているので注意が必要である。

第二十三章　妙音菩薩品（第二十四）＝みょうおんぼさつぼん

娑婆世界を訪問する妙音菩薩

その時、シャーキャムニ如来《にょらい》は、眉間《みけん》の巻毛の塊（白毫《びゃくごう》）から光を放たれた。その光明《こうみょう》によって、東の方向にある幾百・千・コーティ・ナユタものブッダの国土が光で満たされた。それらのブッダの国土を通り過ぎて、〝太陽の光明によって荘厳されているところ〟（浄光荘厳《じょうこうしょうごん》）という名前の世界があった。そこには、〝蓮華《れんげ》の花びらのように汚れのない、星宿の王によって花開かれた智慧《ちえ》を持つもの〟（浄華宿王智《じょうけしゅくおうち》）という如来が滞在し、菩薩《ぼさつ》の集団に伴われて法を説き示しておられた。

シャーキャムニ如来が放たれた光明は、その世界をはっきりと現し出した。その世界には、〝明瞭《めいりょう》で流暢《りゅうちょう》に話す声を持つもの〟（妙音《みょうおん》）という菩薩が、住んでいた。その菩薩は、多くの如来たちのこのような光明の輝きをかつて見たことがあった。その菩薩は、〝白蓮華《びゃくれんげ》のように最も勝れた正しい教え〟という三昧《さんまい》（法華三昧《ほっけさんまい》）などのガンジス河の砂の数に比すべき多くの幾百・千・コーティ・ナユタもの三昧を得た。

その光明は、その菩薩の身体に降り注いだ。その時、その菩薩は、座席から立ち上がり、上衣の左肩を残して右側の肩だけ露《あらわ》にして、右の膝頭を地面につけて、世尊《せそん》に向かって合掌《がっしょう》して敬礼し、世尊に申し上げた。

「世尊よ、私はシャーキャムニ如来にお会いし、敬礼し、お仕えするために、サハー（娑婆《しゃば》）世界にまいります。また、マンジュシリー（文殊師利《もんじゅしり》）法王子、〝薬の王〟、〝施すことに勇敢なもの〟（勇施《ゆぜ》）、〝星宿の王によって花で飾られた神通を持つもの〟、〝卓越した善行をなすもの〟（上行《じょうぎょう》）、〝荘厳の王〟（荘厳王《しょうごんのう》）、〝薬の王によって出現したもの〟（薬上《やくじょう》）という菩薩に会うためにサハー世界にまいります」

背の低い釈尊や菩薩を劣ったものと見るな

そこで、その世尊は、その菩薩におっしゃられた。

「良家の息子よ、そのサハー世界に行って、そのサハー世界が劣っているという思いを生じてはならない。サハー世界は、山の起伏があり、泥土でできており、カーラ山によって囲まれ、糞尿《ふんにょう》の不浄物が満ちている。

しかも、シャーキャムニ如来も、菩薩たちも背の低い体つきをしている。ところが、あなたは、身長が四百二十万ヨージャナの身体を得ている。私は六百八十万ヨージャナの身長である。

しかも、あなたは、輝かしく、見るも美しく、端正で、青蓮華《しょうれんげ》のように最高に美しい色を具《そな》え、幾百・千もの福徳によって際立って勝れた特徴を持っている。それ故に、あなたはサハー世界に行って、如来についても、菩薩たちについても、そのブッダの国土についても劣ったものという思いを生じてはならない」

世尊からこのように言われて、その菩薩は世尊に申し上げた。

「世尊よ、如来が命じられる通りにいたしましょう。私は、如来の加護により、如来の力の発揮により、如来の自在な振る舞いによって、サハー世界にまいりましょう」

その時、〝明瞭《めいりよう》で流暢《りゆうちよう》に話す声を持つもの〟（妙音）という菩薩は、そのブッダの国土から出かけることもなく、座席から立ち上がることもなく、三昧に入った。三昧に入るやいなや、直ちにサハー世界の霊鷲山《りようじゆせん》（グリドラクータ山）にある如来が説法される座席（法座）の前に八百四十万・コーティ・ナユタもの紅蓮華《ぐれんげ》が出現した。その紅蓮華は、黄金の茎と、銀の葉、キンシュカの赤い花の色を持っていた。

マンジュシリー菩薩の要請

マンジュシリー法王子は、紅蓮華が出現したのを見て、シャーキャムニ如来に尋ねた。

「世尊よ、これは何の瑞相《ずいそう》でありましょうか？」

「マンジュシリーよ、〝蓮華の花びらのように汚れのない、星宿の王によって花開かれた智慧を持つもの〟という如来のブッダの国土である、東方の〝太陽の光明によって荘厳されているところ〟という世界から、〝明瞭で流暢に話す声を持つもの〟という菩薩が、私に会って、敬礼し、仕えるために、またこの〝白蓮華のように最も勝れた正しい教え〟（法華経）という法門を聞くために、八百四十万・コーティ・ナユタもの菩薩たちに伴われて、このサハー世界にやってくるのだ」

そこで、マンジュシリー法王子は、世尊に尋ねた。

「世尊よ、その良家の息子は、善い果報をもたらす立派な行ないをどのようにして積んだのでしょうか？　その良家の息子は、勝れた性質を獲得しています。その菩薩は、いかなる三昧において修行したのでしょうか？　私たちは、その三昧のことをお聞きして、その三昧において修行したいのです。

その菩薩にいかなる色、姿、特徴、性質が具わっているのか、どのような行ないがあるのかと考えて、私たちは、その菩薩に会いたいのです。世尊よ、その菩薩が直ちにサハー世界にやってくるように促す合図を発してください」

シャーキャムニ如来は、〝多くの宝を持つもの〟（多宝《たほう》）という如来におっしゃられた。

「世尊は、〝明瞭で流暢に話す声を持つもの〟という菩薩が、このサハー世界にやってくるように合図を発してください」

すると、〝多くの宝を持つもの〟という如来は、合図を出された。マンジュシリー法王子が、

「良家の息子よ、あなたはこのサハー世界にやってくるがよい。あなたとの会見を望んでいるのだ」

妙音菩薩の娑婆世界への来訪

すると、〝明瞭で流暢に話す声を持つもの〟（妙音）という菩薩は、〝蓮華の花びらのように汚れのない、星宿の王によって花開かれた智慧を持つもの〟という如来の両足を頭におしいただいて敬意を表して、如来の周りを右回りに三度回った後、八百四十万・コーティ・ナユタもの菩薩たちに伴われて、その〝太陽の光明によって荘厳されているところ〟という世界から姿を消して、諸々《もろもろ》の国土を震動させ、紅蓮華《ぐれんげ》の雨を降らせ、幾百・千・コーティ・ナユタもの楽器を演奏させながら、サハー世界にやってきた。

その菩薩は、青蓮華の花弁のような美しい眼のある顔、金色の身体、幾百・千もの福徳によって荘厳された体、さらに威光によって煌々《こうこう》と輝き、手足が諸々の属性によって飾られ、身体がナーラーヤナ（那羅延《ならえん》天）のように堅固《けんご》であった。

七宝で造られた楼閣に乗って、ターラ樹の七倍の高さの空中を、菩薩の群衆に伴われてやってきて、このサハー世界の霊鷲山に近づいた。近づいてから、その楼閣を下

りて、幾百・千金もの値打ちのある真珠の首飾りを手に取り、世尊に近づいた。そして、世尊の両足を頭におしいただいて敬意を表して、世尊の周りを七回、右回りに回って、その真珠の首飾りを世尊に供養《くよう》として差し上げた。そして、世尊に申し上げた。

「〝蓮華の花びらのように汚れのない、星宿の王によって花開かれた智慧を持つもの〟という如来は、『シャーキャムニ世尊におかれましては、病もなく、ご機嫌麗しく過ごしておられますか？』と尋ねています。さらに、『シャーキャムニ世尊よ、あなたにとって、ここは、過ごしやすいでしょうか？　身体の具合は万全でしょうか？　衆《しゅ》生《じょう》は、教化《きょうけ》しやすいでしょうか？　汚れのない身体を持っているでしょうか？　衆生が過度に貪愛（貪欲《とんよく》）、憎悪（瞋恚《しんに》）、愚かさ（愚癡《ぐち》）によって行動することがなく、過度に嫉妬《しっと》深くなく、敵意を抱くことがなく、母、父、沙門《しゃもん》、バラモンを尊敬しないことがなく、誤った見解（邪見）にとらわれることがなく、心が制御されていて、感覚器官が放逸《ほういつ》でないことを願っています。世尊よ、あなたのこれらの衆生は、悪魔という怨敵《おんてき》を打ち破っているでしょうか？

世尊よ、〝多くの宝を持つもの〟という如来は、法を聞くためにこのサハー世界においでになって、七宝で造られたストゥーパの中にいらっしゃるのでしょうか？』と申しておりました。

また、『シャーキャムニ世尊よ、〝多くの宝を持つもの〟という如来にとって、ここは、過ごしやすいでしょうか？ このサハー世界に長く滞在されるのでしょうか？』と尋ねています。世尊よ、私たちもその〝多くの宝を持つもの〟という如来の遺体の全体を拝見したいものです。どうか拝見させてください」

すると、シャーキャムニ如来は、〝多くの宝を持つもの〟という如来におっしゃられた。

「世尊よ、この〝明瞭で流暢に話す声を持つもの〟という菩薩は、〝多くの宝を持つもの〟という如来に会いたがっている」

すると、〝多くの宝を持つもの〟という如来は、〝明瞭で流暢に話す声を持つもの〟という菩薩におっしゃられた。

「素晴らしいことである。良家の息子よ、あなたは、ここでシャーキャムニ如来に会いたいと願い、また〝白蓮華のように最も勝れた正しい教え〟という法門を聞くために、またマンジュシリー法王子に会うために、このサハー世界にやってきた」

妙音菩薩の過去の修行

すると、〝紅蓮華のような光輝を持つもの〟(華徳《けとく》)という菩薩が、シャーキャムニ如来に尋ねた。

「世尊よ、〝明瞭で流暢に話す声を持つもの〟という菩薩は、善い果報をもたらすいかなる立派な行ないを、過去の何という如来のもとで、積んだのでしょうか？」

「良家の息子よ、かつて、数えることのできない、無量の、計り知れない劫の過去の世における時のことであった。その時その情況で〝雲の中の太鼓の音の王〟（雲雷王《うんらいおう》）という名前の如来が、〝あらゆる姿を顕現すること〟（現一切色身《げんいっさいしきしん》）という世界において、〝見るも心地よい〟（喜見《きけん》）という劫に出現した。〝明瞭で流暢に話す声を持つもの〟は、その如来のために、百二十万年の間、幾百・千もの楽器を演奏して供養を行ない、さらに七宝で造られた八万四千個の鉢を布施した。その如来の教えのもとで、〝明瞭で流暢に話す声を持つもの〟は、このような幸運に到達したのである。

ところで、良家の息子よ、誰か別の人が、〝雲の中の太鼓の音の王〟という如来に供養と布施をした〝明瞭で流暢に話す声を持つもの〟という菩薩であったと見なすべきではない。理由は何か？　ここにいる〝明瞭で流暢に話す声を持つもの〟こそが、〝雲の中の太鼓の音の王〟という如来に供養と布施をしたその〝明瞭で流暢に話す声を持つもの〟という菩薩であったからだ。

多くの姿で法華経を説いた妙音菩薩

良家の息子よ、このように〝明瞭で流暢に話す声を持つもの〟（妙音）という菩薩は、幾百・千もの多くのブッダたちのもとで善い果報をもたらす立派な行ないを積んでおり、ブッダとなるための準備を既になしているのだ。しかも、この菩薩は、ガンジス河の砂の数に等しい多くのブッダたちに既に会っている。〝紅蓮華のような光輝を持つもの〟よ、あなたは、この〝明瞭で流暢に話す声を持つもの〟という菩薩を見ているであろう」

「世尊よ、私は見ております」

「〝紅蓮華のような光輝を持つもの〟よ、この〝明瞭で流暢に話す声を持つもの〟という菩薩は、多くの姿をもってこの〝白蓮華のように最も勝れた正しい教え〟を説き示したのである。すなわち、ブラフマー神、嵐を司るルドラ神、シャクラ神、イーシュヴァラ神、将軍、ヴァイシュラヴァナ神（毘沙門天《びしゃもんてん》）、転輪王《てんりんのう》、城主、商人組合の長、資産家、市民、バラモン――のそれぞれの姿で、ある場合には男性出家者、女性出家者、男性在家信者、女性在家信者、商人組合長の妻、資産家の妻、市民の妻、男の子、女の子――など多くの姿を示すことによって、この菩薩は、〝白蓮華のように最も勝れた正しい教え〟を衆生に説き示したのである。ある人のためにはヤクシャ、アスラ、ガルダ、キンナラ、マホーラガの姿までして、この〝白蓮華のように最も勝れた正しい教え〟を衆生に説き示したのである。

　地獄や、畜生界、〔死後の世界を支配する〕ヤマ（閻魔《えんま》）の世界、そして不運な世界に生まれた衆生のためにも、〝明瞭で流暢に話す声を持つもの〟は、この〝白蓮華のように最も勝れた正しい教え〃という法門を説き示す救済者なのだ。後宮《こうきゅう》の女性のためにも女性の姿を化現《けげん》して、この〃白蓮華のように最も勝れた正しい教え〃を説き示したのだ。このようにサハー世界において、衆生のために法を説き示した。

〃紅蓮華のような光輝を持つもの〃よ、〃明瞭で流暢に話す声を持つもの〃は、サハー世界の衆生にとっての救済者なのだ。サハー世界において、その菩薩は、それほど多くの姿や格好でこの〃白蓮華のように最も勝れた正しい教え〃という法門を衆生に説き示すのだ。しかしながら、この善き人（善士）には、神力の減少も智慧の減少もない。このサハー世界において、その菩薩は、それほど多くの知の輝きによって知られている。

さらに、ガンジス河の砂の数に等しい多くの他の世界において、菩薩によって教化されるべき衆生には菩薩の姿で、声聞《しょうもん》によって教化されるべき衆生には声聞の姿で、独覚《どっかく》によって教化されるべき衆生には独覚の姿で、如来によって教化されるべき衆生には如来の姿で法を説き示した。如来の遺骨によって教化されるべき衆生には、如来の遺骨の姿までも示し、完全なる滅度を示すことによって教化されるべき衆生には、完全なる滅度に入った自己の姿までも示したのである。

〃紅蓮華のような光輝を持つもの〃よ、〃明瞭で流暢に話す声を持つもの〃は、このようにして知の力を成就したのだ」

〝あらゆる姿を顕現すること〟という三昧

そこで、〝紅蓮華のような光輝を持つもの〟という菩薩は、世尊に尋ねた。

「世尊よ、この〝明瞭で流暢に話す声を持つもの〟という菩薩は、既に善い果報をもたらす立派な行ないを積んでいます。この菩薩は、三昧に入ったままでこれほど多くの衆生を導かれました。この三昧はいかなるものでしょうか？」

「良家の息子よ、それは〝あらゆる姿を顕現すること〟（現一切色身《げんいっさいしきしん》）という三昧である。この三昧に入ったままで、〝明瞭で流暢に話す声を持つもの〟は、このように無量の衆生に利益をなしたのである」

しかもなお、以上の「明瞭で流暢に話す声を持つものの章」（妙音菩薩品）が説かれている間に、この菩薩と一緒にこのサハー世界にやってきた八百四十万・コーティ・ナユタもの菩薩たちにも、サハー世界の無量の菩薩たちにも、〝あらゆる姿を顕現すること〟という三昧の獲得があった。

すると、その〝明瞭で流暢に話す声を持つもの〟という菩薩は、シャーキャムニ如来と、〝多くの宝を持つもの〟という如来の遺骨を安置したストゥーパに対して大規模な供養を行なった。

妙音菩薩の帰還

そして、七宝で造られた楼閣に乗り、諸々の国土を振動させ、紅蓮華の雨を降らせ、幾百・千・コーティ・ナユタもの楽器を演奏させつつ、八百四十万・コーティ・ナユタもの菩薩たちに伴われて、再び自分のブッダの国土に帰って行った。

自分のブッダの国土に帰り着くと、〝蓮華の花びらのように汚れのない、星宿の王によって花開かれた智慧を持つもの〟という如来に報告した。

「世尊よ、私は、サハー世界において衆生のために利益をなしました。また、〝多くの宝を持つもの〟という如来の遺骨を安置したストゥーパを拝見し、礼拝《らいはい》しました。シャーキャムニ如来にも会って、敬意を表しました。そして、マンジュシリー法王子にも、〝薬の王〟という菩薩、〝施すことに勇敢なもの〟という菩薩にも会いました。そして、八百四十万・コーティ・ナユタもの菩薩たちのすべてに、〝あらゆる姿を顕現すること〟という三昧の獲得がありました」

さて、以上の「〝明瞭で流暢に話す声を持つもの〟という偉大な人である菩薩がサハー世界に行って戻って来ることの章」が説かれている間に、四万二千人の菩薩たちに、何ものも生ずることはないという真理を認める知（無生法忍《むしょうぼうにん》）の獲得があった。また、〝紅蓮華のような光輝を持つもの〟という菩薩には、〝白蓮華のように最も勝れた正しい教え〟という三昧の獲得があった。

【解説】

鳩摩羅什《くまらじゅう》が「妙音」、竺法護《じくほうご》が「妙吼《みょうく》」と漢訳した菩薩の名前は、サンスクリット語ではガドガダ・スヴァラ（gadgada-svara）という。ガドガダは吃音《きつおん》の擬《ぎ》声語《せいご》、スヴァラは声で、「吃音の声をもつもの」と説明されてきた。「妙音」「妙吼」と「吃音」では、違いが大きすぎる。長い間、この原名と漢訳名との関係は謎《なぞ》とされてきた。例えば、泉芳璟《いずみほうけい》氏は「〔鳩摩〕羅什や〔竺〕法護が勝手に訳した意図を忖度《そんたく》してあれだこれだと臆説を構へるのは聊《いささ》か馬鹿げてゐるやうだ。彼等故人を蘇生せしめ得ない限りは、如何《どう》いふ意味で妙音と譯《やく》したのやらそれは薩張《さっぱ》りわからない」（『大谷学報』第四九号、一九三三年、一〜一六頁）と論じている。これは、ぼやきである。それだけ、この謎は難解とされてきた。

　これまで、gadgada は擬声語としてのみ考えられてきた。本田義英《ぎえい》博士も、『仏典の内相と外相』（一九三四年）において、gadgada を擬声音として、①水牛の声、②白鳥の声、③楽器の音――の三つの場合があり得るとし、これらの音は快い音なので「妙音」と訳されたと会通《えつう》しておられるが、話のすり替えではないかという印象がぬぐえない。筆者には、インドの水牛は「ガドガダ」と鳴くのだろうかという素朴な疑問が残る。私がインドを訪れた時、牛は「モー」と鳴いていた。

ここでgadgadaと、鳩摩羅什訳との関係について考えてみたい。gadgadaはgadとgadaからなる。これと似た構造の語にガンジス河を意味するgaṅgā（< gaṅgā < gaṅga < gam + ga）がある。gamもgā（√gamから作られる形容詞gaの女性形）も、「行く」という意味の動詞√gamと関係する語で、gaṅgāは「行き行くもの」「滔滔《とうとう》と流れ行くもの」を意味している。

動詞の語根と、その動詞の語根から造られた形容詞の複合語は、その動詞の意味を強調した名詞／形容詞になるというサンスクリット文法の規則がここにはうかがわれる。

これに習えば、gadgadaを構成するgadとgada（√gadから作られる形容詞）は、動詞の√gadと関係していると理解できる。√gadは、モニエルの辞典では、to speak articulately（明瞭に話す）となっている。そうなると、gadgada（< gad + gada）には、「明瞭に話し話す〔もの〕」「明瞭で流暢に話す〔もの〕」という意味が読み取れる。鳩摩羅什と竺法護は、この意味を汲んで「明瞭で流暢に話す声〔を持つもの〕」という意味を込めて「妙音」「妙吼」と訳したのであろう。

本章では、娑婆世界を訪問しようとする妙音菩薩に浄華宿王智《じょうけしゅくおうち》如来が忠告する。

「シャーキャムニ如来も、菩薩たちも背の低い体つきをしている。〔中略〕サハー（娑婆）世界に行って、如来についても、菩薩たちについても、そのブッダの国土についても劣ったものという思いを生じてはならない」と。

妙音菩薩の身長は、四百二十万ヨージャナ（地球と月の距離の百六十倍）である。極端な如来の巨大さと、この忠告は何を意味するのか？

この章が追加された頃、仏教界では種々の如来が考え出された。それらの如来は巨大化される傾向にあった。特に毘盧遮那《びるしゃな》仏《ぶつ》は、生身《なまみ》の人間である釈尊《しゃくそん》を超える宇宙大の仏とされた。この『法華経』の編纂者《へんさんしゃ》は、如来の巨大化傾向に疑問を抱いていたのではないか。この妙音菩薩の住所を、鳩摩羅什は「浄光荘厳」と漢訳し、筆者は〝太陽の光明によって荘厳されているところ〟と訳したが、サンスクリット語ではヴァイローチャナ・ラシュミ・プラティマンディタとなっている。ヴァイローチャナ（毘盧遮那）という文字を使ったところにもその意図が感じられる。

小乗仏教は、釈尊を人間離れしたものに神格化することで人間を卑小化させた。大乗仏教が如来を巨大化させることは、人間だけでなく歴史的人物としての釈尊をも卑小化させることになる。

妙音菩薩に対する如来の忠告は、当時の情況に対する忠告ではないか。如来や菩薩を偉大／巨大なものとする一方で、人間を卑小なものとすることは、本来の仏教思想と相反する。釈尊自ら「私は人間として生まれ、人間として成長し、人間としてブッダとなることを得た」と語っていた。仏教は人間主義であり、人間から決して目をそらすことはない。

『法華経』は「我が如《ごと》く等しくして異なり無《な》けん」という思想であり、そこに説かれる釈尊は、我々の娑婆《しゃば》世界に常住し永遠の菩薩道を実践し続けている。その釈尊は、肉体的にはちっぽけな存在かもしれないが、人間の中にあって同等・対等に振る舞い、人間としてのあるべき法を探求することを説いた。まさに〝人間ブッダ〟である。

人間として人間対人間の関係性を通して、対話（言葉）によって人々を覚醒させる行為を讃嘆し、そのモデルが、『法華経』の常不軽菩薩の振る舞いとして示されていた。身体の大小が人の貴賤を決めるのではない。「法、妙なれば人貴《とうと》し」である。

第二十四章　観世音菩薩普門品（第二十五）
=かんぜおんぼさつふもんぼん

観世音菩薩と承認される理由

その時、〝不滅の心を持つもの〟（無《む》尽意《じんに》）という菩薩《ぼさつ》は、座席から立ち上がって、上衣《じょうえ》の左肩を残して右側の肩だけ露《あらわ》にして、右の膝頭を地面につけて、世《せ》尊《そん》に向かって合掌《がっしょう》し敬礼して尋ねた。

「世尊よ、いかなる理由でこの菩薩は、〝自在に観るもの〟（観世《かんぜ》音《おん》*）と言われるのでしょうか？」

このように尋ねられて、世尊は、〝不滅の心を持つもの〟に答えられた。

「良家の息子よ、諸々《もろもろ》の苦しみを受けている多くの衆生《しゅじょう》が、〝自在に観るもの〟（観世音）という菩薩の名前を聞くならば、その苦しみから解放されるであろう。〝自在に観るもの〟（観世音）の名前を心にたもつ衆生が、大きな火の塊の中に落ちても、その菩薩の威徳によって、火の塊から解放されるであろう。衆生が川の水に押し流されていて、〝自在に観るもの〟（観世音）の名前を叫ぶならば、その川は、その衆生に浅瀬を作り与えるであろう。幾百・千・コーティ・ナユタもの衆生が、大海の真ん中で、金貨、黄金、宝石、真珠、金剛石《ダイアモンド》、瑠璃《るり》、螺貝《らがい》、碧玉《へきぎょく》、珊瑚《さんご》、瑪瑙《めのう》などを積んだ船が暴風（黒風）によってラークシャシー（羅刹女《らせつにょ》）の島に打ち上げられたとして、一人でも〝自在に観るもの〟（観世音）の名前を叫んで救助を求めるならば、その衆生はその島から解放されるであろう。その菩薩は、こういう理由で〝自在に観るもの〟（観世音）と承認されるのだ。

観世音菩薩の威神力と神通

良家の息子よ、死刑の判決を受けた人が、〝自在に観るもの〟（観世音）という名前を叫んで救助を求めるならば、その死刑執行人たちの剣はこなごなに砕けるであろう。三千大千世界《さんぜんだいせんせかい》が、ヤクシャ（夜叉《やしゃ》）や、ラークシャサ（羅刹《らせつ》）たちで満たされていても、〝自在に観るもの〟（観世音）という名前を了解するならば、邪悪な心を持つものたちは、その人を見ることはできないであろう。罪のある人であれ、ない人であれ、木製や、鉄製の手枷《てかせ》、鉄の鎖《くさり》、足枷《あしかせ》で縛られていても、〝自在に観るもの〟（観世音）の名前を了解することによって、即座にそれは亀裂を生じるであろう。〝自在に観るもの〟（観世音）という菩薩の威神力は、このようなものである。

良家の息子よ、この三千大千世界が、剣を手に持つ悪漢や、怨敵《おんてき》、盗賊たちで満たされているとして、その中を一人の隊商長が、貴重な宝石を携えた大規模な隊商を率いて行くとしよう。その人たちは、旅行きながら、その盗賊や、悪漢、怨敵たちに遭遇して、怖がり、慄《おのの》き、自分たちが無防備であることを知るであろう。その時、隊商長は、隊商の一団に『畏《おそ》れてはならない。あなたたちは、声をそろえて〝自在に観るもの〟（観世音）という菩薩に救助を求めるがよい。それによって、この恐怖から即座に解放されるであろう』と告げるであろう。そこで、隊商の一団のすべてが、『畏れなきことを授けてくださる〝自在に観るもの〟（観世音）という菩薩に敬礼いたします』と、声をそろえて呼びかけると、直ちにあらゆる恐怖から解放されるのだ。〝自在に観るもの〟（観世音）という菩薩の威神力は、このようなものである。

良家の息子よ、貪愛（貪欲）、憎悪（瞋恚《しんに》）、愚かさ（愚癡《ぐち》）によって行動する衆生は、〝自在に観るもの〟（観世音）に敬礼をなして、貪愛、憎悪、愚かさのないものとなる。〝自在に観るもの〟（観世音）という菩薩は、このように大いなる神通を持っているのだ。

さらに、良家の息子よ、男の子の誕生を願う女性が、〝自在に観るもの〟（観世音）に敬礼をなすならば、男の子が生まれるであろう。その男の子は端正で、見るも美しく、男の子らしくて、人々に愛され、心を魅了し、善い果報をもたらす立派な行ないを積んだものであるだろう。

女の子の誕生を欲する女性には、女の子が生まれるであろう。女の子は端正で、見るも美しく、青蓮華《しょうれんげ》のように美しい色を具《そな》え、女の子らしくて、人々に愛され、心を魅了し、善い果報をもたらす立派な行ないを積んだものであるだろう。〃自在に観るもの〃（観世音）という菩薩の威神力は、このようなものである。

観世音菩薩の名前をたもつ人の功徳

また、良家の息子よ、〃自在に観るもの〃（観世音）に敬礼をなし、その名前を心にたもつ人たちには有益な結果がある。ある人は、〃自在に観るもの〃（観世音）に敬礼し、その名前を心にたもつ。ある人は、六十二のガンジス河の砂の数に等しいブッダたちに敬礼し、その名前を心にたもつ。ある人は、この世に滞在しておられる多くのブッダたちに、衣や、食べ物、寝具や座具、薬、生活必需品によって供養《くよう》を行なう。〃不滅の心を持つもの〃よ、その良家の息子、あるいは良家の娘は、この因縁《いんねん》によってどれほどの福徳を生ずるであろうか？」

「世尊よ、多くの福徳を生ずるでありましょう」

「良家の息子よ、多くのブッダに恭敬をなす人、および〃自在に観るもの〃（観世音）に一度だけでも敬礼し、その名前を心にたもつ人、その両者の場合に生じる福徳は同じであり、いずれかが勝っていることも、超過していることもないのだ。

この両者の福徳は、幾百・千・コーティ・ナユタ劫《こう》の間にわたっても、消滅させることは容易ではないのだ。良家の息子よ、〝自在に観るもの〟（観世音）という菩薩の名前を心にたもつことで得る福徳は、このように無量なのだ」

そこで、〝不滅の心を持つもの〟という菩薩は、世尊に尋ねた。

「世尊よ、〝自在に観るもの〟（観世音）という菩薩は、このサハー世界においてどのように遊行《ゆぎょう》して法を説き示すのでしょうか？　その菩薩の巧みなる方便《ほうべん》の及ぶ範囲は、どれほどでしょうか？」

世尊は〝不滅の心を持つもの〟という菩薩に答えられた。

「良家の息子よ、〝自在に観るもの〟（観世音）が、ブッダの姿で衆生に法を説き示す世界が存在するし、菩薩の姿で衆生に法を説き示す世界が存在するのだ。ある人には、独覚《どっかく》の姿で、ある人には声聞《しょうもん》の姿で、ある人にはブラフマー神（梵天《ぼんてん》）の姿で、ある人にはシャクラ神（帝釈天《たいしゃくてん》）の姿で、ある人にはガンダルヴァの姿で衆生に法を説き示すのだ。ヤクシャ（夜叉《やしゃ》）に教化《きょうけ》されるべき衆生にはヤクシャの姿で、イーシュヴァラ神に教化されるべき衆生にはイーシュヴァラ神の姿で、マヘーシュヴァラ神に教化されるべき衆生にはマヘーシュヴァラ神の姿で、転輪王《てんりんのう》に教化されるべき衆生には転輪王の姿で、ピシャーチャ鬼に教化されるべき衆生にはピシャーチャ鬼の姿で、ヴァイシュラヴァナ神（毘沙門天《びしゃもんてん》＝多聞天《たもんてん》）に教化されるべき衆生にはヴァイシュラヴァナ神の姿で、将軍に教化されるべき衆生には将軍の姿で、バラモンに教化されるべき衆生にはバラモンの姿で、〝金剛杵《こんごうしょ》（電撃）を手に持つもの〟（執金剛《しゅうこんごう》）に教化されるべき衆生には〝金剛杵を手に持つもの〟の姿で法を説き示すのだ。

良家の息子よ、〝自在に観るもの〟（観世音）は、このように考えることもできないほど多くの功徳を具えているのだ。それ故に、あなたたちは〝自在に観るもの〟（観世音）に供養をするがよい。この〝自在に観るもの〟（観世音）は、恐怖にさらされた衆生に畏れなきことを施すのだ。この理由によって、この菩薩は、サハー世界において〝畏れなきことを施すもの〟（施無畏者《せむいしゃ》）と認められているのだ」

観世音菩薩への法のための贈り物

そこで、〝不滅の心を持つもの〟は世尊に申し上げた。

「世尊よ、私たちは、〝自在に観るもの〟（観世音）という菩薩に、法のための贈り物を差し上げましょう」

世尊が言われた。

「良家の息子よ、今、時にかなっていると、あなたが思うものを贈るがよい」

すると、〝不滅の心を持つもの〟は、幾百・千金もの値打ちのある真珠の首飾りを首から取り外し、〝自在に観るもの〟（観世音）に法のための贈り物として差し上げた。けれども、その〝自在に観るもの〟（観世音）は受け取らなかった。そこで、〝不滅の心を持つもの〟は〝自在に観るもの〟（観世音）に言った。

「良家の息子よ、あなたは、私たちに対する憐れみの故に、この真珠の首飾りを受け取ってください」

すると、〝自在に観るもの〟（観世音）は、〝不滅の心を持つもの〟に対する憐れみと、四衆《ししゅ》や、神々、龍、ヤクシャ、ガンダルヴァ、アスラ、ガルダ、キンナラ、マホーラガ、人間、人間以外のものたちに対する憐れみの故に、真珠の首飾りを受け取った。受け取ると、それを二つに切って、一方の半分をシャーキャムニ世尊に、もう半分を〝多くの宝を持つもの〟（多宝）という如来《にょらい》の全身が安置されている宝石造りのストゥーパに捧げた。

「良家の息子よ、〝自在に観るもの〟（観世音）は、このような神変によってサハー世界を遊行《ゆぎょう》するのだ」

観世音菩薩の誓願

その時、世尊は〔〝不滅の心を持つもの〟に〕次の詩*を述べられた。

「幾百もの多くの劫にわたり、幾千・コーティもの多くのブッダたちによって、〝自在に観るもの〟（観世音）の誓願がどのように清められたのか、あなたは聞くがよい。〝自在に観るもの〟（観世音）という名前を聞き、その菩薩を見て、念ずることは、衆生のあらゆる苦悩や憂いを消滅させるのだ。

龍や、海の怪物であるマカラ魚、アスラ、精霊たちの住所である大海の難処に入り込むとしても、〝自在に観るもの〟（観世音）を念ずれば、決して海の中に沈むことはないのだ。邪悪な心を持つものが、殺害目的で人をスメール山の頂上から突き落とすとしても、〝自在に観るもの〟（観世音）を念ずれば、太陽のように空中をゆっくりと落下するのだ。殺害目的で金剛石《ダイアモンド》でできた山々を人の頭に投げつけるとしても、〝自在に観るもの〟（観世音）を念ずれば、毛穴をも傷つけることはない。剣を手に持ち殺害の意志を有する敵の集団に取り囲まれたとしても、〝自在に観るもの〟（観世音）を念ずれば、その瞬間にその敵は友好的になる。呪文や、呪術、薬物、また、精霊や、ヴェーターラ（毘陀羅《びだら》）*を用いて、身体を壊滅させようとしても、〝自在に観るもの〟（観世音）を念ずれば、その働きは、逆にそれをたくらむ本人に還っていくのだ。人の精気を奪い去るヤクシャや、龍、アスラ、精霊、ラークシャサたちに取り囲まれても、〝自在に観るもの〟（観世音）を念ずれば、それらは毛穴でさえも傷つけることはできない。恐ろしい猛獣に囲まれても、〝自在に観るもの〟（観世音）を念ずれば、直ちに猛獣は四方八方に走り去る。邪悪で、恐ろしい眼差しで人を毒する蛇に囲まれても、〝自在に観るもの〟（観世音）を念ずれば、その蛇は速やかに毒がなくなる。雷の音を鳴り響かせる雲が稲光と雨水を放出しても、〝自在に観るもの〟（観世音）を念ずれば、その瞬間に雷雲は消えてしまう。

〝自在に観るもの〟（観世音）は、衆生が多くの苦しみに悩まされ、苛《さいな》まれているのを見て、省察する勝れた知の力を持っている。それ故に救済者なのである。

〝自在に観るもの〟（観世音）は、神通力を極め、広大な知と巧みなる方便を既に学んでいて、十方のあらゆる国土に現れる。地獄や、畜生界、ヤマの支配下にあって、不遇な悪しき境遇に恐怖をいだき、生《しょう》・老《ろう》・病《びょう》の苦しみに苛まれている衆生の恐怖や苦しみは順次に消滅するのだ」

歓喜した無尽意菩薩の詩

すると、〝不滅の心を持つもの〟は、心が歓喜し満足して、以下の詩*を述べた。

「麗《うるわ》しい慈しみの眼を持ち、智慧《ちえ》と知によって卓越した眼を持つ人よ、慈悲の眼を持ち、清らかな眼を持つ人よ、愛されるべき美しい顔と美しい眼を持つ人よ、純粋無垢で清浄な輝きを持つ人よ、暗闇のない知を持つ人よ、太陽の輝きを持つ人よ、吹き消されることのない焔《ほのお》の光を持つ人よ、あなた（シャーキャムニ）*は自ら輝きながら、世界を照らしておられます。憐れみの徳と慈しみの雷鳴を響かせ、勝れた徳を具えた慈しみの心を持つ大いなる雲よ、あなたは、不死（甘露《かんろ》）

の法の雨を降らせ、衆生の煩悩の火を鎮《しず》められます。

また、喧嘩《けんか》や、論争、闘争において、争いごとの渦中《かちゅう》にある人が大いなる恐怖に陥っている時も、〝自在に観るもの〟（観世音）を念ずれば、邪悪な敵の集団は退散するでありましょう。

〝自在に観るもの〟（観世音）は、雷雲のような音声、太鼓のような響き、大海のような轟《とどろ》き（海潮音《かいちょうおん》）を具え、ブラフマー神の美しい声（梵音《ぼんのん》）を具えています。このように音声の領域で完成に達している〝自在に観るもの〟（観世音）を念ずるべきであります。あなたたちは、〝自在に観るもの〟（観世音）をよくよく念ずるべきであり、疑うことがあってはなりません。〝自在に観るもの〟（観世音）は、死や、災厄、艱難《かんなん》において、保護者となり、避難所となり、最後の休息所となるのです。あらゆる威徳の完成に達し、衆生に対する憐れみと慈しみの眼を持ち、威徳が人格化された存在であり、偉大なる威徳の大海である〝自在に観るもの〟（観世音）に敬意を表すべきです。

阿弥陀や極楽など浄土教の思想の混入

人々に対して憐れみ深いこの人は、未来の世においてブッダとなるでありましょう。私は、あらゆる苦しみ、恐怖、憂いを消滅させる〝自在に観るもの〟（観世音）に敬礼します。〝世間において自在である王〟（世自在王《せじざいおう》）を指導者とする〝法の源〟（法蔵《ほうぞう》）という男性出家者は、多くの劫にわたって修行して、この上ない覚りを獲得し〔〝無量の光明を持つもの〟（阿弥陀《あみだ》）という如来となり〕ました。〝自在に観るもの〟（観世音）は、〝無量の光明を持つもの〟という指導者を、右と左から脇侍《きょうじ》として扇ぎながら、立っていました。また、〝あらゆるものごとが幻のようであること〟という三昧によって、あらゆる国土で勝利者に供養しました。

西の方角に、スカーヴァティー（極楽《ごくらく》）世界があり、〝無量の光明を持つもの〟という指導者が、現在おられます。そこには、女性の誕生はなく、男女の性的結合の習慣もありません。その勝利者の嫡出子《ちゃくしゅつし》である菩薩たちは、両親なしに自然発生（化生《けしょう》）したものたちで、純潔であり、紅蓮華《ぐれんげ》の胎《たい》の中に坐っています。その〝無量の光明を持つもの〟という指導者も、紅蓮華の胎の中の師子座《ししざ》に坐っていて、シャーラ王〔、すなわちヴィシュヌ神〕のようにまばゆく輝いています。その〝自在に観るもの〟（観世音）も世間の人々の指導者であり、この三界には、その人に等しいものは存在しません。そういうわけで、私、〝不滅の心を持つもの〟は、その〝自在に観るもの〟（観世音）を称讃して、福徳を積み重ね、速やかにあなた（シャーキャムニ）のように人間の中の最上の人になろう」と。

すると、〝大地を支えるもの〟(持地《じじ》)という菩薩は立ち上がって、上衣の左肩を残して右側の一方の肩だけ露《あらわ》にして、右の膝頭を地面につけて、世尊に向かって合掌し、敬礼して申し上げた。

「世尊よ、この〝白蓮華《びゃくれんげ》のように最も勝れた正しい教え〟(法華経)という法門の中の〝自在に観るもの〟(観世音)という菩薩についてのこの章、すなわち、〝自在に観るもの〟(観世音)という菩薩の神変についての教説であり、『あらゆる方向に顔を向けたものの章』という名前の〝自在に観るもの〟(観世音)という菩薩の神力による奇跡についての教説を聞く衆生は、善い果報をもたらす立派な行ないが乏しいことはないでありましょう」

しかもなお、以上の「あらゆる方向に顔を向けたものの章」が世尊によって説かれている間に、その集会の中の八万四千もの衆生は、この上ない正しく完全な覚りに向けて心を発した。

《〝自在に観るもの〟(観世音)》「自在に観るもの」は、avalokita(観られた、観た)とīśvara(〜が自在である)の複合語 avalokiteśvara の訳である。玄奘は、「観自在」と漢訳している。鳩摩羅什が「観世音」、略して「観音」としたのは、東トルキスタンで発見された写本(断簡)にある avalokita

とsvara（音）の複合語avalokitasvaraと関係しているのであろう。鳩摩羅什の訳したほうが古い形と考えられている。**《次の詩》**この部分は、「ケルン・南条本」にはあるが、竺法護《じくほうご》訳と鳩摩羅什《くまらじゅう》訳にはなかったが、二百年後に鳩摩羅什訳に追加された。**《ヴェーターラ（毘陀羅）》**ヒンドゥー教などで説かれる夜叉や餓鬼の一種で、人の死体を操って生きている人に危害を及ぼすと言われる。**《以下の詩》**この部分は、「ケルン・南条本」にあるのみで、竺法護訳にも鳩摩羅什訳にも存在せず、二百年後の追加の際にも追加されていない。**《あなた（シャーキャムニ）》**「次の詩」と「以下の詩」として記述された詩は、二度にわたって不統一に書き加えられたもので、誰が誰に語っているのか理解に苦しむところである。ここは、とりあえず「あなた」をシャーキャムニとしておく。

【解説】

本章では観世音（観自在）菩薩の名前を呼ぶことでかなえられる現世利益の数々が列挙される。例えば、①大火の中に落ちても、大火の塊から解放される、②川の水に押し流されても、すべての川は、浅瀬を作り与える、③大海で財宝を積んだ船が羅刹《らせつ》女《にょ》の島に打ち上げられても、その島から解放される、④死刑の判決を受けても、死刑執行人たちの剣はこなごなに砕ける、⑤邪悪な心を持つ夜叉《やしゃ》や羅刹《らせつ》鬼たちも、その人を見ることさえもできない、⑥手枷《かせ》、鉄の鎖、足枷で縛られても、速やかに手枷、鉄の鎖、足枷に亀裂ができる、⑦貴重な財宝を運ぶ隊商は、盗賊の恐怖や、怨敵の恐怖から速やかに解放される、⑧男の子の誕生を願う女性には、端正で輝かしい男の子が生まれる、⑨女の子の誕生を欲する女性には、端正で輝かしい女の子が生まれる、⑩龍や海の怪物マカラ魚の住む大海の難所に入り込んでも沈むことはない——などである。

けれども、観世音菩薩の名前を呼ぶことは出てきても、『法華経』に対する信受は全く言及されず、『法華経』とは関係なく作られた経典が、『法華経』に取り込まれたことが読み取れる。

『法華経』の神力品まで読んでくると、「私も菩薩として、何かやらなければ」という能動的姿勢になってくる。ところが、本章を読んでいると、「観世音菩薩よ。いつ私を助けに来てくれるの?」という受け身の姿勢に転じている自分がある。『法華経』の思想とは違和感を覚える。

宮沢賢治の『雨ニモマケズ』の詩で「サウイフモノニ/ワタシハナリタイ」としていた「デクノボー」は、本書第十九章の常不軽菩薩をモデルにしたものである。

また、六十二のガンジス河の砂の数に等しいブッダたちに敬礼する功徳と、〝自在に観るもの〟(観世音)にたった一度敬礼した功徳が等しいとしていて、架空の人物である〝自在に観るもの〟(観世音)が、歴史上の人物である釈尊《しやくそん》以上のものとされる本末転倒がここにうかがわれる。

サンスクリット原典で観世音菩薩は、救いを求めるものに応じて十六種の姿（すべて男性）を現すとされる。竺法護訳では、十七種の姿（すべて男性）。鳩摩羅什訳では三十三種で女性の七種が入っている。

欧米の学者の間では、この菩薩が男女の姿を取り得ることで、ジェンダーフリーの象徴と考える人がいたが、サンスクリット原典に立ち還ると、それは言えない（拙著『仏教、本当の教え』、中公新書、一七四〜一八一頁参照）。インドの彫刻では、その多くが髭《ひげ》を生やしていて観世音菩薩はみな男性である。中国に来て、女性化した。

先祖供養を重視する中国では、先祖供養を行なうことができる男の子を産むことが求められ、観音信仰が盛んになった。それは、決して女性たちに自立をもたらすものとしてではなく、中国の儒教倫理の枠内に甘んじさせるものであった。『法華経』の龍女は、小乗仏教の女性観に固執する智慧第一のシャーリプトラに自らの成仏《じょうぶつ》の姿を見せつけて黙り込ませた。『維摩経』の天女は、女性を軽視するシャーリプトラを智慧によってコテンパンにやりこめた。ところが、中国では、このように自立した主体的女性像に注目されることはなかった。それは、日本においても大して変わりはない。

観世音菩薩が男女両性の姿を取るといっても、世の中の女性すべてのことではない。龍女の成仏は、すべての女性を代表しての成仏であった。

H・ケルンと南条文雄によって校訂されたサンスクリット版（「ケルン・南条本」）

の第二十四章には、竺法護訳にも、鳩摩羅什訳にも含まれていない偈《げ》（詩句）があり、そこにも阿弥陀如来のスカーヴァティー（極楽）世界に女性は一人もいないとする浄土教の思想が混入されている。

第二十五章　妙荘厳王品（第二十七）＝みょうしょうごんのうぼん

妙荘厳王とその妃、二人の息子についての回想

その時、世尊《せそん》は菩薩《ぼさつ》の群衆のすべてに語りかけられた。

「良家の息子たちよ、かつて、数えることのできない劫《こう》の過去の世のことであった。その時その情況で、〝雨雲によって轟《とどろ》かされた雷鳴という素晴らしい音を持ち、星宿の王によって花で飾られた神通を持つもの〟（雲雷音宿王華智《うんらいおんしゅくおうけち》）という名前の如来《にょらい》が、〝太陽の光明によって荘厳されているところ〟（光明荘厳《こうみょうしょうごん》）という世界において、〝見るも楽しい〟（喜見《きけん》）という劫に出現された。

その如来の説法のもとに〔ある国土に〕、〝美しく荘厳されたもの〟（妙荘厳《みょうしょうごん》）という名前の王がいた。その王には、〝清浄無垢《しょうじょうむく》を与えられた人〟（浄徳《じょうとく》）という名前の妻と、〝清浄無垢の胎蔵を持つもの〟（浄蔵《じょうぞう》）と〝清浄無垢の眼を持つもの〟（浄眼《じょうげん》）という名前の二人の息子がいた。二人は、神通と、智慧《ちえ》・福徳・知識を具《そな》え、菩薩としての修行に専念していた。

すなわち、布施《ふせ》・持戒《じかい》・忍辱《にんにく》・精進《しょうじん》・禅定《ぜんじょう》・智慧《ちえ》・巧みなる方便《ほうべん》の完成（波羅蜜《はらみつ》）、

そして慈しみ（慈《じ》）、憐《あわ》れみ（悲《ひ》）、喜び（喜《き》）、偏見・差別を捨てて他者を平等に利することと（捨《しゃ》）〔の四梵住《しぼんじゅう》をはじめとして〕、覚りに到るための三十七の法（三十七道《さんじゅうしちどう》法《ほう》）に至るまで専念していた。二人は、その究極を極めていた。

さらに、〝清浄無垢〟という三昧（浄三昧《じょうざんまい》）、〝星宿の王である月と太陽〟という三昧（日星宿三昧《にっしょうしゅくざんまい》）、〝清浄無垢の輝きを持つもの〟という三昧（浄照明三昧《じょうしょうみょうざんまい》）、〝清浄無垢の光明を持つもの〟という三昧（浄光三昧《じょうこうざんまい》）、〝装飾による優雅さを持つもの〟という三昧（長荘厳三昧《じょうしょうごんざんまい》）、〝大いなる勢力の胎蔵を持つもの〟という三昧（大威徳蔵三昧《だいいとくぞうざんまい》）の究極を極めていた。

その世尊は、衆生《しゅじょう》と、その王に対する慈しみのために、この〝白蓮華《びゃくれんげ》のように最も勝れた正しい教え〟（法華経）という法門を説かれた。

兄弟の神力による王の化導

二人の子どもは、母に近づいて十本の指を合わせて合掌《がっしょう》して、母に言った。

『母よ、あなたはおいでください。〝雨雲によって轟《とどろ》かされた雷鳴という素晴らしい音を持ち、星宿の王によって花で飾られた神通を持つもの〟という如来にお会いし、敬礼し、お仕えするために、私たち二人は、その如来のもとへまいります。

理由は何でしょうか？　母よ、その如来が、神々に伴われた世間の人々の前で〝白蓮華のように最も勝れた正しい教え〟という法門を詳しく説き明かされるからです。その法門を聞くために、私たち二人はまいります』

『良家の息子たちよ、あなたたちの父である〝美しく荘厳されたもの〟という王は、〔ヴェーダに通じた〕バラモン（婆羅門《ばらもん》）たちを信じておられます。それ故に、あなたたちはその如来に会いに行くことはできないでしょう』

『私たちは、この誤った見解（邪見）の家系に生まれました。しかしながら、私たちは、法の王〔であるブッダ〕の息子です』

『素晴らしいことです。素晴らしいことです。良家の息子たちよ、あなたたちは、父である王に対する慈しみのために、何か奇跡を見せてあげなさい。そうすれば、王はあなたたちのことを信じて下さることでしょう。そして、心に清らかな信を抱いて、私たちがその如来のもとへ行くことを承諾してくださることでしょう』

すると、二人の子どもは、ターラ樹の七倍の高さの空中に上昇して、父であるその王に対する慈しみのために、ブッダによって許可されている二通りの奇跡を現した。

その二人は、虚空《こくう》に行って、横になってみせ、歩き回り、塵《ちり》を振り払い、虚空において下半身から水の流れを解き放ち、上半身から火の塊を燃え上がらせ*、また上半身から水の流れを解き放ち、下半身から火の塊を燃え上がらせた。

さらに二人は、虚空において大きくなったり、小さくなったりすることを繰り返し、また姿が見えなくなったかと思えば、地上に姿を現し、地上に姿を現したかと思えば、虚空に姿を現した。二人の子どもは、このような神力による奇跡を用いて、父である王を化導《けどう》した。

王と妃の出家

すると、その王は、二人の子どもの神力による奇跡を見て、満足し、喜悦と歓喜を生じ、合掌して尋ねた。

『良家の息子たちよ、あなたたちの師は誰であるのか？　あなたたちは誰の弟子であるのか？』と。

『大王よ、〝雨雲によって轟《とどろ》かされた雷鳴という素晴らしい音を持ち、星宿の王によって花で飾られた神通を持つもの〟という如来が、滞在し、宝石でできた菩提樹《ぼだいじゅ》の根もとの法座に坐って、〝白蓮華のように最も勝れた正しい教え〟という法門を説いておられます。その世尊が私たちの師であり、私たちはその方の弟子なのです』

その王は、二人の子どもに言った。

『私たちは、その師にお会いしよう。私たちは、その世尊のもとへ行こう』

すると、二人の子どもたちは、虚空から下りてきて母に近づき、合掌して母に言った。

『母よ、私たちは、父をこの上ない正しく完全な覚り〔阿耨多羅三藐三菩提《あのくたらさんみゃくさんぼだい》〕へ向けて化導《けどう》いたしました。私たちは、父のために師のなすべきことをなしました。それ故に、今、私たちのことをあきらめて行かせてください。私たちは、その世尊のもとで出家するでありましょう』

そこで、二人の子どもは、母に詩によって語りかけた。

『母よ、私たちが出家して、家のない生活に入ることを許してください。私たちは、出家するでありましょう。如来は、実に得難い方なのです。

〔三千年に一度咲くといわれる〕ウドゥンバラの花のように、勝利者は、それよりさらに極めて得難いのです。〔私たちのことをあきらめて〕行かせてください。私たちは出家いたします。ブッダに出会うという束の間の幸運な巡り合わせは得難いのです』

王妃が言った。

『私は今、あなたたちを行かせてあげましょう。よろしい、子どもたちよ、行くがよい。私たちもまた、出家するでありましょう。如来は、実に得がたい方なのです』

すると、二人の子どもは、この二つの詩を告げて、母と父の二人に言った。

『母よ、父よ、どうぞ私たちとおいでください。その如来にお会いし、敬礼し、お仕えし、法を聞くためにその世尊のもとへまいりましょう。理由は何でしょうか？　ブッダの出現は、ウドゥンバラの花にめぐり合うのと同じように、得難いことです。また大海を漂う軛《くびき》の穴に海底からたまたま浮かび上がってきた亀の首がぴったり入る場合のように、ブッダは、その出現に遇《あ》い難い方なのです。私たちが、このような教えのもとに生まれてきたのは、最高の福徳を具えていた結果なのです。

それ故に、母よ、父よ、どうぞ〔私たちのことをあきらめて〕行かせてください。私たちは、その如来のもとへ行って、出家します。如来にお会いすることは得難いからです。今日《きょう》という時は、実に得難いものであり、このような法の王も、そうであります。このように瞬時の幸運な巡り合わせは、最高に得難いのです』

その時、その王の後宮《こうきゅう》で八万四千人の女性たちが、〝白蓮華のように最も勝れた正しい教え〟という法門を受け容れることのできる真の器となった。

また、〝清浄無垢の眼を持つもの〟という子どもは、この法門のもとで修行し、〝清浄無垢の胎蔵を持つもの〟という子どもは、『どのようにしたら、あらゆる衆生が、あらゆる悪を取り除くことができるのか？』と考えて、幾百・千・コーティ・ナユタ劫もの間、〝あらゆる衆生の悪の除去〟という三昧において修行した。

また、その王妃は、あらゆるブッダの唱えたことや、あらゆるブッダの法における秘密の論題を知った。

すると、二人の子どもによって如来の教えへと導かれ、悟入し、成熟した王も、その王妃も、すべての親族を侍者《じしゃ》として、さらに王の息子である二人の子どもたちも、後宮の婦女たちや、大臣たちに伴われ、四万二千もの衆生とともに、すべてが如来のおられるところに近づいた。そして、その世尊の両足を頭におしいただいて挨拶《あいさつ》し、世尊の周りを右回りに三度回って、一隅《いちぐう》に立った。

如来は、〝美しく荘厳されたもの〟という王が、侍者たちを伴って近づいてきたのを知って、法に関する物語によって教示し、教化《きょうけ》し、励まし、喜ばせた。

その王は、世尊によって正しくかつ適切に教示され、教化され、励まされ、喜ばせられて満足し、心が高揚し、喜悦と歓喜を生じ、弟の頭に冠を結びつけて王の位に就かせた。そして、その王は、息子や、親族、侍者に伴われ、さらに、その王妃も、すべての侍女たちの群衆に囲まれ、また、その二人の子どもたちも、四万二千の衆生とともに家を出て、家のない生活に入った。

善知識の重要性

出家してから〝美しく荘厳されたもの〟という王は、侍者に伴われて八万四千年の間、〝白蓮華のように最も勝れた正しい教え〟という法門を考察し、修行し、専念し続けた。その王は、八万四千年の経過の後、〝あらゆる功徳という装身具による荘厳〟

という名前の三昧（一切浄功徳荘厳三昧《いっさいじょうくどくしょうごんざんまい》）を得ると同時にターラ樹の七倍の高さまで空中に上昇した。そこに立って、王は如来に申し上げた。

『世尊よ、私の二人の息子は、私の師であります。というのは、この二人は、神力による奇跡を用いて、私が大きな誤った見解に陥っていたことに気付かせて呼び戻し、如来の教えの中に立たせ、成熟させ、悟入させ、如来にお会いすることを勧めてくれたからです。世尊よ、私の二人の子どもは、〔私の〕善き友（善知識《ぜんちしき》）であり、過去に積んだ善い果報をもたらす立派な行ないを私に思い出させるために、息子の姿で私の家に生まれてきたのです』

『その通りである。大王よ、善い果報をもたらす立派な行ないを積んでいる良家の息子たちや、良家の娘たちにとって、生死《しょうじ》を繰り返すいかなるところに生まれるとしても、師のなすべきことをなすことによって近づいてきて、この上ない正しく完全な覚りに向けて教え、悟入させ、成熟させる善き友を得ることは容易なのである。大王よ、如来に会うことを勧める人が、善き友であると理解するということ、これは大変に重要なことである。大王よ、あなたは、二人の子どもを見ているであろう』

『世尊よ、私は見ております』

『大王よ、この二人の良家の息子たちは、六十五のガンジス河の砂の数に等しい如来のもとで供養《くよう》をするであろう。そして、衆生に対する憐れみのため、また誤った見解にとらわれた衆生に正しい見解へ向けて努力精進させるために、この〝白蓮華のように最も勝れた正しい教え〟を受持《じゅじ》するであろう』

妙荘厳王に対する未来成仏の予言

すると、その王は、虚空から下りてきて合掌し、如来に申し上げた。

『世尊は、それを説いてください。いかなる智慧を具えた如来が、正しく完全に覚られた尊敬されるべき如来なのでしょうか？　その結果、如来の頭頂には〔螺貝《らがい》のように髻《もとどり》を束ねた〕螺髻《らけい》が輝き、世尊は清浄無垢な眼を持ち、眉間《みけん》には白い巻毛の塊（白毫《びゃくごう》）が輝き、口の中では滑らかにそろった歯の列が輝き、またビンバ（頻婆《びんば》）樹の実のように〔赤い〕唇を持ち、美しい眼を具えておられます』

〝美しく荘厳されたもの〟（妙荘厳）という王は、幾百・千・コーティ・ナユタもの功徳によってその如来を称讃した後、如来に申し上げた。

『世尊よ、希有なことです。これほどまでに、この如来の教えは偉大なる価値を持ち、如来によって説かれた法による指導は、考えることもできないほどの功徳を具え、これほどまでに、如来の戒律は立派に定められています。世尊よ、今後、私たちは二度と心の欲望のままになることも、誤った見解にとらわれることも、怒りに支配されることも、邪悪な心の起こるままになることもないでありましょう。世尊よ、私は、これほど悪い性質を具えて、世尊に近づきたいとは願っていません』

その王は、如来の両足を頭におしいただいて挨拶《あいさつ》して、空中に到りそこに留まった。

すると、その王と、その王妃は、幾百・千金もの値打ちのある真珠の首飾りを世尊の上方の空中に投げ上げた。投げ上げられるやいなや、真珠の首飾りは、その世尊の頭上で、よく釣り合いのとれた見るも美しい楼閣となって留まった。その楼閣の中に多くの褥《しとね》の敷かれた一つの台座が出現し、その台座に結跏趺坐《けっかふざ》している如来の姿が見られた。すると、その王の心に次の思いが生じた。

『楼閣の中に、最も美しい色をした青蓮華《しょうれんげ》の本性を具え、端正で、見るも美しいこの如来の姿が見られるということは、ブッダのこの知は卓越した威神力を持ち、如来は考えることもできないほどの功徳を具えておられるのだ』

そこで、如来は、四衆《ししゅ》に語りかけられた。

『男性出家者たちよ、あなたたちは、〝美しく荘厳されたもの〟という王が、虚空で師子吼《ししく》しているのを見ているであろう。この王は、私の教えの下で男性出家者となった後、〝広大さを持つところ〟という世界において、〝シャーラ樹の帝王〟（娑羅樹王《しゃらじゅおう》）という名前の如来になるであろう。その劫は、〝突出した王〟という名前であろう。その〝シャーラ樹の帝王〟という如来には、無量の菩薩の集団と、無量の声聞《しょうもん》の集団が属しているであろう。その〝広大さを持つところ〟という世界は、掌《てのひら》のように平坦《へいたん》で、瑠璃《るり》でできているであろう』

二人の兄弟は現在の薬王菩薩と薬上菩薩

良家の息子たちよ、誰か他の人が、その〝美しく荘厳されたもの〟という王であったと見なすべきではない。この〝紅蓮華のような光輝を持つもの〟（華徳《けとく》）という菩薩こそが、〝美しく荘厳されたもの〟という名前の王であったからだ。

また、誰か他の人が、その〝清浄無垢を与えられた人〟という王妃であったと見なすべきではない。この〝太陽の光明によって荘厳されている旗を持つ王〟（光照荘厳《こうしょうしょうごん》）という菩薩こそが、〝清浄無垢を与えられた人〟という王妃であったからだ。その人は、その王や衆生に対する慈しみのために、その王妃となることを受け容れたのである。

さらにまた、誰か他の人たちが、その二人の子どもたちであったと見なすべきではない。この〝薬の王〟（薬王《やくおう》）と、〝薬の王によって出現したもの〟（薬上《やくじょう》）という二人の菩薩こそが、二人の息子たちであったからだ。

良家の息子たちよ、〝薬の王〟と、〝薬の王によって出現したもの〟という二人の菩薩は、このように、考えることもできないほど多くの功徳を具え、幾百・千・コーティ・ナユタもの多くのブッダたちのもとで善い果報をもたらす立派な行ないを積んでおり、この二人の善き人（善士）は多くの美徳を具えているのである。

この二人の善き人たちの名前を心にたもつ人たちは、すべての人々によって敬意を表されるべきであろう」

以上の「〝美しく荘厳された王〟の過去との結びつきの章」が説かれている間に、八万四千の衆生は、純粋で無垢な、あらゆるものごとにおいて真理を見る眼を清めたのである。

《下半身から水の流れを解き放ち、上半身から火の塊を燃え上がらせ》 この描写は、アフガニスタンで多数出土している「舎衛城神変《しやえいじようしんぺん》」の仏像と類似している。それは、足元から水が流れ出し、肩から炎が燃え上がっているものである。その彫像の写真は、前田耕作著『玄奘三蔵、シルクロードを行く』、岩波新書、一七六頁に掲載されている。

【解説】

本章は、バラモン教に熱心な父王と、その妃を仏教に帰依させる兄弟の話である。兄弟は、「ブッダによって許可されている二通りの奇跡」を現した。それは、足元から水を放ち、肩から火を燃え上がらせるというものだった。これは、釈尊《しやくそん》自身がバラモン教徒を教化する際に用いたとされる「舎衛城神変」そのものである。「ブッダによって許可されている」というのは、釈尊自身もやったとされていることを意味するのであろう。

その場面のレリーフがアフガニスタン近傍で多数発見されており、『法華経』が西北インドで編纂されたことを推測させる。

この章は、おそらくバラモン教が復興し始めた頃に、バラモン教から仏教に改宗させることを意図して創作・付加されたのであろう。ここで、バラモン教徒の父親を教化する手段として「神力による奇跡」が用いられている。原始仏典の『ディーガ・ニカーヤ』において釈尊は、「ケーヴァッタよ。わたしが神通力（iddhipāṭihāriya）を嫌い、恥じ、ぞっとしていやがるのは、神通力のうちに患い（ādīnava）を見るからである」（中村元訳）と語っていた。第二十一章　陀羅尼品の解説に引用した「一般民衆は、あいかわらず太古さながらの呪術的な祭祀を行ない、迷信を信じていた」（『古代インド』、講談社学術文庫、三六七頁）のが実情であったという中村元先生の言葉どおり、インド人は古来、神通力を愛好する傾向があった。こうした一般民衆の傾向に合わせて『法華経』に関心を持たせようとして、このような表現をとったのであろう。

出家して修行に励む父王は、その二人の息子のことを「師」であり、「善き友」（善知識）と語り、「善知識」の重要性が強調される。

釈尊は、「善き友」を「師のなすべきことをなすことによって近づいてきて、この上ない正しく完全な覚りに向けて教え、悟入させ、成熟させる」人のことだと語る。法師品では、「師のなすべきことをなす」人のことを、「如来であると知られるべき」で、「如来に対するのと同じように恭敬すべき」であり、「如来と見なされるもの」「如来の使者」と呼ばれていた。これは、如来の側から見た位置付けである。それに対して「善き友」（善知識）は、対等とも言える人間関係の在り方から見た呼び方といえよう。

原始仏典では、釈尊自身も、自らを人々の「善き友」と称していたし、人々にも「私は善き友となろう。善き仲間となり、善き人々に取り囲まれるようになろう」（『サンユッタ・ニカーヤ』）と心がけるように促し、それが「清浄行の全体」であると説いていた。

本章では、人間として生まれてくること、さらに仏に出会うことの困難なことを、海底からたまたま浮かび上がってきた亀が、首をぴったり入れることのできる軛《くびき》の穴に出会うという話で譬《たと》えている。「盲亀浮木《もうきふぼく》の譬え」として知られる話だ。『雑阿含《ぞうあごん》経《きょう》』巻一五には、百年に一度海底から浮かび上がってくる無量の寿命を持つ盲目の亀が、大海を漂っている孔《あな》の空いた丸太に出会い、その孔に頭を入れる話として出てくる。『涅槃経《ねはんきょう》』や『大智度論《だいちどろん》』などにもアレンジ版が見られ、鳩摩羅什訳では「一眼《いちげん》の亀」となっている。「ケルン・南条本」は「盲目」とも、「一眼」とも断ることなく、ただ「亀」となっている。

第二十六章　普賢菩薩勧発品（第二十八）＝ふげんぼさつかんぼっぽん

普賢菩薩の登場

その時、〝普《あまね》く祝福されている人〟（普賢《ふげん》）という菩薩《ぼさつ》は、東の方向において、計算を超越した多くの菩薩たちとともに、衆生《しゅじょう》に囲まれ敬われていた。

その菩薩は、諸々《もろもろ》の国土を震動させ、紅蓮華《ぐれんげ》の雨を降らせ、幾百・千・コーティ・ナユタもの楽器を演奏させながら、偉大なる菩薩の威神力や、菩薩の神変《しんぺん》、菩薩の神通力、菩薩の威厳、菩薩の三昧《さんまい》によって、また偉大なる菩薩の光明《こうみょう》、菩薩のための乗り物、菩薩の奇跡によって、多くの神々、龍、ヤクシャ、ガンダルヴァ、アスラ、ガルダ、キンナラ、マホーラガ、人間、人間以外のものたちに囲まれて敬われていた。

このように、諸々の神力による奇跡を用いて、〝普く祝福されている人〟という菩薩は、このサハー世界に到達した。その菩薩は、霊鷲山《りょうじゅせん》（グリドラクータ山）の世尊《せそん》に近づいて、世尊の両足を頭におしいただいて敬意を表し、世尊の周りを七回、右回りに回って、世尊に申し上げた。

「世尊よ、私は、〝宝石の輝きによって名声が拡がった王〟（宝威徳上王《ほういとくじょうおう》）というブッダの国土からやってまいりました。世尊よ、このサハー世界において、この〝白蓮華《びゃくれんげ》のように最も勝れた正しい教え〟（法華経）という法門が説かれると聞き、私も、幾百・千もの菩薩たちも、それを聴聞するためにやってまいりました。

　その故に、世尊よ、如来《にょらい》は、この〝白蓮華のように最も勝れた正しい教え〟という法門を、これらの菩薩たちのために詳しく説き示してください」

法華経を掌中のものとする人の四つの属性

「良家の息子よ、これらの菩薩たちは、覆いを除かれさえすれば了解するものたちである。しかも、この〝白蓮華のように最も勝れた正しい教え〟は、いわゆる全体観に立つ、あるがままの真理である」

「世尊よ、その通りです」

　すると、その集会に集まっていた男性出家者・女性出家者・男性在家信者・女性在家信者たちを〝白蓮華のように最も勝れた正しい教え〟という法門に安住させるために、世尊は、さらに〝普く祝福されている人〟という菩薩におっしゃられた。

「良家の息子よ、四つの属性（四法）を具《そな》えた〔男性と〕女性*には、この〝白蓮華のように最も勝れた正しい教え〟という法門が手中のものとなるであろう。

四つとは何か。第一に、ブッダたちによって加護されたもの、第二に、善い果報をもたらす立派な行ないを積んだもの、第三に、覚ることが確定された人の集団に配置されたもの、第四に、あらゆる衆生の救済のために、この上ない正しく完全な覚り（阿《あ》耨多《のくた》羅三藐三菩《らさんみゃくさんぼ》提《だい》）に向けて心を発《おこ》すもの——の四つである。

これらの四つの属性を具えた〔男性と〕女性には、この〝白蓮華のように最も勝れた正しい教え〟という法門が、手中のものとなるであろう」

普賢菩薩による説法者の守護

すると、〝普く祝福されている人〟という菩薩は、世尊に申し上げた。

「世尊よ、〔恐るべき〕後の時代、後の情況において、後の五百年が進行している時に、説法者たちの欠点を探し求めようとしても、決して誰もつけ入る機会を得ることがないように、また悪魔のパーピーヤスも、悪魔の息子たちも娘たちも、悪魔の眷属《けんぞく》たちも、その説法者たちに決して誰もつけ入る機会を得ることがなく、さらには悪魔によって纏《まと》い付かれることがなくなるまで、私は、この経を受持《じゅじ》する男性出家者〔以下の四《し》衆《しゅ》〕たちの守護をなし、幸運を増進させ、刑罰を免れさせ、毒の働きを消滅させましょう。

ヤクシャ、餓鬼《がき》、プータナ、クリティャ、ヴェーターダ*たちも、決してつけ入る機会を得ることがないように、私は、その説法者の守護を絶えずなしましょう。

　また、その説法者が、この法門について思惟《しい》する精神統一に専念し、そぞろ歩きに励む時、世尊よ、私は、菩薩の群衆に囲まれ、六本の牙を持つ白い象の王に乗って、この法門の守護のために説法者と、そのそぞろ歩きのための房舎に近づきましょう。さらに、説法者が、この法門について思惟する精神統一に専念していて、その中から一文一句でさえも忘れてしまっている時、私は、その六牙の白い象の王に乗って、その説法者の前に姿を現し、この法門を欠けることなく口まねで反復させるでありましょう。

　その説法者は、私の身体を見て、この法門を欠けることなく私から聞いて満足し、喜悦と歓喜を生じ、この法門においてますます努力精進《しょうじん》に取り組むでしょう。また、私を見ると同時に三昧《さんまい》を獲得し、〝ダーラニーの回転〟という名前のダーラニー（旋《せん》陀羅尼《だらに》）を獲得し、〝幾百・千・コーティもの回転〟という名前のダーラニー（百千万《ひゃくせんまん》億旋陀羅尼《おくせんだらに》）を獲得し、〝すべての音声に巧みに回転する〟という名前のダーラニー（法音方便陀羅尼《ほうおんほうべんだらに》）を獲得するでありましょう。

　さらに世尊よ、〔恐るべき〕後の時代、後の情況における後の五百年において、男性出家者であれ、女性出家者であれ、男性在家信者であれ、女性在家信者であれ、この経を受持、書写、探究、読誦《どくじゅ》する人たちが、三七日《さんしちにち》（二十一日）の間、この法門においてそぞろ歩きに励み、専念するならば、私は、その人たちのためにあらゆる衆生が喜んで見る私の姿を現すでしょう。

すなわち二十一日目に、私は、六牙の白い象の王に乗り菩薩の群衆に囲まれて、説法者たちのそぞろ歩きの場所にやって来るでありましょう。そして、説法者たちを完全に喜ばせ、教化《きょうけ》し、励まし、歓喜させるでしょう。

そして、私は、その説法者たちが誰によっても決して攻撃されることがなく、人間や、人間以外のものたちが、この説法者たちにつけ入る機会を得ることがなく、女性たちが説法者たちを惑乱してくることがないように、それらの説法者たちにダーラニーの句を与えましょう。私は、この説法者たちの守護をなし、幸運を増進させ、刑罰を免れさせ、毒の働きを消滅させましょう。

世尊よ、そのダーラニーの句は、次の通りです。

アダンデー、ダンダ・パティ、ダンダ・アーヴァルタニ、ダンダ・クシャレー、ダンダ・スダーリ〔中略〕ヴァルタニ、ヴァルターリ、スヴァーハー。

世尊よ、このダーラニーの句が、菩薩の聴覚の能力（耳根《にこん》）の発現を得て聞こえるならば、それは、〝普く祝福されている人〟という菩薩の加護だと知るべきであります。

法華経を敬い書写・解説し心に留めるべき

しかも、世尊よ、この〝白蓮華のように最も勝れた正しい教え〟という法門が、このジャンブー洲《しゅう》（閻浮提《えんぶだい》）において流布《るふ》し、菩薩たちが、その法門を手中のものとするならば、その説法者たちは、次のように知るべきです。『〝普く祝福されている人〟という菩薩の威神力と威光によって、この法門は私たちの手中にあるのだ』と。

世尊よ、それらの衆生は、〝普く祝福されている人〟という菩薩の修行（普賢行《ふげんぎょう》）を得たものとなり、多くのブッダのもとで善い果報をもたらす立派な行ないを積んだものとなり、如来の手で頭をなでられたものとなるでありましょう。

世尊よ、この経を書写し、受持する人たちは、私のために喜ばしい行為をなしているのであり、この経を書写して後、この世で死んで、三十三天の神々たちの仲間として生まれるでありましょう。それと同時に、その人たちは、神々の子となり、太鼓の大きさの宝冠をかぶって、八万四千の天女たちの真ん中に住するでありましょう。

世尊よ、この法門を書写して後に、福徳の集合はこのようなものであります。ましてや、この法門を解説《げせつ》し、暗誦《あんしょう》し、思索し、心に留める人たちは、言うまでもないことです。それ故に、世尊よ、この〝白蓮華のように最も勝れた正しい教え〟という法門は、尊敬され、全精神を傾けて書写されるべきです。

心を散乱させず、心を込めて書写する人には、千ものブッダたちが手を差し伸べ、臨終の時には、千ものブッダたちがこの人の面前に出現し、悪しき境遇（悪趣《あくしゅ》）に陥ることはありません。

その人はこの世で死んで、トゥシタ天（兜率天《とそってん》）の神々たちの仲間として生まれるでありましょう。そこには、マイトレーヤ（弥勒《みろく》）菩薩がいて、三十二種類の勝れた身体的特徴を具え、菩薩の群衆に囲まれ、幾百・千・コーティ・ナユタもの天女たちに敬われて法を説き示すでありましょう。

それ故に、世尊よ、良家の息子であれ、良家の娘であれ、賢者は、この〝白蓮華のように最も勝れた正しい教え〟という法門を敬って書写し、解説《げせつ》し、暗誦し、心に留めるべきであります。その後に、その賢者には無量の威徳が生ずるでありましょう。

それ故に、世尊よ、良家の息子であれ、良家の娘であれ、その賢者は、この〝白蓮華のように最も勝れた正しい教え〟という法門を受持するべきです。〔それによって〕その人には、多くの功徳と称讃があるでしょう。それ故に、世尊よ、この法門が私の加護によってこのジャンブー洲に流布《るふ》するように、私もまた、まず初めにこの法門を加護することにいたしましょう」

この経を書写・受持・読誦すれば見るも喜ばしいものに

すると、シャーキャムニ如来は、〝普く祝福されている人〟という菩薩に感嘆の言葉を発せられた。

「素晴らしいことである。素晴らしいことである。〝普く祝福されている人〟よ、あなたは、ここで多くの人々の安寧《あんねい》と、幸福、憐《あわ》れみのために、衆生の大集団の利益と安寧、幸福のために約束をした。またこのように、考えることもできない勝れた本性を具え、偉大なる憐れみに基づく高潔な心によって、また不可思議なことに基づく決意によって、あなたは、自発的に説法者たちのために加護をなした。

誰であれ、〝普く祝福されている人〟の名前を心にたもつ良家の息子たちは、私、シャーキャムニ如来に会ったことになり、〝白蓮華のように最も勝れた正しい教え〟をシャーキャムニ如来のもとで直接、聞いたことになり、シャーキャムニ如来に供養《くよう》したことになり、さらにシャーキャムニ如来が説法している時、『素晴らしいことです』という感嘆の言葉を如来が発せられたことになると知るべきである。その人たちは、この法門を是認して受け容れたことになり、シャーキャムニ如来によって、その人たちの頭の上に手が置かれたことになるであろう。また、その人たちによって、シャーキャムニ世尊は衣で覆われたことになるであろう。

〝普く祝福されている人〟よ、良家の息子たちであれ、良家の娘たちであれ、その人たちは、如来の教えを受け容れたものたちであると知るべきである。その人たちには、ローカーヤタ派（順世外道《じゅんせげどう》）に傾倒することはないし、その人たちにとって、詩書に専念している衆生や、舞踊者や、力士、格闘家たちも、酒を売るもの、羊の肉を売るもの、鶏の肉を売るもの、豚肉を売るもの、婬売のための女性を抱えているもの（婬売屋の主人）たちも、快いものではないであろう。

また、この経を聞いたり、書写・受持・読誦したりして後、その人たちには、それ以外のことは、快いものではなくなるであろう。それらの衆生は、生まれつき徳（法）を具えたものたちだと知るべきである。その人たちには、個々に賢明な心の働きが具わっているであろう。それらの衆生は、自己の福徳の力を所持しているものたちで、他の衆生にとって見るも喜ばしいものとなるであろう。

このような経を受持する男性出家者たちを、貪愛・憎悪・迷妄〔の三毒《さんどく》〕や、嫉妬《しっと》、もの惜しみ、他人を軽蔑すること、自分を自慢すること、増上慢《ぞうじょうまん》、誤った自負が、煩《わずら》わせることはないし、自分で得たものに満足している（少欲知足《しょうよくちそく》）であろう。

この法門を受持する人を立って如来同様に尊敬すべき

〝普く祝福されている人〞よ、〔恐るべき〕後の時代、後の情況において、後の五百年が進行している時に、この法門を受持している男性出家者を見る人は、『この良家の息子は、覚りの座に赴き、悪魔の所有する闘争の車輪に打ち勝ち、真理の車輪（法《ほう》輪《りん》）を転ずるであろう。この良家の息子は、法の太鼓を打ち鳴らし、法の螺貝《らがい》を吹き鳴らし、法の雨を降らせ、法の師子座《しし ざ》に登るであろう』と思うべきである。〔恐るべき〕後の時代、後の情況において、後の五百年が進行している時、この法門を受持する男性出家者たちは、貪欲ではなく、衣や托鉢《たくはつ》用の鉢を貪《むさぼ》ることもなく、正直であろう。固定的な実体がなく（空《くう》）、自性《じしょう》がなく（無相《むそう》）、欲望を離れている（無《む》願《がん》）という三種の解脱《げだつ》を得ているであろう。

また、その人たちには、現世と来世に福徳の果報が生ずるであろう。この経を受持し、説法する男性出家者たちに困惑を及ぼすものたちは、来世に盲目となるであろう。また、このような経を受持する男性出家者たちに、非難の言葉を聞かせるものたちの身体は、現在において斑点を生ずるであろう。この経を書写する人に嘲笑《ちょうしょう》をなし、軽蔑するものたちは、隙間《すきま》のある歯を持ち、歯がまばらとなり、醜い唇を持ち、扁平になった鼻を持ち、手足が逆につき、目が逆につき、悪臭を放つ身体を持ち、腫《は》れ物や、水泡、疥癬《かいせん》、発疹《はっしん》、かゆみが全身に拡がるであろう。この経を書写し、読誦し、受持し、説き示す人たちに対して、真実であれ、不真実であれ、不快な言葉を聞かせることは甚だ重い悪業《あくごう》であると知るべきである。

それ故に、〝普く祝福されている人〟よ、この法門を受持する男性出家者たちに対しては、遠くからであっても立ち上がって、如来に対するのと同じように尊敬がなされるべきである」

以上の「〝普く祝福されている人〟による鼓舞の章」が、教示されている間に、ガンジス河の砂の数に等しい偉大な人である菩薩たちにとって、幾百・千・コーティ回も回転するダーラニー（百千万億旋陀羅尼）の獲得があった。

《〔男性と〕女性》「ケルン・南条本」では女性（mātṛgrāma）を挙げるのみだが、鳩摩羅什《くまらじゅう》訳が「善男子善女人」と男女の両方を挙げているのに従って改めた。**《ヴェーターダ》**「ケルン・南条本」ではvetāḍaとなっていて、鳩摩羅什は「韋陀羅」と音写している。ḍとlの音は混用されることが多いので、これは第二十四章の注に挙げたヴェーターラ（vetāla）のことであろう。鳩摩羅什は、そこでは「毘陀羅」と音写していた。

【解説】

この章の主人公は、〝普く祝福されている人〟という菩薩で、普賢《ふげん》菩薩と漢訳された。

釈尊《しやくそん》滅後、大乗仏教においては東方の阿閦仏《あしゆくぶつ》、西方の阿弥陀仏《あみだぶつ》、未来仏のマイトレーヤ（弥勒《みろく》）仏など三世十方に多くの仏・菩薩が考え出された。それとともに観世音《かんぜおん》菩薩《ぼさつ》、普賢菩薩などに対する信仰も流行した。『法華経』の原型が成立して後、その流行に同調して阿弥陀信仰を第八章や、第二十二章、第二十四章に混入させた形跡があることを指摘したが、そのほか薬王菩薩（第二十二章）や、観世音菩薩（第二十四章）などの信仰も取り込んだ。

本章は、『華厳経』などで脚光を浴びていた普賢信仰を取り込んだところだといえよう。普賢菩薩は、一般にマンジュシリー（文殊師利）菩薩とともに釈尊の左右にいる脇侍《わきじ》とされるが、ここではマンジュシリー菩薩とは無関係であり、マンジュシリー菩薩が『法華経』において頻繁に登場していたのに比べて、普賢菩薩は本章で初めて顔を出した。しかも、東方のブッダの国土から『法華経』を聞くためにやって来たことになっている。

『法華経』を聞くためなら、終了間際ではなく、もっと早く来ればいいものをと思いたくなるが、それも後世の付け足しであるからそうならざるを得ない。天台大師智顗《ちぎ》は、ここで釈尊が『法華経』を説いたとして、「再演法華」と称しているが、後世の付け足しと知ればそこまで言う必要はない。

本章で気になるのは、「普賢菩薩を称えること」が、①釈尊に会ったことになる、②釈尊のもとで『法華経』を直接聞いたことになる、③釈尊に供養したことになる、④「素晴らしいことです」という感嘆の言葉を如来が発せられたことになる――としていることである。

どうして、衆生と釈尊の間に普賢菩薩が割り込んでくる必要があるのか？　仏教では、「人」と「法」の関係が重視されていたと第十五章　如来寿量品（第十六）の解説で既に述べた。

釈尊という歴史的人物の生き方に反映され、体現されることによって、普遍的な「法」が具体化された。釈尊に具現されたその「法」が言語化されて「経」となった。その「経」を通して、釈尊に体現された「法」が、「人」としての我々の生き方に体現される。「法」を覚れば、誰人もブッダ（目覚めた人）である。

〈釈尊〉と〈経〉だけでなく、〈我々〉も「人」と「法」が一体化したものとなることで、その三者が横並びとなる。そこに絶対者や特権階級などが介在する余地はない。そこに「法の下の平等」があった。ここでは、普賢菩薩が割り込んで介在している。

またマイトレーヤ菩薩は、第一章　序品では「名声を求めるもの」「怠けもの」と称され、第十四章　従地涌出品から第十六章　分別功徳品では釈尊の永遠の寿命を称える役回りを当てられ、未来仏としての立場がないものにされていた。それにもかかわらず、本章には「トゥシタ天（兜率天）の神々たちの仲間として生まれるでありましょう。そこには、マイトレーヤ（弥勒）菩薩がいて」とある。マイトレーヤ待望論の枠内での記述がなされている。『法華経』の原型とは異なったものであることが明らかである。

第二十七章　嘱累品（第二十二）＝ぞくるいぼん

菩薩の群衆のすべてに付嘱

その時、シャーキャムニ如来《にょらい》は、法座から立ち上がると、すべての菩薩《ぼさつ》を集合させ、神通の顕現によって完成された右の掌《てのひら》で、それらの菩薩たちの右手をとって*おっしゃられた。

「良家の息子たちよ、幾百・千・コーティ・ナユタもの劫《こう》をかけて達成したこの上ない正しく完全なこの覚りを、私は、あなたたちの手に託し、付嘱《ふぞく》しよう。その覚りが広く普及し、流布《るふ》するようになすべきである」

このことを二度も三度も繰り返して、さらに世尊《せそん》は、右の掌で菩薩たちの右手をとって、菩薩の群衆のすべてにおっしゃられた。

「良家の息子たちよ、あなたたちは、この覚りを会得《えとく》し、受持《じゅじ》し、読誦《どくじゅ》し、解説《げせつ》するべきであり、またすべての衆生《しゅじょう》に聞かせるべきである。私は、嫉妬心《しっとしん》がなく、とらわれた心がなく、畏《おそ》れることのないブッダの知、如来の知、独立自存するものの知を与える。

私は大施主である。良家の息子たちよ、あなたたちも、嫉妬することなく私から学ぶべきである。あなたたちは、この如来の知見と卓越した巧みなる方便《ほうべん》に達して、それを求めてやってきた良家の息子たちや、良家の娘たちにこの法門を聞かせるべきである。

また、浄信のない衆生をこの法門において鼓舞するべきである。良家の息子たちよ、このようにして、あなたたちは、如来への報恩をなすであろう」

シャーキャムニ如来からこのように言われて、その菩薩たちは、大いなる喜悦と歓喜に満たされ、大いなる尊敬の念を生じて、シャーキャムニ如来に向かって頭を下げ、合掌《がっしょう》して申し上げた。

「世尊よ、私たちは、如来が命じられた通りにいたしましょう。私たちは、すべての如来の命令を実行し、達成いたしましょう。心配なさらないでください」

このことを二度も、三度も、その菩薩の群衆は、声をそろえて申し上げた。

歓喜の中の終幕

すると、シャーキャムニ如来は、他の世界からやって来ていたすべての分身の如来たちを帰らせられ、分身の如来たちにおっしゃられた。

「正しく完全に覚った尊敬されるべき分身の如来たちは、安楽に過ごすがよい」と。

シャーキャムニ如来は、〝多くの宝を持つもの〟という如来のその宝石造りのストゥーパを、元あった所に帰して立たせ、〝多くの宝を持つもの〟という如来にも、安楽に過ごすようにおっしゃられた。

世尊が、以上のことをおっしゃられると、他の世界からやって来て宝樹の根もとの師子座《ししざ》に坐っていた無量の分身の如来たちも、〝多くの宝を持つもの〟という如来も、その菩薩の群衆のすべても、また大地の裂け目から出現した〝卓越した善行をなすもの〟（上行《じょうぎょう》）をはじめとするそれらの無量で数えることもできない偉大な人である菩薩たちも、さらには声聞《しょうもん》たちも、また四衆《ししゅ》たちも、また神々や、人間、アスラ、ガンダルヴァに伴われた世間の人々も、心が満たされ、世尊の言われたことを聞いて歓喜した。

《右の掌で、それらの菩薩たちの右手をとって》　この箇所は、鳩摩羅什訳では「右の手を以《もっ》て無量の菩薩摩訶薩《ぼさつまかさつ》の頂《いただき》を摩《な》でて」（拙訳『梵漢和対照・現代語訳　法華経』下巻、五七八頁）となっている。

【解説】

『法華経』の原型と思われるものでは、本章は第二十章　如来神力品（第二十一）の次にあって、最終章であったようだが、その後、本章に続けて陀羅尼品《だらにぼん》から普賢菩薩《ふげんぼさつ》勧発品《かんぼっぽん》までの六章が追加され、その形式のものが鳩摩羅什《くまらじゅう》によって『妙法蓮華経《みょうほうれんげきょう》』として漢訳された。さらにその後、嘱累品《ぞくるいぼん》は巻末にくるべきだというので、本章はこの六章の後に移されて最終章となった。その形式のものが、本書の底本である「ケルン・南条本」である。

如来神力品では、本命の地涌《じゆ》の菩薩にサハー（娑婆《しゃば》）世界における滅後の弘教の付嘱がなされたが、ここでは、その他の菩薩のすべてに付嘱された。すべての儀式を終えると、分身の諸仏も、多宝如来とそのストゥーパ（宝塔）も、地涌の菩薩も戻って行った。すべての衆生の歓喜のうちに経典はフィナーレを迎える。

本文中には書かれていないが、終了後は、虚空《こくう》から地上の霊鷲山《りょうじゅせん》に戻ったはずである。

おわりに

釈尊在世中の女性修行者たちが自らの体験を綴った詩集『テーリー・ガーター――尼僧たちのいのちの讃歌』（角川選書）の七月出版へ向けて最後の追い上げ段階に入った二〇一七年の二月初めのことであった。編集担当の泉実紀子さんからメールが届いた。そこには、

「NHK―Eテレ『100分de名著』のプロデューサーの秋満吉彦さんが、植木さんに相談したいことがあるようで、角川ソフィア文庫の編集長に打診がありました。一度、お引き合わせのお時間をいただけませんか」

とあった。

断る理由もないので、二月末に角川ソフィア文庫編集長の大林哲也さん、そして泉さんとの打ち合わせの席に、秋満さんが同席するという形でお会いした。「100分de名著」でいつか『法華経』を取り上げたいとのことで、〝指南役〟を検討中だとのことだった。

秋満さんは、橋爪大三郎《はしづめだいさぶろう》氏と私の対談『ほんとうの法華経』（ちくま新書）を手にしておられた。付箋《ふせん》がびっしりと貼られ、行間には赤線が引かれていた。相当に読み込んでくださっていることが読み取れた。後日のツイッターで秋満さんは、『ほんとうの法華経』について「橋爪大三郎さんによる容赦《ようしゃ》なく鋭い質問に対して、全くたじろぐことなく答え続ける植木雅俊さん。その掛け合いが魅力の本です」と書いておられた。

その席で、秋満さんから『法華経』についての私の見解を確認するいくつかの質問を受けた。その質問の一つひとつに答えていると、私の横に坐っておられた大林さんが、「『法華経』って、そんなに面白いんですか。それだったら、うちから文庫本で出しましょうよ」と言われた。それが、本書の出版へとつながった。

名物番組「100分de名著」のほうは、私にとって〝高嶺《たかね》の花〟であり〝駄目で元々〟という気持ちでいたが、秋満さんの熱心な調査と用意周到な準備のおかげで企画が通り、二〇一八年四月に放送された。番組では、拙訳『サンスクリット原典現代語訳　法華経』上・下巻（岩波書店）が〝今月の名著〟として取り上げられ、〝指南役〟を私が務めることになった。

何よりも嬉しかったのは、女優の余《よ》貴美《きみ》子《こ》さんによる拙訳の朗読の素晴らしさであった。その朗読を聴いているだけで、命の底からふつふつと力が込み上げてくる思いだった。三月の収録でその朗読を初めて耳にし、放送と録画で朗読を聴くたびに無上の喜びに包まれ、文庫化の作業に拍車がかかった。

仏典によく見られる執拗《しつよう》な繰り返しは割愛し、饒舌《じょうぜつ》な表現はぜい肉をそぎ落とし、筋肉質の文章に改めることに努めた。その結果、これまでの拙訳に比べると約半分の文字数になった。読みやすさの点では格段に向上したと思う。

本書の成立には、角川ソフィア文庫編集長の大林哲也さん、編集担当の泉実紀子さん、そしてそのきっかけを作ってくださった秋満吉彦さん、さらに素晴らしい朗読で力を与えてくださった余貴美子さんの力添えが有り難かった。感謝申し上げたい。

二〇一八年六月三日

雲仙普賢岳の大火砕流から二十七年、

故郷の犠牲者を追悼しつつ

植木雅俊

サンスクリット版縮訳《ばんしゅくやく》
法華経《ほけきょう》
現代語訳《げんだいごやく》
植木雅俊《うえきまさとし》＝訳・解説

平成30年 7月25日　初版発行

発行者●郡司 聡

発行●株式会社KADOKAWA
〒102-8177　東京都千代田区富士見2-13-3
電話 0570-002-301（ナビダイヤル）

角川文庫 21086

印刷所●旭印刷株式会社　製本所●株式会社ビルディング・ブックセンター

表紙画●和田三造

◎本書の無断複製（コピー、スキャン、デジタル化等）並びに無断複製物の譲渡および配信は、著作権法上での例外を除き禁じられています。また、本書を代行業者などの第三者に依頼して複製する行為は、たとえ個人や家庭内での利用であっても一切認められておりません。
◎定価はカバーに表示してあります。
◎KADOKAWA　カスタマーサポート
［電話］0570-002-301（土日祝日を除く 11時～17時）
［WEB］https://www.kadokawa.co.jp/（「お問い合わせ」へお進みください）
※製造不良品につきましては上記窓口にて承ります。
※記述・収録内容を超えるご質問にはお答えできない場合があります。
※サポートは日本国内に限らせていただきます。

©Masatoshi Ueki 2018　Printed in Japan
ISBN978-4-04-400409-5　C0115

角川文庫発刊に際して

角　川　源　義

第二次世界大戦の敗北は、軍事力の敗北であった以上に、私たちの若い文化力の敗退であった。私たちの文化が戦争に対して如何に無力であり、単なるあだ花に過ぎなかったかを、私たちは身を以て体験し痛感した。西洋近代文化の摂取にとって、明治以後八十年の歳月は決して短かすぎたとは言えない。にもかかわらず、近代文化の伝統を確立し、自由な批判と柔軟な良識に富む文化層として自らを形成することに私たちは失敗して来た。そしてこれは、各層への文化の普及滲透を任務とする出版人の責任でもあった。

一九四五年以来、私たちは再び振出しに戻り、第一歩から踏み出すことを余儀なくされた。これは大きな不幸ではあるが、反面、これまでの混沌・未熟・歪曲の中にあった我が国の文化に秩序と確たる基礎を齎らすためには絶好の機会でもある。角川書店は、このような祖国の文化的危機にあたり、微力をも顧みず再建の礎石たるべき抱負と決意とをもって出発したが、ここに創立以来の念願を果すべく角川文庫を発刊する。これまで刊行されたあらゆる全集叢書文庫類の長所と短所とを検討し、古今東西の不朽の典籍を、良心的編集のもとに、廉価に、そして書架にふさわしい美本として、多くのひとびとに提供しようとする。しかし私たちは徒らに百科全書的な知識のジレッタントを作ることを目的とせず、あくまで祖国の文化に秩序と再建への道を示し、この文庫を角川書店の栄ある事業として、今後永久に継続発展せしめ、学芸と教養との殿堂として大成せんことを期したい。多くの読書子の愛情ある忠言と支持とによって、この希望と抱負とを完遂せしめられんことを願う。

一九四九年五月三日

角川ソフィア文庫ベストセラー

ビギナーズ 日本の思想
空海「三教指帰《さんごうしいき》」
空 海
訳／加藤純隆・加藤精一

日本に真言密教をもたらした空海が、渡唐前の青年時代に著した名著。放蕩息子に儒者・道士・仏教者がそれぞれ説得を試みるという設定で各宗教の優劣を論じ、仏教こそが最高の道であると導く情熱の書。

ビギナーズ 日本の思想
道元「典座教訓《てんぞきょうくん》」
禅の食事と心
道 元
訳・解説／藤井宗哲

食と仏道を同じレベルで語った『典座教訓』を、建長寺をはじめ、長く禅寺の典座（てんぞ／禅寺の食事係）を勤めた訳者自らの体験をもとに読み解く。禅の精神を日常の言葉で語り、禅の核心に迫る名著に肉迫。

ビギナーズ 日本の思想
空海「秘蔵宝鑰《ひぞうほうやく》」
こころの底を知る手引き
空 海
訳／加藤純隆・加藤精一

『三教指帰』で仏教の思想が最高であると宣言した空海は、多様化する仏教の中での最高のものを、心の発達段階として究明する。思想家空海の真髄を示す、集大成の名著。詳しい訳文でその醍醐味を味わう。

ビギナーズ 日本の思想
日蓮「立正安国論」「開目抄」
日 蓮
編／小松邦彰

蒙古襲来を予見し国難回避を論した「立正安国論」、柱となり眼目となり大船となって日本を救おうと宣言する「開目抄」。混迷する日本を救済しようとした日蓮が、強烈な信念で書き上げた二大代表作。

ビギナーズ 日本の思想
空海「般若心経秘鍵《はんにゃしんぎょうひけん》」
空 海
編／加藤精一

宗派や時代を超えて愛誦される「般若心経」。人々の幸せを願い続けた空海は、最晩年にその本質を〈こころ〉で読み解き、後世への希望として記した。名言や逸話とともに、空海思想の集大成をわかりやすく読む。

角川ソフィア文庫ベストセラー

科学するブッダ　犀の角たち　佐々木閑

科学と仏教、このまったく無関係に見える二つの人間活動には驚くべき共通性があった。理系出身の仏教学者が固定観念をくつがえし、両者の知られざる関係を明らかにする。驚きと発見に満ちた知的冒険の書。

無心ということ　鈴木大拙

無心こそ東洋精神文化の軸と捉える鈴木大拙が、仏教生活の体験を通して禅・浄土教・日本や中国の思想へと考察の輪を広げる。禅浄一致の思想を巧みに展開、宗教的考えの本質をあざやかに解き明かしていく。

新版　禅とは何か　鈴木大拙

宗教とは何か。仏教とは何か。そして禅とは何か。自身の経験を通して読者を禅に向き合わせながら、この究極の問いを解きほぐす名著。初心者、修行者を問わず、人々を本格的な禅の世界へと誘う最良の入門書。

日本的霊性　完全版　鈴木大拙

精神の根底には霊性（宗教意識）がある――。念仏や禅の本質を生活と結びつけ、法然、親鸞、そして鎌倉時代の禅宗に、真に日本人らしい宗教的な本質を見出す。日本人がもつべき心の支柱を熱く記した代表作。

般若心経講義　高神覚昇

『心経』に込められた仏教根本思想『空』の認識を、その否定面「色即是空」と肯定面「空即是色」の二面から捉え、思想の本質を明らかにする。日本人の精神文化へと誘う、『般若心経』の味わい深い入門書。

角川ソフィア文庫ベストセラー

新版 歎異抄 現代語訳付き　訳注／千葉乗隆

愛弟子が親鸞の教えを正しく伝えるべく、直接見聞した発言と行動を思い出しながら綴った『歎異抄』。人々を苦悩から救済することに努めた親鸞の情念を、わかりやすい注釈と口語訳で鮮やかに伝える決定版。

真釈 般若心経　宮坂宥洪

『般若心経』とは、心の内面の問題を解いたものではなく、具体的な修行方法が説かれたものだった！ 経典成立当時の古代インドの言語、サンスクリット語研究が導き出した新解釈で、経典の真実を明らかにする。

正法眼蔵入門　頼住光子

固定化された自己を手放せ。そのとき私は悟り、世界が目覚める。それこそが「有時」、生きてある時の経験なのだ。『正法眼蔵』全八七巻の核心を、存在・認識・言語という哲学的視点から鮮やかに読み解く。

華厳経入門　木村清孝

仏のさとりの世界とそこにいたる道を説き示す華厳経。現代の先端科学も注目する華厳の思想は、東洋の世界観の本質を示している。その成り立ちと教えを日本人との深い関わりから説き起こす入門書の決定版。

ひらがなで読むお経　編著／大角　修

般若心経、一枚起請文、光明真言、大悲心陀羅尼ほか、二三の有名経文を原文と意訳を付した大きな「ひらがな」で読む。漢字や意味はわからなくてもすらすら読める、「お経の言葉〈小事典〉」付きの決定版。

角川ソフィア文庫ベストセラー

ブッダ伝
生涯と思想

中村　元

煩悩を滅する道をみずから歩み、人々に教え諭したブッダ。出家、悟り、初の説法など生涯の画期となった出来事をたどり、人はいかに生きるべきかを深い慈悲とともに説いたブッダの心を、忠実、平易に伝える。

ブッダが考えたこと
仏教のはじまりを読む

宮元啓一

仏教の開祖ゴータマは「真理」として何を悟り、〈ブッダ＝目覚めた人〉となりえたのか。そして最初期の仏教はいかに生まれたのか。従来の仏教学が見落としてきた、その哲学的独創性へと分け入る刺激的論考。

わかる仏教史

宮元啓一

上座部か大乗か、出家か在家か、実在論か唯名論か、顕教か密教か――。ひとくちに仏教といっても、その内実はさまざま。インドから中国、日本へ、国と時代を超えて展開する歴史を徹底整理した仏教入門。

図解　曼荼羅入門

小峰彌彦

空海の伝えた密教の教えを視覚的に表現する曼荼羅。大画面にひしめきあう一八〇〇体の仏と荘厳の色彩には、いかなる真理が刻み込まれているのか。豊富な図版と絵解きから、仏の世界観を体感できる決定版。

最澄と空海
日本仏教思想の誕生

立川武蔵

日本仏教千年の礎を築いた最澄と、力強い思考から密教の世界観を樹立した空海。アニミズムや山岳信仰の豊穣をとりこみ、インドや中国とも異なる「日本型仏教」を創造した二人の巨人、その思想と生涯に迫る。